U0069139

劉曉波文集

第三卷

鐵窗後的自由

諾貝爾和平獎得主

劉曉波——著

余杰 主編

《劉曉波文集》出版說明

一、2008 年 12 月 8 日，劉曉波因為起草和組織《零八憲章》，
　　遭到北京警方祕密逮捕，這是其第四次入獄。2009 年 12 月
　　25 日，劉曉波以「煽動顛覆國家政權罪」，被中共法庭判處
　　十一年重刑。2010 年 10 月 8 日，挪威諾貝爾和平獎委員
　　會宣佈，授予劉曉波該年度諾貝爾和平獎。2010 年 12 月 9
　　日，在和平獎的頒獎典禮上，出現了百年來罕見的「空椅
　　子」。劉曉波不僅是當今唯一被關押在獄中的諾貝爾和平獎
　　得主，也是最不為世人所知的諾貝爾和平獎得主。多年來，
　　其在網路上發表的上千篇文字，大部分都未被編輯出版。

二、本人在完成中文和英文世界唯一的一本《劉曉波傳》之後，
　　又受託為劉曉波編輯文集，在華人世界唯一享有完全的新聞
　　出版自由的臺灣出版問世。本文集計劃每年編輯出版兩卷，
　　優先選擇劉曉波散見於各網站和報刊的政治、思想和文學評
　　論（如 BBC 中文網、民主中國網站、觀察網站、中國人權
　　網站、大紀元網站、開放雜誌、爭鳴雜誌、蘋果日報等）結
　　集出版，而此前已經出版之完整的專著稍後再考慮列入。

三、鑑於劉曉波是當代中國思想最為深刻、寫作最為勤奮、產量
　　也最大的政治評論家和作家，《劉曉波文集》採取按照文章
　　類別和題材分類的方式，精心挑選文章編輯成書。比如，劉
　　曉波二十多年間參與起草的連署信、公開呼籲、抗議書及重
　　要訪談等彙編成第一卷《從六四到零八》，劉曉波論述臺灣、

香港和西藏問題的文章彙編成第二卷《統一就是奴役》。劉曉波的獄中讀書筆記和書信編輯成第三卷《鐵窗後的自由》，劉曉波批判毛澤東及毛時代暴政的文章編輯成第四卷《混世魔王毛澤東》。

四、《劉曉波文集》中收錄的文章，散見於不同媒體，若同一篇文章存在不同版本，則以發表時候最遲的最後修訂稿為準。少數文章彼此間或許存在內容重複的段落，編者在不影響作者原意的前提下，酌情稍加刪節。每篇文章之後，盡可能註明首發之媒體以及寫作或發表時間。

五、在《劉曉波文集》的編輯和出版過程中，得到了許多劉曉波的友人以及關心和支持中國民主人權事業的朋友的幫助和支持。特別是在資料蒐集、撰寫導讀文章、媒體報導以及出版資助方面，如果沒有諸多友人的支持，此一浩大工程，不可能得以實現。在此雖不能一一列出名字，一併致謝。

余杰

3

目　錄

序：從犀利到深沉

徐友漁

　　本書是《劉曉波文集》第三卷，收集了他在 1996 年 10 月至 1999 年 10 月失去人身自由的三年中所作的部分讀書筆記。劉曉波 1996 年 10 月 8 日被北京警方拘留，隨後判處勞動教養 3 年，被移送至大連勞動教養院，直至 1999 年 10 月 7 日勞動教養期滿獲釋。曉波在其他時段也寫下了大量的文稿，但多半被員警搜走，因此，這三年的讀書筆記雖然遠不足以反映他在上世紀九〇年代的閱讀、思考和著述，但仍然是難得的材料，使我們得以窺見他的思考線索，或多或少地瞭解他的思想從八〇年代到九〇年代的發展變化。這是一個從狂放到沉潛，從尖銳到包容，從出奇制勝到遊刃有餘的轉換，這種轉換既體現於文風，更表現於內容。

　　對於胸懷大志、堅忍不拔的人來說，牢獄是另一種類型的大學，坐了一場牢，不管是三年五年還是八年十年，出來後已然是另一個人，正如古人所說：「士別三日，當刮目相看」。苦難和虐待的刻痕留在面容和身體動作上，而知識、修養的提升則表現在談吐、文字和氣度上。劉曉波是一個例子，陳子明也是一個例子，再遠一點，文化大革命中因大字報「中國向何處去」而坐牢十年的楊曦光（楊小凱）又是一個例子。他們把鐵窗生涯變成

苦學深思的時光，這明顯地使他們知識增長、視野拓寬、思想成熟。熟悉曉波八〇年代文字的人，很容易從他以前那種激越的、總是比別人高八度的聲音中對比到現在的從容與寬廣。

曉波這段時間的閱讀範圍相當廣，舉凡宗教、哲學、歷史、文學藝術、人物傳記、回憶錄等等，無不涉獵，從他做的筆記看，他是有目的地、自覺地學習、思考和研究，而不是憑興趣泛泛地流覽。曉波大學本科念中文系，是學生詩社的成員，碩士和博士也在中文系，他的專長是文藝理論，雖然在八〇年代中期橫空出世，以〈危機，新時期文學面臨危機〉一文一炮走紅，但不論怎麼暴得大名，本質上還是文學青年。投身於民主運動和積極參與公共事務的發言，促使曉波擴大和轉移專業興趣和知識視野，以更豐富的思想資源和更厚實的學理支撐理解中國的現實，思考中國的未來。

在九〇年代中期，中國大陸知識界發生了一個所謂「政治哲學的轉向」，一些原本以哲學、文學、美學、宗教學為專業的人文學者，把興趣和目光轉向了政治哲學、政治理論以及相鄰的學科。促使他們轉向的原因有二：一是一些有社會責任感的人文學者，或者是八〇年代「文化熱」的風雲人物在 1989 年的社會風潮中失語，使他們痛感自己在終極關懷和審美情趣領域的強項面臨社會風潮、社會問題時派不上用場；二是九〇年代初期開始的市場化改革和商品化潮流使得道義立場的伸張，在理論分析的需要面前黯然失色。當然，大多數有社會責任感的知識分子還是以愛因斯坦和羅素的方式來處理專業和公共言說的關係：本行業的專家和社會批評者兩種身分明確區分，從不越界。但有少數人採取專業轉向的方式，使自己的社會角色和專業修養融為一體，相

得益彰，在社會轉型期更好地保有對於公共事務的話語權。

曉波早就被排斥於知識分子群體之外，他不是追隨潮流或觀察動向而實行「政治哲學的轉向」，而是憑直覺、本能，或觀察、判斷，在困難的條件下獨自完成知識結構的轉換。在此，我們不得不佩服曉波對時代潮流的敏感和時代脈動的體察，雖然被政治權力排斥於知識界之外，但他不僅沒有落伍，反而站在潮流的前排。做到這一點並非輕而易舉，本書也留下了他的自我更新努力的印記，我們很容易看到，當談論莊子、尼采、杜斯妥也夫斯基等他熟悉的話題時，他是那麼得心應手、揮灑自如、神采飛揚，而在閱讀政治哲學著作，尤其是當代自由主義大師的作品時，表現的卻是學習、理解、探索的心態。他在〈自由：人性、文化和制度的原點──獄中讀哈耶克《自由憲章》〉一文中一開始就說：「看完了熊彼德《資本主義、社會主義和民主》，打開了哈耶克的《自由憲章》（或譯爲《自由秩序原理》），有種久違的激動和恭敬。」他反省自己「對二十世紀的自由主義所知不多，九〇年代才開始詳讀米瑟斯、哈耶克、羅爾斯、諾齊克、伯林、貢斯當、弗裡德曼、布坎南、熊彼德以及制度經濟學的著作。」

在八九民運期間，曉波主要是基於對專制的憎惡與反抗，對人的解放，對人性的發揚追求民主這個目標，道義和人道主義是他的主要推動力，而在九〇年代中後期，他對民主的思考已經在歷史的維度中進行，焦點集中於制度層面。他在本書中的一篇筆記中說：「一個好制度的關鍵，還不在於鼓勵人們多麼積極地向善，而在於有效地防止人們特別是權勢者們隨心所欲地爲惡，即把做惡的機會和可能減至最低。反而，一個壞的制度才在道德上一味高調提倡人們爲善，結果越是大的爲善者就越是做大惡。自

由制度之所以能善待人性並普遍地開掘出人的創造力，恰恰是由於這一制度在道德上是低調的，不以殘酷犧牲為手段，不以造就聖徒為目的，而是最最珍視無價的生命，充分尊重人的平凡的世俗欲望，以遵紀守法為做人的常識標準。」

曉波這段時間著力最多的是宗教問題，這既表現了他在知識和興趣方面的擴展，更表現了他在八九之後的反省、懺悔心理和重新理解生命意義的努力。他的讀書筆記沒有顯示多少教理的辨析，而是充滿了宗教的情懷。他在「鐵窗中的感動——獄中讀《論基督徒》」中寫道：「也許，我永遠不會成為教徒，不會進入有組織的教會，但是耶穌基督卻是我的人格楷模，我知道終其一生也無法企及那種聖徒人格，但被這樣的書所感動所震撼，說明自己還具有作為一個人的虔誠與謙卑，並未被牢獄之災所吞沒，也沒有被曾經暴得的名聲所腐蝕，我還有救，還能夠把自己的一生變成努力地接近這種人格的過程。」

本書最讓我們感動和受到啟迪的是下面這段話：「人類必須有一個夢，這個夢要求我們在充滿仇恨和歧視的困境中尋找愛和平等，正因為絕望，希望才給予我們。即便明天早晨地球定將毀滅，我們也要在今晚種下一株希望之樹。在此意義上，信仰在靈魂中的扎根，需要一種『明知不可為而強為之』的近於決絕的生存勇氣和意志決斷。」這是曉波的思想走向成熟時的自我表白。

一九九六年

在傳統眞理觀和人類苦難之間

讀《法蘭克福學派史》(原名:《辯證的想像》) 馬丁・傑著

1996，11，9-15

　　八〇年代就讀過一些法蘭克福學派的書，我寫的《形而上學的迷霧》一書也論述過法蘭克福學派。當時，阿多諾（T. W. Adorno）的《否定的辯證法》給我的反傳統以理論的激勵，班雅明（Walter Benjamin）的《資本主義時代的抒情詩人》是我非常喜歡的文字之一。弗洛姆（Erich Fromm）的《逃避自由》以及哈伯瑪斯（又譯爲哈貝馬斯，Jürgen Habermas）的一些文章，也是我批判傳統和現實的重要的理論參照。此刻在獄中再次讀關於法蘭克福學派的歷史，仍然有些激動。

　　法蘭克福學派具有宗教式的悲憫情懷，關切人類的個體性和主體性的確立，關切具體的活生生的苦難，在極權主義、工具主義和消費主義相互支持以扼殺自由的現代社會，爲了保衛個體的自由和確立一種健全的批判意識，法蘭克福學派秉持著一種激進的毫不妥協的批判立場。這種立場，有人稱之爲「左派」。我認爲，儘管法蘭克福學派繼承的思想資源之一是馬克思主義，但僅僅是其批判精神，而不是共產主義和歷史決定論。實際上，法蘭克福的批判立場更根本的動力來自現實的苦難，不僅源於納粹所製造的人類浩劫，而且源於對產生納粹體制的整個現代社會的失望。

　　這是一種智慧和良知的雙重憂鬱，一種知識或精神貴族式的悲觀主義。雖然其中不乏對未來的審美烏托邦的勾勒，但是理想主義在法蘭克福學派那裡，不具有馬克思式的實踐上的現實價值，而僅僅具有批判現實的參照價值；不是要建立馬克思式的人間天堂（其結果恰恰是人間地獄），而僅僅是爲了讓人類在近於絕望之中保持信心，正如班雅明所說：「正因爲絕望，希望才給予我們。」這種理想主義與我八年前在《形而上學的迷霧》一書中對理想的闡發具有相通之處：「能實現的僅僅是生活目標而不是理想，永遠企盼而永遠無法實現的才是理想。」換言之，理想中的完美之物，不是自我標榜的光環和能夠實現的世俗目標，而是一種純精神的尺度，類似神或天堂，是人類得以保持住自我激勵、自我壓力、自我批判、自我反省的絕對價值和參照系。換言之，上帝的無限是爲了凸顯人的有限，天堂的完美是爲了反襯人世的不完美，理想的光明是爲了朗照現實的黑暗。

　　但是，理論的徹底並不能證明人格的徹底，法蘭克福學派的諸人物恰恰生活在他們所全力批判的現代社會的恩賜之中，理論態度上的決絕，卻被生活中傳統的、現代的方式所動搖。也許在現代社會中，唯有切格瓦拉（Che Guevara）的清教徒激情才是獨放異彩的眞正叛逆。現實中的切格瓦拉只能是失敗者，因爲他爲之獻身的理想必須以滅絕人性爲代價，爲達目的而不擇手段的專制主義、禁欲主義，完全是逆世界的主流文明潮流（自由主義價值及其制度安排）而動。但是，如果拋開他所信奉的社會的道德的理想，把他僅僅作爲言行一致的個體，他的殉難精神在這個仍然充滿不公正和苦難的世界上，將長久地活在所有叛逆者的理想中。他不僅在態度上與現代社會決絕，而且用行動來踐行自己所

信奉的叛逆性。在切格瓦拉的聖徒人格面前，任何塵世的靈魂都有某些醜陋之處。

在哲學上，法蘭克福學派批判西方的傳統本體論——形而上學傳統，他們認為此傳統是現代總體性、一體化的單面人社會和歷史決定論的最深的思想根源。所以，從一開始，他們就像尼采一樣拒絕任何完整的哲學體系，使其哲學批判在一種開放的、對話的方式中展開。他們最不能忍受的是，凡是形而上學的哲學家，大都只關心抽象的本體和真理，而對人類的苦難熟視無睹。這些大哲人大智者，可以終身沉浸於對終極真理的冥想，卻不會去理睬一個正在受苦的孩子。偉大的神話文學家杜斯妥也夫斯基（又譯為陀思妥耶夫斯基）曾在《卡拉馬助夫兄弟們》中決絕地對真理說：如果用一個真理去換一個孩子的痛苦，那麼我就會斷然地拒絕這真理。我寧可去為解救一個瀕臨毀滅的孩子而獻身，也不會為抽象真理而犧牲。如果說在古代關心人類苦難的主要是宗教的救贖情懷，那麼，現當代的一切理論都應該具有這種宗教的救贖情懷。因為二十世紀是一個大邪惡造成大苦難的世紀，不僅是法西斯主義所發動的戰爭對人類肉體的滅絕，更是和平時期極權主義對人類精神的扼殺。無視人的價值和尊嚴的反人性嗜好及其制度的盛行，是二十世紀最醒目的標誌。好的理論是有現實關懷的理論，它不是去尋找並敘述、論證那些不可改變的絕對真理，而是直面人類的苦難、罪惡，為了消除或減輕這苦難這罪惡而催化和指導社會變革。偉大的真理需要懷疑的批判，而不是使之偶像化。正如阿多諾所說：奧斯維辛之後寫詩是可恥的。

法蘭克福學派反對高高在上的只關心真理而不關心苦難的形而上學，也就是反對傳統的思維方式所追求的那種抽象的、一體

化的決定論。同時，它把自己的立足點放在具體的存在——個人——身上。世界上從來沒有所謂普遍的、抽象的精神和存在，而只有具體根植於一定歷史之中的多元的具體存在。這顯然是受到了馬克思的歷史主義的影響，但是拋棄了馬克思主義的歷史決定論，與波普爾的政治哲學息息相通。同時，這種批判的現代馬克思主義也與存在主義哲學，對具體的人的生存困境的關切有相通之處。如果不關心一個處在自殺邊緣的人，或對奧斯維辛的苦難無動於衷，或對極權國家肆意踐踏人權的暴行保持沉默，再大的學問也不配談哲學。哲學應該是血肉豐滿的，哲學家應該是具有良知和悲憫情懷的。抽象的承諾也許在人的生命中投下一絲安慰，但在具體的現實生活中卻是謊言。形而上學是一種高智商的謊言，它只在智力遊戲的層次上才眞實。它確實是有閒貴族的精神奢侈品，但它絕不適於大災難的二十世紀。在這點上，法蘭克福學派拒絕一切先驗的烏托邦承諾，包括馬克思主義的烏托邦。
（1996 年 11 月 15 日記）

　　法蘭克福學派反對任何意義上對個體自由、個體主體性的壓抑、剝奪和異化，無論是法西斯主義的、史達林主義的，還是現代資本主義的技術－工具理性的，毀滅肉體和侵蝕靈魂同樣是對個體性的剝奪。他們把現代社會稱之爲建立在技術－工具一體化上的總體社會，這種總體社會通過把人物化爲同質的工具而達到操縱的目的。儘管馬克思提出的階級對立所造就的異化，已經被法蘭克福學派所拋棄，但是統治與被統治、操縱與被操縱的關係依然是現代社會的基本關係。啓蒙主義的目標在現代社會變成了由技術一體化所支撐的物化工具，建立於彰揚個體價值、社會多元化和理性主義、科學主義的基礎上的民主自由之啓蒙理想，在

以現代科學和技術理性為基礎的工業化、商品化的齊一性、總體化中，日益與個體的自由、社會的多元化相分離，最後導致了完全扼殺人的自由、首創精神和社會的多元化。正是啟蒙時代所崇拜的科學技術的一體化產生了現代的總體社會。極權主義不是啟蒙主義理想的中斷、失落，而是合乎歷史現實的畸形繼續。

法蘭克福學派以懷疑的態度和批判的否定，全力捍衛人作為每一個個體的自由、尊嚴、創造性、主體性，它要求在任何社會中，人都不應該喪失懷疑的衝動和反抗的衝動。在這一點上，它不同於其他的對現代西方社會進行批判的左派，如羅曼‧羅蘭式的為了維護蘇聯的理想而寧願出賣良知、隱瞞真相。這樣的左派只批判納粹的極權主義，而不批判史達林、毛澤東、卡斯楚、金日成的極權主義。因此，法蘭克福學派是一種以最激進左派的否定方式出現的保守主義，即保衛西方的自由主義傳統。在保守自由主義傳統這點上，左傾的法蘭克福學派和英美的右傾的保守主義大有異曲同工之妙。阿多諾、班雅明、霍克海默（M. Horkheimer）等人身上的貴族精神，也與英美保守人士的高貴氣質相同。另一方面，在二十世紀任何現代極權主義幾乎都是以激進的左派面目出現的，它們無一例外地否定自由主義價值及其制度安排。自由主義理想的失落是本世紀極權主義興盛的反證。

法蘭克福學派融入現代心理學、特別是佛洛伊德（Sigmund Freud）的心理分析理論於其批判理論之中，對法西斯主義產生的根源的分析，不僅是從經濟、政治、法律等社會層面，而且從心理學的角度分析了人類依附於權威的心理機制。法西斯是權威主義和無政府主義的結合，並利用現代社會的工具理性來達到其非理性主義的野蠻施虐目的。當理性的經濟人出於精確的計算而逃

避自由，轉向權威尋求安全時，對自由的恐懼和對權威的乞求，最終將變成對暴政的恐懼和對謊言的麻木。換言之，失落了價值理性的工具理性，往往成為助紂為虐的非理性主義暴政的幫兇和工具。

所謂的批判理論，在霍克海默那裡就是「理性」，但是此種理性不是西方傳統意義上的一體化的、追求虛假同一性的理性。在這點上，他們吸收了柏格森（Henri Bergson）、尼采（Friedrich Wilhelm Nietzsche）、叔本華（Arthur Schopenhauer）、沙特（又譯為薩特，Jean-Paul Sartre）、海德格（又譯為海德格爾，Martin Heidegger）等存在主義的非理性主義。但是，這種吸收是謹慎的，他們只吸收了存在主義對僵化的理性主義的非理性反叛，而否定其對理性的極端化排斥。因為徹底的非理性主義是無政府主義進而是極權主義的最佳土壤。法蘭克福學派的理性，是指一種開放的、多元的批判視野，理性的批判是一種相互競爭性的對話，是哈伯瑪斯的交往理性，是建立在多元對話基礎之上的交叉共識。

另一方面，這理性是立足於個體生存——個人對有意義的生命價值或幸福的選擇，而不是冷酷的中立化的工具理性。因此，他們一直對韋伯（Max Weber）提出的學術中立化立場持懷疑態度。人化的理性首先是一種懷疑的、批判的態度，其次是個體生存品質的標誌，再次是一種價值化的選擇。到美國之後，法蘭克福學派儘管吸收了經驗的、實證的研究方法，但是他們一直沒有放棄德國式的理性主義的思辯方法。這是一批悲天憫人的理想主義者，其智慧的憂鬱代替了尼采的智慧的歡樂。

法蘭克福學派特別強調文化——審美的解放作用。阿多諾、

班雅明、馬庫色（又譯為馬爾庫塞，Herbert Marcuse）是本世紀著名的美學家。他們對大眾文化持一種激進的批判態度，認為大眾文化受到商品經濟、市場交換的支配，而變成了模式化的日常消費品。大眾文化所培養的受眾是一群趣味雷同、粗糙、低劣的同質人。換言之，資本主義制度自發地利用大眾文化進行一體化的操縱。（1996 年 11 月 16 日記）

法蘭克福學派的批判是極為激進的，凡是得到大眾歡迎的，都是將導致人們順從的，都在批判之列，甚至包括像杜斯妥也夫斯基的小說、斯特拉文斯基（又譯為史特拉汶斯基）的音樂以及一些存在主義的作品，都因其在某一方面或局部的妥協而受到阿多諾等人的批判。他們特別看重現代先鋒藝術對社會的反叛和背離，比如貝克特（Samuel Beckett）的荒誕劇、布萊希特（Bertolt Brecht）的間離效果……特別是卡夫卡（Franz Kafka）的小說，在法蘭克福學派看來是反叛藝術的典範。卡夫卡以其極端的孤獨和冷靜，開掘出現代人被壓抑被扭曲的存在境遇，現代社會的極權主義性質在《審判》、《城堡》等作品中得到了最具深度的象徵性揭示。先鋒藝術對現代社會的挑戰，直接指向那種無所不在的、無孔不入的、無形的控制、操縱和剝奪。正像啓蒙主義的理想催生了現代社會背離其最初的發展目標，走向了個體自由、主體自治、多元發展的反面，先鋒藝術對現代社會的挑戰也最終被資本主義的商品化和市場化所同化，變成同質性的大眾文化的一部分，迎合市場和大眾趣味的媚俗代替了獨立的不妥協的批判，平庸代替了尖銳，蛋糕代替了毒藥，對標新立異的病態追求代替天才的獨創，新奇和病態成為了一種新的大眾時尚，成為一種模仿性的複製、拷貝，喪失了終極價值的關懷和對痛苦的記憶，速

食式的生活方式已經滲透進文化的每一環節。及時享樂，短期行為，明星崇拜，追逐時髦，一切都是瞬間的、複製的、易開罐式的，解一時之渴，棄之若垃圾。人們在拋棄神啓的形而上學的審美趣味的同時，並沒有真正地擺脫形而上學的操縱，正如霍克海默所說：「口香糖並不消滅形而上學，而就是形而上學。」

　　由這種大眾的物質享受和文化消費構成的單面人是現代社會的主體，他們的世俗欲望使現代的消費社會患上了致命的癌症——一種喜氣洋洋的災難。富裕的生活、充分的享受、趣味的平均化、影視圖像和大眾明星添滿了人們的閒暇……這一切都在窒息著人們的反思能力、懷疑精神和反抗的衝動，使人的精神世界普遍地蒼白化。不願意獨立思考，不願意選擇冒險的生活，對時尚和流行的盲目順從，把現代社會變成了由可口可樂、流行音樂和肥皂劇組成的廣場，平庸是它的唯一品質。在這種富裕的疾病中，人類失去了提升自己的生命品質、追求超越價值的衝動，失去了以懷疑和批判為起點的創造性和想像力。浮士德的精神探險變成了中產階級的附庸風雅的點綴，唐‧吉軻德的喜劇失去了曾經閃爍的悲愴情調，耶穌的殉難精神再也不是生命的典範。第二次世界大戰的苦難對於在戰後的富足中長大的一代人來說，已經是那麼遙遠的天方夜譚，至多引起幾聲感歎和廉價的眼淚。宗教的關懷、哲學的批判、藝術的叛逆以及騎士時代和災難時代的種種英雄壯舉，統統被喜氣洋洋的享樂所吞沒。我們沒有了幻想，而只有得到一台法拉利跑車的渺小心願；我們不再被神的靈光照耀，只想仰望瑪丹娜漂亮的臉蛋和修長的大腿；我們不能容忍饑餓和瘟疫，卻心安理得地接受各種名牌的閹割；我們再沒有謙卑和敬畏，更談不上為自己的墮落而懺悔和贖罪，我們只有輕

浮的高傲、廉價的悲傷、不負責任的放縱。失去了神的世界和不期待上帝的拯救，人世的黑暗和人的墮落就全無意義。在極權主義盛行的戰後，人類的智者和良知的痛苦，被一種對具體生活目標的瘋狂追逐所代替。卡夫卡之後，再也沒有文學。僅僅為了商業的利益和經濟的實惠，那些政治掮客寧願閉上眼睛，無視極權政權對基本人權的踐踏和剝奪。（1996 年 11 月 17 日記）

《交往行動理論・第一卷——行動的合理性和社會合理化》，哈伯瑪斯著

1996，11，15-19

　　這本書是法蘭克福學派的第二代代表人物哈伯瑪斯的代表性著作，是對第一代批判哲學的悲觀主義的一種樂觀的修正。哈伯瑪斯主張以自由的個人為單位的合理化交往，這種交往在理想的制度條件下，應該是不受國家干預、不受金錢束縛、不受大眾傳媒操縱的，以此達到人與人之間的理解和基本共識，使社會在充分多元化的自由中，維持一種穩定、統一、超法律的規範化。這本書寫於八○年代，此時的資本主義已不同二戰後第一代批判理論家所處的資本主義，更不要說馬克思時代的資本主義了。

　　社會背景：資本主義的發展在戰後出現全新特徵，憲政民主政治體制的充分調節作用，已經使階級對立不再是社會衝突主要形式；經濟的高速發展已經使人們普遍地免除了物質的匱乏，經濟制度的運行也不再成為主要問題。代之而來的社會問題主要是

人的原子化、同質化──商品交換原則和大眾文化以一種非強制性的操縱使人們的生活趨於單一化、偶像化，以享樂代替了批判，以消費代替了欣賞，生命的品質趨向於淺薄化、表面化、無聊化，人與人之間的關係變成一種既同質又分散的狀態，大家在越變越相似的同時，又彼此毫不相關，冷漠症成了現代人的精神之癌。卡繆（Albert Camus）的小說《局外人》（又譯爲《異鄉人》）就是現代人的生存狀態的典型。原子化的趨向使人們在表面的（被大眾文化操縱的）同一性中，隱藏起自己的內心世界，出現了人與人之間的隔膜、孤獨、自我封閉，相互不信任。社會處在一種沒有靈魂溝通的表面化水準上。同時，國家的行政干預、經濟制度與行政制度已經浸入人們生活的所有細節之中，從而使個體之間的交往變成了無法溝通，各持己見的爭論，這種交往方式的不合理造成了人際關係的緊張。

理論背景：有關現代資本主義社會的合理性理論的批判，從馬克思主義所批判的異化社會，到韋伯所分析的工具化理性社會，至法蘭克福學派的否定理論所批判的單面人社會；從存在主義的生存狀態批判，到分析哲學的邏輯批判和語言批判，這些理論都通過對資本主義社會形成的諸條件的論述，對現代社會進行了批判。而這種批判除了馬克思主義的基本教義式的烏托邦理想之外，其餘的理論都對其前景持一種悲觀主義的態度。馬克思的生產力合理化，韋伯的文化意識結構的合理化，海德格的存在本身的合理化，維特根斯坦（又譯爲維根斯坦，Ludwig Josef Johann Wittgenstein）等人的語言使用的合理化，法蘭克福學派的美學的主體理性的合理化，都無法解決現代資本主義所面臨的問題。由於以上社會和理論的背景，哈伯瑪斯在批判地研討了以上

各種合理性理論的基礎上，提出了自己的交往行動理論。

哈伯瑪斯的理論主旨。哈伯瑪斯主張以一種不受國家干預，即不受經濟制度和行政制度干預的社會交往，這種交往完全建立在作爲個體的主體的自願原則之上，是擺脫一切強制性的自由交往。交往的主要媒介是語言，通過對話達至人與人之間的溝通、理解，從而在多元性個體自由選擇的基礎上建立一種非強制的、超越法律的統一和社會共識。這種統一與傳統社會、極權主義的統一的主要分別在於：傳統社會的統一，是以一種形而上學的神學的決定論的信仰及思維方式爲前提；極權主義則是依靠暴力和謊言所支撐的意識形態神話爲前提；商品社會的統一，則是以普通化的交換原則和大眾文化的軟性操縱爲前提。把藝術品變成大眾偶像（明星化）和把欣賞變成消費（僅僅像消費其他物質商品一樣）。瑪丹娜和可口可樂在現代社會的價值是共同的 —— 大眾偶像（明星化）。（1996 年 11 月 19 日記）實際上，哈伯瑪斯的交往行動是爲了形成一種健康、自主的市民社會，這個社會秩序的形成，既要靠外在強制性的法律維繫（這是韋伯所強調的現代社會的主要特徵之一），更要靠內在自願的以語言爲媒介的交往行動所形成的相互溝通的理解來維繫。多元社會的統一靠的不是傳統式的意識形態一致，而是一種形式的統一，即自發地形成一套相互交往的行動規範，而交往的內容則可以多元化，充分地開放、充分地討論。意見的相左也並不影響這種形式的統一性。這需要養育一種健康、開放、寬容的交往心態，提供一種自主獨立的公共交往空間，足以抵禦政府的行政干預、經濟制度的浸蝕，最需要警惕的是大眾文化的軟性操縱。因爲行政干預和金錢腐蝕還是硬性有形的，拒絕它們是在拒絕一種看得見、摸得著的束

縛。而大眾文化的操縱則是軟性無形的，它的潛移默化很難被察覺，因而也就很難被拒絕。

在哈伯瑪斯看來，這種自主公共空間的擴大，會逐步改變現代人的生存環境，確立個人的主體性及其自由。經驗科學的合理性、道德實踐規範的合理性以及藝術或美學表現的合理性，既各自獨立自主，又相互補充，連接三種合理性的交往行動的共同媒介是語言，這種語言既是個性化的又是可交往的。因而，一種新的語言是相當重要的。在這點上，哈伯瑪斯充分吸收了以維根斯坦爲代表的現代語言分析哲學的成果。語言由表達思想的手段變成了行爲本身。傳統的二分法過時了，語言不是表達思想的工具，語言就是行動、思想本身。思想通過表達一旦變成語言就成爲行動了。正如維根斯坦（又譯維特根斯施泰因）所說，哲學不是理論，而是活動，選擇某種語言就是選擇某種思維方式和某種生活方式。換言之，語言活動就是人的生活本身。人類的語言交往就是交往行動本身。（1996 年 11 月 20 日）

老子與莊子

　　我喜歡莊子而討厭老子。老子是陰謀家，他的學說由自然本體論到人生道德論最後落實到政治權術上。他講自然之道和人性之德全部服從於政治權術，爲了達到「治大國，若烹小鮮」的統治極致。他講以柔克剛、以無勝有、以無私牟取大私，這套陰柔的處世哲學，是歷代聖人們玩弄權術的必備知識。我們從小就熟悉韓信受胯下之辱而終成大業的故事，教人用出賣尊嚴和人格換取功名利祿；也知道做過秦始皇丞相的李斯，從廁所中的老鼠和倉庫中的老鼠的不同活法中，悟出了爲官爲人的處世之道，一當大權在握，就庖丁解牛般地大開殺戒，「焚書坑儒」的主意就是他替秦始皇出的。在中國歷史上，類似的鼠目寸光之輩，皆能以陰柔的臥薪嚐膽，成就一人之下萬人之上的大業。直到晚清的大太監李蓮英、中華人民共和國總理周恩來，也都是深諳老子的以柔克剛之道。歷代君王皆高舉老子的「無私」大旗，牟取最大的私利——把統治權力這種最大的公器變成或個人或家族或一黨的私產，「全心全意爲人民服務」的宗旨掩蓋的是絕對主宰人民的極權，「解放全人類」的口號包裹的是爭當地球獨裁者的野心。

　　然而莊子則是誠實的悲觀主義者和避世主義者，他的學說由自然本體論到社會批判至人性道德，其核心是如何擺脫自然、社

會、人性的三重悲劇，用逃避社會和人生、遁入自然的方式來確立絕對的個人主體性。這種棄絕塵世的瀟灑來自於他對人的有限性的清醒認識。如果說他是個絕望的虛無主義者，那麼他的虛無恰恰是對人的難以根絕的狂妄之絕望。在先秦諸子中，只有莊子一人只講個人怎樣擺脫世俗的悲劇和平庸的功利，達到「獨與天地精神往來」的逍遙遊，卻不曾爲統治者的馭民術和士大夫的處世術進過一言；只有他看透了政治的流氓本性，他寧肯做個世俗嚴重的「畸形人」，也不去正人君子，寧可「曳尾於泥潭」，也絕不去做仕途上的「犧牛」——把牛打扮得漂漂亮亮，只是爲了賄賂它自以爲榮耀地走上祭壇；只有他一人，深刻地理解了人的無知和語言的局限，理解了生命的脆弱和死亡的必然，以及面對死亡的豁達；也只有他一人的遺囑，蔑視豪華的墳墓和企求不朽的愚蠢，他告訴弟子，他死後無需棺槨也無需埋葬，生於自然復歸於自然，他的墳墓是山川、是河流、是平原、是天空，是整個大自然，在莊子的墳墓面前，金字塔和秦陵都顯得太渺小了，連滄海之一粟都算不上。

　　從某種意義上講，人類的精神史，就是一部對人的狂妄不斷進行揭露的歷史；人類制度的演進，就是不斷地限制權力野心膨脹的歷史。凡獨裁者皆是精神上的狂妄之徒，在他的心中，向上沒有神和神性，向下沒有百姓和人權，他就是神，就是救主，就是宇宙的最高主宰，他可以代表人民並且有資格替任何人做出選擇。而狂妄者肯定要濫用他所擁有的權力，直至遭受天怒人怨的共責爲止。如果蘇格拉底的「最高的智慧是意識到自己的無知」的名言，可以作爲人類共用的精神遺產的話，那麼莊子對人的悲劇和有限性的清醒意識——欲以有涯之生窮無涯之宇宙，殆

矣——儘管帶有宿命論的絕望色彩，但是無論在當時還是在今天，都是整個人類的難能可貴和不可缺少的精神資源。

與西方相比，即便在中國文化人中最形而上的莊子，也沒有一種對生命，對超塵世的精神信仰的謙卑和敬畏，沒有那種面對不可避免的悲劇的承擔和責任感，缺乏在正視悲劇前提下有勇氣投入其中的殉難品質，缺乏蘇格拉底或耶穌式人格的那種悲愴的高貴之美。莊子沒有找到生命的真正價值，他一面沉入人類悲劇的最底層，發出殘酷而清醒的警告，另一方面升騰到不食人間煙火的超脫飄逸之境，作出輕鬆瀟灑的姿態，而這兩者之間，卻沒有一種偉大堅韌的人格承擔。因此，他的飄逸是無人性的、冷血的，是石頭化的人生態度。當苦難沒有危及自己時，他讓人做一個平心靜氣甚至幸災樂禍的旁觀者；當災難可能危及自己時，他讓人做一個心安理得甚至沾沾自喜的逃兵。沒有蘇格拉底面對不公正審判時的大義凜然，沒有耶穌式的終極關懷和殉難情操，就不會有真正偉大而高貴的人格。中國歷代傲視宦海沉浮和塵世功利的知識分子，所繼承的恰恰是逃避的、飄逸的莊子，陶淵明所虛構的桃花源、林語堂所推崇的生活藝術和周作人所陶醉的閒適，就是現代士大夫最高的生命境界。（1996 年 11 月 26 日）

科舉制度的怪胎

　　從現代考任制的角度看，中國古代的科舉的確是先進的公務員選拔制度。但是，由於傳統帝制的整體結構沒有提供與之配套的制度，遂使這一先進的局部制度創新被整體制度所扭曲，變成了開放性受制於封閉性，平等性受制於等級性的怪胎。在某種程度上，科舉制在人才的錄用和配置上超越了血緣身分等級制度，具有現代考任制平等地面向社會的開放性。但是這種開放性又與一種最為封閉而單一的思想灌輸（道統）制度相結合。開放性准入規則和考場上的平等競爭，導致了人才在階層之間的縱向流動（特別是由下到上的流動），和政治精英的新陳代謝，而思想灌輸的封閉性又使這種流動只向著一個單一的方向：學而優則仕。對於中國古代的讀書人來說，所有的智慧只能在道統即儒術的巢穴中發揮，只能成為大一統的皇權意識形態的工具，知識分子的社會角色只有政治化官僚化一途。從而造成作為社會稀缺資源的知識和智慧的定型化，所有的人才被迫走上了一條極為狹隘而險惡的獨木橋，使社會的價值觀、思維模式、思想觀念和成就意識、向上動力，人生選擇高度一體化、單一化，可以說，中國古代的精英是一種「單面人」。

　　在傳統中國的「家天下」秩序中，從漢武帝開始的歷代主要

王朝，都是依靠血緣法統（皇家）和非血緣道統（儒家）來維繫的。號稱「奉天承運」的皇帝和皇族，以血緣關係確立和傳遞法統，他們只是法統的創立者和傳承者，而不是道統的創立者和權威解釋者。道統的創立者和權威解釋者來自一代代儒生，他們把儒家學說所描繪的社會秩序奉爲「行天道」。所以法統政權的維繫和運行，必須由按照儒家意識形態的標準選拔出的「家天下」執政代理人來完成，具有公共性的科舉與私下的舉薦就是正式的選拔制度，前者依賴於「道統」的權威性，後者依靠「法統」的權威性。

由於「道統」和「法統」的分離，儒生出身的代理人集團才能夠借助「道統」來制約「法統」。儘管「家天下」爲了加強自身的權力而創造了宦官集團、外戚集團，但是這些來自「法統」的集團只有幫助維護「法統」的政治權力，卻一直沒有解釋「道統」的權威。儒生官僚集團可以在官場的權力鬥爭中失敗，但是他們所維繫的「道統」卻歷久而不墜。而且每一代有作爲的皇帝，在挽救其被宦官集團或外戚集團弄得危機四伏的「家天下」時，都要借助於「道統」的合法性及其儒生官僚集團。法統的家天下在換代之時，依靠道統的官僚集團清除宦官集團的宮廷黨爭時有發生，比如明代對「東廠」太監集團的清算最爲典型。從某種程度上講，一部中國古代政治史就是一部宮廷內鬥史，除了皇家家族內部爲了爭奪皇位的血肉相殘之外，一部宮廷內鬥史就是一部儒生官僚集團與外戚集團、宦官集團的爭鬥史。雙方較量的勝負主要取決於皇帝的立場，他傾向於哪個集團，勝利就屬於哪個集團。毛澤東時代的中國亦如此，高崗與劉少奇之爭的勝負，實在與高、劉本身的權謀和努力無關，關鍵是看毛澤東對兩人的

態度，毛要誰失敗誰就註定要失敗。

作為依靠意識形態性「道統」起家的政權代理人執政團體，通過科舉制度躋身仕途的儒生官僚集團具有雙重性：既是儒術道統的傳承者，又是皇家法統的雇員。作為法統的雇員，儒生出身的官員中真心信奉和捍衛道統者極少，而以「道統」為敲門磚謀求升官發財者則是這個集團的主體。即便在讀書時真誠相信道統的正義性，而一旦踏進爭權奪利的官場，實用主義的遊戲規則就會迅速地把一介儒生改造為老奸巨猾的政客，此時讀書人的「道統」只有作為爭權奪利的根據才會被繼續奉為神聖的統治原則。

同時，科舉制度所造就的精英之間（士紳、地主和官僚之間）、上下層之間（貴族與庶民之間）的平等流動，而一旦通過科舉進入官僚集團，以皇權為核心的森嚴等級化和任意性的人治化秩序，就會束縛乃至窒息讀書人的從政能力，腐蝕其政治品質。庶民固然可以通過個人的努力走上仕途，甚至由布衣而宰相，然而一旦進入了官僚體系之中，其才智和首創精神又被體制內的森嚴等級所窒息，被赤裸裸的利益之爭所扭曲所消耗，人治的秩序又使從政者的烏紗帽乃至身家性命毫無制度保障，稍有不慎，就可能導致罷官和亡命的危險，甚至一句話就能掉腦袋，還要禍及九族。讀史書，令人對中國的官場之殘酷不寒而慄，做官的人很少能免於牢獄之災。比如《明史》「列傳」記載的上至大學士下至七品芝麻官的眾多人之中，幾乎無人倖免於官場的傾軋。嘉靖時期，僅僅為了皇帝父母的稱號，就引起了持續三年的朝廷內鬥，結果是一百八十多名官員在朝廷上受杖刑，其中十七人被打死，其他人被下獄或發配邊疆。三年的名位之爭，受到牽連的有幾千人。

作爲道統的傳承者，儒生文官集團要以道統爲控制和約束皇權的合法性依據，極力爬上帝王師，起碼是帝王友的地位，幸運地遭遇一位明主仁君，恩寵有加之中的一人之下、萬人之上的地位，也會使之抱有恢復舜禹讓賢制度的幻想。極少數屢試落榜的儒生心懷怨恨之強烈，可以成爲他們在亂世中從民間揭竿而起的內在動力，比如太平天國的洪秀全。

　　儘管歷史上不乏圍繞政見和利益之爭而形成的儒生黨派，比如東漢的黨人和太學生們、北宋的元祐黨人、明末的東林黨人，他們以天下爲己任的道義立場、引經據典的慷慨陳詞、英勇赴死的大義凜然，使其人格作爲道德典範，冠絕一時且名垂千古。但是整體的儒生集團只是表面上的以「道統」爲核心的官僚集團，而在實際的利益上只能依靠以「法統」爲核心的皇權，所以在控制皇權的現實競爭中，他們並不比外戚集團、軍人集團和宦官集團更成功。曾國藩和李鴻章作爲挽救了清王朝的第一功臣，儘管在表面上位極人臣，而在影響慈禧太后的最後決策時，其作用常常不如那些深受太后寵信的大太監。他們主政期間的一切政績最終要記在老佛爺的名下，而一切來自老佛爺或滿清權貴決策失誤的責任，都必須由他們承擔，此種現象乃獨裁制度的必然。1949年中共執政之後的歷史一次次重演著古代的政治悲劇，就連毛澤東一手製造的文革大災難，其主要責任的實際承擔者居然是毛的夫人江青。

　　中共執政後的「黨天下」，表面上的意識形態說辭是「人民主權」，但是在選拔執政集團的官吏時，既廢除了傳統科舉制，又拒絕接受西方的選舉制和考任制，而是只繼承了傳統的人治式的舉薦和任命相結合的選拔制度，形成了自上而下層層相連的

個人效忠網路。所以執政黨特權集團構成，不同於「家天下」的家族血緣特權集團。但是共同的獨裁性質和個人效忠制度，決定了兩者的權力傳承往往危機四伏，皇族內部的權力之爭和中共內部的權力之爭，同樣是暴力、陰謀和權術的綜合體，政權本身和整個社會都要為此付出高昂的代價。毛澤東和鄧小平兩代中共強人，都曾經兩次廢除了自己培養的接班人，引起了強烈的社會震盪，「文革」大劫難和「六四」大屠殺的發生，都與中共政權的接班人危機密切相關。在毛澤東的晚年，欽定接班人林彪覆滅之後，他就開始有意識地向「家天下」的方向發展，江青和毛遠新的權力角色就是明顯的例證。如果毛澤東精心栽培的大兒子毛岸英不是死於朝鮮戰場，中共政權法統的「黨天下」很可能回歸到傳統的「家天下」，類似北朝鮮的金日成父子。

　　極權制度的創建和維持，往往依靠政治強人的個人權威和人格魅力，但是隨著第一代強人的自然死亡，最高權威呈遞減趨勢，中共極權也不例外。第一代超強人毛澤東可以為所欲為，隨意選擇任何一個人來接班，如王洪文或華國鋒，而不必在意黨內慣例及接班人的黨內資歷和現任職務；第二代強人鄧小平就無法像毛那樣隨心所欲，他要顧忌中共元老集團的意志，要玩忽左忽右的權力平衡，但是他仍然有在江澤民、李瑞環、陳希同等政治局委員中欽定接班人的權威。現在，強人時代結束了，絕對權威的真空將改變中共權力傳承法統的遊戲規則，造成了黨魁欽定接班人的權威不足，江澤民作為中共第三代的核心，絕沒有毛澤東和鄧小平的一言九鼎的權威。在鄧小平還活著的時候，他有尚方寶劍的欽定保護，而一旦鄧小平死了，他的權威能否得到鞏固和提高，就主要取決於獨立執政的政績，黨內各派之間的利益交換

和玩弄合縱連橫的權謀技巧了。對於江澤民來說，鄧小平的死既
為他展示執政能力提供了時機，又蘊藏著極大被顛覆的風險。而
未來可能的現實是：他只是個平庸的過渡性人物。

　　同時，中共將「家天下」時代相互分離的道統與法統，即意
識形態和政權合併為一：黨魁既是道統的創立者、權威解釋者，
又是政權的唯一佔有者、行使者。「黨天下」的道統即馬列主義
最後歸結為黨的最高領袖思想即毛澤東思想，其政權也集中在黨
政軍合一的毛澤東個人身上。這種雙重身分的合一，創造出一種
比準政教合一的極權程度更高的體制，官僚集團的組成也是法
統與道統合一，再沒有了法統之上的道統權威，對執政權力進行
哪怕是表面上的制約。從此，中共的每一代法統接班人都要在道
統上將自己奉為聖人和理論宗師，也都把黨政軍的最高權力集於
一身。鄧小平垂簾聽政的時代有「鄧理論」，江澤民集黨政軍大
權於一身的時代有「江學說」。換言之，中共政權內部的接班人
之爭，既是法統政治權力的爭奪，也是道統意識形態解釋權的爭
奪。毛澤東之後的鄧小平在與華國鋒爭奪最高政治權力之時，就
是用發動「思想解放」運動來爭奪對毛澤東思想的權威解釋權。

編者註：原文無題，題目為編者所加。作者有註明前兩節的寫作
時間。

首發《北京之春》2001 年 4 月號（第 95 期）

孔子跑官與娼優人文

——獄中重讀孔子行跡之一

　　當滿朝文武皆迎合漢武帝的好惡、齊聲指責李陵之時，唯有正直的司馬遷獨排眾議而爲李陵辯護。儘管司馬遷說得合情合理，但只要臣下敢於冒犯龍顏，漢武帝才不管他說得是否在理，先割了司馬遷的屌再說。荒謬的是，根據今日中國的御用史學評價，在滿朝文武官員的聖殿上，一個小小史官居然敢於頂撞一言九鼎的漢武帝，罪當必死；而漢武帝只閹不殺，該有多麼寬大的胸懷啊！

　　司馬遷的屌被割了，但他的精神生殖器卻勃起了。這一割，不僅使他下決心「發憤著書」，寫出了「藏之名山、傳之千古」的「無韻之《離騷》」；這一割，讓他清醒地意識到自己的卑賤地位，寫出那封泣血的《報任安書》。他在仰天悲歎「腐刑極矣！」的同時，歷數自己在皇家政治中的無能，坦承自己的地位不過是「娼優所蓄」。

　　好一個「娼優所蓄」！既是太史公的肺腑之言，又道出了中國文人在皇權政治中的可憐地位。

　　在皇家宮廷中，中國文人「娼優所蓄」的地位並非始於漢代，而是始於諸侯國紛爭之春秋戰國時代。孔子周遊列國，首開

了文人的「跑官之風」；王公貴族的大量「養士」，奠定了「娼優
所蓄」的傳統。在先秦的狼煙四起中，幾個被後代儒生大書特書
的君王，都是善於養士之人；而權勢者「養士」，如同養家妓或
養好馬。

　　春秋戰國的紛爭時期，各國間的結盟和分裂不斷變更，既沒
有穩定的朋友，也沒有長期的敵人，正所謂「只有永遠的利益而
沒有永遠的敵友」。這種分分合合，史稱「合縱」與「連橫」。

　　在那個硝煙彌漫、血濺權杖、生靈塗炭的時代，君王們的
「朝三暮四」與士大夫的「朝秦暮楚」，可謂珠聯璧合。君王們急
需人才，文人士大夫們有了周遊列國跑官的便利，也有了在不同
的君王之間進行選擇的機會，可以憑藉其縱橫之術遊說於各國，
不必非看一個君王的臉色，正所謂「此處不留爺，自有留爺處」。
歷史上著名的縱橫家有張儀、公孫衍、蘇秦等人，全憑一條「三
寸不爛之舌」，便可周旋於各國君王之間。說是百家爭鳴的黃金
時代，實質上是價值相對主義甚至虛無主義盛行的時代。政治無
規則，統治者無信譽，爲達目的而不擇手段；人格無操守，縱橫
家無忠誠，奉行「有奶便是娘」的機會主義。

　　比如，著名縱橫家張儀乃魏國貴族的後代。他曾求見魏惠王
獻策，但沒有得到重用。一氣之下，張儀前往楚國求見楚威王，
但楚威王也不見他。好在令尹昭陽收留了他，他也只好委屈地做
個門客。

　　某日，令尹昭陽宴賓客，門客張儀自然在場。酒酣耳熱之
時，昭陽忘乎所以，拿出楚國的無價之寶「和氏璧」，向滿座賓
客炫耀。國寶在眾人的驚奇中、讚歎中傳來傳去，但傳著傳著，
國寶不翼而飛。昭陽懷疑是張儀偷的，因爲他是外國人且窮愁潦

倒。昭陽把張儀抓起來審問。張儀蒙此不白之冤，當然不招，遂遭酷刑逼供。張儀被打得幾乎昏死，奄奄一息地回到家中。

張儀回家後，不讓妻子撫慰他的遍體傷痕，而是張口讓妻子看他的舌頭。他慶幸自己的舌頭還在，並對妻子說：只要三寸不爛之舌還在，官運就沒有完結，就可憑藉如簧之舌遊說各國、謀取官職。果然，張儀在西元前 329 年跑到秦國去搖唇鼓舌，還真說服了秦王，被任命為大良造。魏國不用他，他就慫恿秦國攻打魏國。秦王聽信了張儀，興兵攻魏，佔領了曲沃、平周兩地。張儀越發受寵，將另一名嘴公孫衍擠出秦國。

後來，當齊國和楚國結盟對付日益強大的秦國時，秦王派張儀前往楚國，任務是離間齊楚。張儀首先收買了楚國貴族靳尚等人，然後去見楚懷王，以奉獻六百里土地打動了楚懷王，導致齊楚聯盟破裂。楚國背叛了齊國，憤怒的齊王與秦國結盟，共同對付楚國，使楚國遭到重創。最為戲劇性的是，當楚懷王向秦國討取六百里土地時，張儀居然翻臉不認帳，硬說秦國獻給楚國的土地只有六里而非六百里。於是，憤怒的楚懷王發兵攻秦，兵敗丹陽，楚國的漢中郡被秦軍佔領。

前面曾提到，首開憑著「三寸不爛之舌」跑官的人，不是戰國時期的縱橫家，而是被奉為至聖先師的孔老夫子。只不過，縱橫家們大都有點「政績」，而孔子跑爛鞋底卻一事無成。

如果野史上記載孔子生於野合是真的，那他就是個出身卑微、大逆不道的私生子了。按照他後來為中國人定的尊卑有序、等級森嚴的血統論規矩，以他的出身而論，他變成亂臣賊子或潑皮無賴才對，而斷斷成不了歷代君王的萬聖師表和民族的精神象徵。但他怎麼就成了誨人不倦的正人君子，史書上毫無記載。大

概是在曠野上偶遇老子，閒聊中從老子的玄談中悟出了為人處世的道道兒。《莊子》一書把這段傳說改造為孔子向老子「問道於野」，以證明儒家鼻祖乃道家門徒，孔子只不過把老子那套陰柔的自然之道，應用於人世和官場而已。

再看信史的介紹。孔子早年喪父，家境衰落，他自述：「吾少也賤，故多能鄙事。」但他從「志於學」的少年時代開始，就致力於「學而優則仕」的人生目標。青年時代，孔子做過季氏家族的「委吏」，也就是幫人家管理倉廩和畜牧的家臣。按照現在的說法，也算個高級打工仔。

「三十而立」後，孔子已經有了博學之名，自然不甘於繼續做別人的家臣，而要從事「經國」之大業。他以辦私學謀生，以周遊列國謀官。魯昭公二十五年（西元前 517 年）魯國內亂，崇尚「邦有道則仕，邦無道則隱」的孔子自然逃離。他離魯至齊，齊景公曾慕名而問政於孔子，他說出「君君、臣臣、父父、子子」的名言。這成了孔子日後炫耀的一大資本，後又演變為「三綱五常」。

但請教歸請教，啓用歸啓用。齊景公雖然愛聽孔子進言，卻沒有起用他做官。從「而立」的三十歲到「知天命」的五十歲，二十年間，孔子沒有謀得一官半職。直到五十一歲，孔子才被起用走上仕途。他從基層縣長做起，最高職位是部級官員，即由中都宰升為司空，再升為大司寇，相當於魯國的司法部長。但孔子的仕途僅四年就結束了。孔子的政見不為高層採納，其政治抱負也就難以施展。於是，他在五十五歲時憤而棄官出走，輾轉於衛、曹、宋、鄭、陳、蔡、葉、楚等地，均未獲重用。

孔子先去衛國跑官，受到衛靈公禮遇，但君王多疑，派人監

視孔子，孔子受驚，害怕獲罪，不辭而別。孔子本想去陳國，但在過匡地時被困五天。解圍後又想去晉國，但正值晉國內亂，孔子不得不再返衛國。孔子此舉，不但引起多方的猜疑，而且沉湎酒色的衛靈公也不用孔子。後來衛國也發生內亂，孔子又離開衛國，途經曹國，前往宋國。宋國司馬桓魋想殺了孔子，孔子只能偷偷逃出宋國，經過曹國抵達陳國。之後，孔子多次往返陳、蔡之間。期間，楚昭王派人來請孔子，陳、蔡兩國的士大夫圍追孔子，致使他「厄於陳蔡之間」，絕糧七日。解圍後，孔子到了楚國，但孔子的官運實在不好，他到楚國不久，恩主楚昭王死了。之後，孔子再次至衛，雖有衛國君主給予的「養賢」之禮，但無重用之實，還是無官可做。直到年近七十，孔子才被季康子派人接回魯國，但仍未獲魯哀公的任用。

孔子從五十五歲開始周遊列國跑官，但他顛沛流離十四載卻一無所獲。正統史家對孔子的評價是：胸有宏圖大略卻終生不得志。但在我看來，孔子是個罕見的官迷，甚至癡迷到雖有千難萬險而不辭的程度，幾近於屈原的「雖九死其猶未悔」。正如他在《史記·孔子世家》中為人所熟悉的：「天下莫能容」，「惶惶如喪家之犬！」。《列子》中這樣描述孔子的周遊列國：「窮於商周，圍於陳蔡，受屈於季氏，見辱於陽虎」。但孔子依然不屈不撓，「明知不可為而強為之。」

孔子的官迷嗜好為後代讀書人指出了「學而優則仕」的人生之路，他對自己失敗的跑官經歷的總結變成從政哲學：「邦有道則仕，邦無道則隱；」「遇明主則入，遇昏君則拂袖而去。」由此，孔子成了歷代中國讀書人的榜樣，大凡著名文人墨客，幾乎都有過不愉快的從政經歷。通俗地講，這是教人「逢好就上而

逢壞就跑」,「得便宜就進而吃虧就退」。如此缺乏擔當的機會主義,不僅是中國文人的從政哲學,也是中國人的處世哲學。

孔子從跑官挫折中總結出的那些勸世名言:「君子喻於義,小人喻於利」;「不義而富且貴,於我如浮雲」;「朝聞道,夕死可矣」;「從道不從君;邦有道,貧,恥也;邦無道,貴,恥也;殺身以成仁。」不但他自己從未踐行過,後來士大夫中也罕有踐行者。

孔子萬萬沒有想到,他總結跑官失敗的經驗之談,卻被後來的統治者變成帝制時代的正統意識形態,且是獨尊的意識形態。他本人也被奉為「萬世師表」和「至聖先師」。

秦滅六國成就了霸業,政治上的統一結束了戰國紛爭,也結束了百家爭鳴,從此知識分子就踏上了只能從一而終的不歸路。中國的帝王無力稱霸之時,不得不在某種程度上容忍言論自由,而一旦稱霸,首先要滅絕的就是言論自由及其喜歡說話的知識人。從秦始皇到毛澤東莫不如此。

中國文化最大的悲劇,還不是秦始皇的「焚書坑儒」,而是漢武帝的「罷黜百家,獨尊儒術」,經過董仲舒改造的儒家學說,把靠暴力建立和維繫的帝制秩序描繪為天道的體現,「天不變道亦不變」作為帝制合法性的本體論根據,不僅為人間皇權的永世不變提供了宇宙論證明,而且為赤裸裸的暴力統治披上了一件懷柔的意識形態外衣。聰明的皇帝看得出來這件外衣對其政權的勸誘作用,遂確立為獨尊的官方意識形態。從此儒術便成為中國社會普遍接受的關於公平和正義的基本標準,成為主流讀書人安身立命的「道統」。從先秦的孔孟到宋明理學的程朱,道統乃一線單傳。

儒術作為先秦百家爭鳴中的一家，被統治者欽定為凌駕於諸家之上的權威，思想變成了執政的工具，孔子周遊列國時沒有實現的理想——為帝王師——由漢代大儒董仲舒完成了。從此，孔子成了不能置疑的聖人，儒術成了不允許挑戰的正統意識形態（道統）。衛道士要用它，造反者也要用它；君王拜為先師，弒君者也拜為先師；漢人尊為精神支柱，異族征服者也尊為立國之本；正人君子信奉它，佞臣小人也利用它；貞女烈夫遵從它，優伶娼婦也賣弄它；在中國，它放之於四海皆準，其原因無非它是統治者的「法統」，是儒生官僚集團制約皇帝及其家族的「道統」，更是放牧民眾的得心應手之工具。

然而，儒術作為統治工具只能說而不能用，只能在倫理上約束君子和愚弄百姓，而在現實政治中無法起到「不戰而屈人之兵」的作用。對於唯我獨尊的皇帝和搞宮廷陰謀政變的逆臣來說，也對於走投無路時揭竿的暴民和怠工避稅逃亡的刁民來說，真正具有威懾力的統治工具還是心狠手辣的法家。三從四德是儒家戒律，但對觸犯三從四德者的懲罰，絕不能只向違反者宣講三從四德之禮，而是要動用剜眼、剁手、割屄、車裂等酷刑。換言之，如果儒術所宣導的倫理「德政」沒有法家力主的「暴政」來支撐，就一天也存在不下去。

歷史上的文人士大夫，大都把「法家」作為暴政的代表，把「儒家」作為仁政的代表，並將兩者對立起來。其實，孔子說的那點類似「攻心術」的道理，法家韓非子們也照樣門兒清。韓非在強調嚴刑峻法的同時也說：「是故禁奸之法，太上禁其心，其次禁其言，其次禁其事。」牧人和羊群之間的關係和諧，最終取決於對人心的徹底征服。但是，人作為會思考的蘆葦，「禁其心」

難乎其難，在根本上就是不可能完成的任務，再精明的獨裁者也無法做到。正所謂「你可以在一段時間欺騙所有的人，你可以在所有時間欺騙有的人，但你無法在所有時間欺騙所有人。」

所以，「禁其心」的「德治」不成，就只能用「禁其言」和「禁其事」的「暴政」，主要依靠牧人手中的鞭子和開辦屠宰場。即便在獨裁統治的和平時期，意識形態的人心控制，也只是暴力的身體控制的輔助手段，是執政者為降低統治成本而採用的勸誘策略。何況，官方意識形態的獨尊地位，在本質上並不是靠其本身的道義凝聚力來維繫的，而是靠暴力的國家機器來支撐的。是選擇意識形態的說服，還是選擇暴力鎮壓，其決定權都在執政者手中，根據不同情況而選擇不同的統治手段。如果運氣不錯，偶爾碰上所謂的「明君賢臣」的合作，最好的可能也僅僅是把攻心術用盡之後再動用暴力；而在經常性的「昏君佞臣」或「暴君酷吏」的統治時期，連統治者自己也不相信儒家的說教，而只相信最有效的統治手段——暴力。在中國漫長的帝制歷史上，又有幾個「明君賢臣」的合作期呢？我們這代人經歷過「人民大救星」的毛澤東時代，毛的權威可謂如日中天，毛思想的勸誘力可謂入腦入心，但這種萬眾匍匐並沒有帶來「仁政德治」，反而是史無前例的殘暴統治。

儒外法內的傳統，當然也適用於滿嘴仁政的孔子。孔子大半生用在跑官上，鞋也不知道磨破了多少雙，腳底板也不知道打了多厚的老繭，可惜只當了一次魯國的大司寇，屁股還沒坐熱就被炒了魷魚。但是，他也珍惜好不容易得到的權力，在那麼短的為官生涯中也沒有閒著，一朝權在手，便把令來行，他的最大政績就是不講仁義禮智信，不用攻心懷柔術，而是大開殺戒，誅了少

42

正卯，過過手握暴力的癮。由此可見，中國文化的外儒內法的虛偽和殘忍，早就由孔子當權時實踐過了。正如魯迅所說，從滿篇仁義道德的儒家遺產的字縫裡，只有「吃人」二字是眞實的。

1996 年 11 月於大連教養院

2006 年 7 月 23 日整理於北京家中

首發《民主中國》2006 年 7 月 24 日

孔子的誨人不倦和刪詩
——獄中讀孔子行跡之二

在我看來，先秦諸子中，孔子最平庸也最功利。

與莊子相比，孔子沒有人格的超逸、飄飛和瀟灑，沒有想像力的奇偉瑰麗和語言的汪洋恣肆，更沒有對人類悲劇的清醒意識。莊子的哲學智慧之脫俗和文學才華之橫溢，都遠在孔子之上。

與孟子相比，孔子缺少男子漢的氣魄、恢弘和達觀，缺少在權力面前的自尊，更缺少「民為重，社稷次之，君為輕」的政治遠見和平民關懷。

與韓非子相比，孔子圓滑、虛偽、甚至不乏狡詐，沒有韓非子的直率、犀利和反諷的才華。

與墨子相比，孔子沒有以平等為理想的民粹主義和道德自律，沒有具有形式特徵的邏輯頭腦。

儒家有所謂的三不朽：太上立德，其次立功，再次立言。孔子在「立功」方面毫無作為，儒家信徒就只好津津樂道於孔子在「立德」和「立言」上的偉大貢獻。

先說「立德」：

孔子是個官迷，按照孟子的說法：「孔子三月無君，則皇皇

如也。」而孔子跑官之所以屢屢失敗，源於他的自視甚高。孔子的自我解釋是待價而沽：「沽之哉！沽之哉！我待賈者也。」孟子的解釋是孔子的開價太高。孟子列出了孔子做官的三大條件：「有見行可之仕，有際可之仕，有公養之仕。」第一條是自己的主張能夠變成治國之策，第二條是要受到君主的禮遇，第三條是君主養賢出自誠意。此三條中的任何一項不能滿足，孔子就可能拂袖而去。所以，即便某些君主給孔子以禮遇，但只要孔子之道無法變成治國之策，孔子就會再去尋找新主子。

孔子跑官失敗後，才勉強當道德教主。在我看來，一部《論語》，只是處世小智慧，極端功利、圓滑，既無哲理的深邃和審美的靈性，也無人格的高貴和心胸的曠達。他的好為人師以及「誨人不倦」的為師之道，恰恰是狂妄而淺薄的人格所致。

孔夫子在與別人討論問題時，總是扮演誨人不倦的導師（回答問題者）。儘管孔子也說過「知之為知之，不知為不知，是知也。」但是，他說出這段話時，其姿態是高傲的導師，其口吻是教訓弟子：「子曰：由，誨汝知之乎！」通觀《論語》一書的孔子，他毫不懷疑自己具有高人一等的智慧，可以教導別人怎樣處世、怎樣做人、怎樣齊家治國王天下。他既想做拯救社會於「禮崩樂壞」之中的先聖，也想做指導人生的先師。故而孔子說：最高的智慧是「隨心所欲，不逾矩。」

作為對比，古希臘哲人蘇格拉底在與別人辯論時，總是扮演提問者的角色，他的一個接一個的問題似乎是在有意捉弄對方，一步步地擊垮對方的自信和狂妄。辯論的目的，不僅是澄清問題、破除疑團、發現真理，更是想讓參加討論的人意識到：人是無知的。宇宙、生命就是一連串人類無法徹底回答的問題。故而

他說：只有神才有智慧，因爲它給予了人以最高的智慧——知道自己是無知的。這就是蘇格拉底式的提問留給西方的最寶貴的遺產。

蘇格拉底和孔子，分別代表了兩種完全不同的自我意識，其中隱含著中西文化的最重要的差別：不相信人能夠全知全能和相信人能夠全知全能。前者自然要走向對超人存在的追尋，後者只能走向對現世人生的認同。孔子開創的「誨人不倦」傳統，作爲中國人的爲師美德，其潛臺詞就是永遠高人一等。蘇格拉底開創的提問傳統，與後來的基督教原罪意識相結合，開啓了智慧謙卑和勇於自省的西方傳統。

孔子被後代神化爲聖人，儒家倫理被拔高爲「儒教」，不僅造就中國的專門神化世俗人格的造神傳統，而且造就了權力上、道德上、知識上的狂妄傳統。在中國，歷代不乏自恃無所不知的誨人不倦者，以至於使誨於人者大爲疲倦。

作爲中國讀書人的典範，孔子傳給弟子的主要智慧是如何「達則兼濟天下，窮則獨善其身」的處世謀略。他教讀書人怎樣混跡於官場，怎樣待價而沽、與統治者討價還價，君主劉備「三顧茅廬」才讓諸葛亮出山的典故，最典型地詮釋了君王與御用謀士之間討價還價的遊戲。他教讀書人如何盛世入廟堂，亂世避山野，是極爲不負責任的機會主義：所謂兼濟天下和獨善其身的選擇，都要在有利可圖的前提下。他的「學而優則仕，祿在其中」的教誨，爲中國讀書人指出了一條依附官權之路。雖然孔子本人跑官失敗，但他的弟子中卻屢有當大官的。由此可見，他的教誨，還是有成效的。

可悲的是，正是這個圓滑、功利、世故的孔子，這個無擔當

精神和受難情懷的孔子，卻成了中華民族幾千年的聖人，平庸的《論語》也被後人注釋了兩千年，耗費國人的大量心血和智慧，正所謂「皓首窮經」的中國式學問。

再說「立言」：

後儒們說，孔子在文化上的大貢獻之一是開辦私學，既成就一番民間教育的大業，也首開有教無類的平民教育。但在我看來，這根本就是後人的演繹。孔子的志向是做大官、立大功，他一生的大多數時間都用於周遊列國的「跑官」，開辦私學是四處跑官的副業，主要是為了餬口。無論從孔子的跑官經歷中，還是從《論語》的言論中，他從來不是平民利益的捍衛者，而是一貫眼睛向上而輕蔑平民。他最痛恨忤逆之人，也就是那些不畏統治者的犯上作亂者；次討厭誹謗大人的人，也就是不畏「聖人之言」的人。他教君王如何愚民，「民可使由之，不可使知之」的愚民策略，歷代統治者用起來都很順手；他教百姓如何做順民，要子女絕對服從父母，要百姓敬畏統治者和聖人，要學生絕對服從老師，所謂「一日為師，終身為父」，在上者即使錯了，也不能違背他們的意志。孔子提倡的師道尊嚴，不過是盲從老師而不認真理。正如魯迅所言：「孔夫子曾經計畫過出色的治國的方法，但那都是為了治民眾者，即權勢者設想的方法，為民眾本身的，卻一點也沒有。」（《且介亭雜文二集·在現代中國的孔夫子》）

故而，國人的奴性人格始於孔子式教育。

後儒說，說孔子「立言」的另一大貢獻，是為中華文化提供了萬世經典，即孔子先後刪《詩》、《書》，訂《禮》、《樂》，修《春秋》。而在我看來，說孔子操練文化的結果是貽害千古，也不為過。

47

中國的第一本詩集《詩經》，是經過孔子對古代詩歌的刪編而成，收錄了 305 首詩歌。弟子問孔子「詩三百首」的意義何在？孔子答道：「一言以蔽之，曰：『思無邪』」。聖人的繼承者大都認為他老人家刪詩乃功德無量的偉業，特別是他刪詩的標準乃萬世不移的聖諭。而我以為，孔子刪詩之標準，美其名曰「思無邪」，實則「詩無人」，不知有多少抒發性靈的好詩，被他作為「思有邪」的誨淫製作刪掉了。沒有經過孔子刪編的遠古詩歌，肯定大大超過三百首，而經過孔子的刪編，傳至今天只剩下三百首，實在是孔子作的孽。司馬遷在《史記・孔子世家》說：「古者《詩》三千餘篇，及至孔子，去其重，取可施於禮義，上采契后稷，中述殷周之盛，至幽厲之缺……三百五篇孔子皆弦歌之，以求合韶武雅頌之音。」雖然從唐初孔穎達開始懷疑「孔子所錄，不容十去其九」以來，關於孔子刪詩，眾說紛紜，莫衷一是。但《論語・子罕》載孔子曰：「吾自衛反魯，然後樂正，雅、頌各得其所。」

在審美上，孔子給出的作詩標準是「思無邪」和「溫柔敦厚」，遵循的大原則是「非禮勿視，非禮勿聽，非禮勿言，非禮勿動」。孔子論定的詩歌作用是「可以興、可以觀、可以群、可以怨。邇之事父，遠之事君；多識於鳥獸草木之名。」這裡所謂的興觀群怨，主要是為了「事父」和「事君」，順便認識點「鳥獸草木」，基本與藝術的審美作用無關。由於孔子把藝術作了道德化和政治化的解釋，所以他老人家在審美上必然是功利的、平庸的，與稍晚出現的《楚辭》相比，《詩經》的美學價值太過平庸。

所幸，孔子活不到戰國時期，要不然，由他來審定《楚辭》，其中的《九歌》大概也要被刪了。因為，楚地巫師乞神的唱辭大

都具有情歌的特點，其中的神和巫具有陰陽的屬性，陽神傾慕陰巫，陰巫勾引陽神，神巫之間的關係變成情人關係。《九歌》就是典型的巫文化產物，其中的神靈都被賦予了男女性情，女神由男巫來迎請，男神由女巫來迎請，乞神的過程充滿了男歡女愛和女怨男歡，甚至，乞男神用妙音好色的少女，乞女神用貌比靚女的童男。正如朱熹所言：「或以陰巫下陽神，或以陽主接陰鬼，則其辭之褻慢淫荒有不可道者。」

如《九歌》中最著名的請神辭〈湘君〉和〈湘夫人〉，讀起來完全是優美的情詩。〈湘君〉是女巫以湘夫人的口吻迎請男神湘君：「君不行兮夷猶，蹇誰留兮中洲？」在這裡，有女巫為討好男神而精心打扮：「美要眇兮宜修，沛吾乘兮桂舟。令沅湘兮無波，使江水兮安流」有女巫對男神的刻骨思念之情：「揚靈兮未極，女嬋媛兮為余太息。橫流涕兮潺湲，隱思君兮陫側。」有女巫迎不來男神的一腔幽怨：「心不同兮媒勞，恩不甚兮輕絕。」有女巫向江中丟飾物以表達誓與君相歡的決心：「捐余玦兮江中，遺余佩兮澧浦」。

〈湘夫人〉是男巫以湘君的口吻迎請女神湘夫人，也是以表達男女思念之情的方式來祈求女神的降臨。有男巫對女神的望眼欲穿的期待：「登白薠兮騁望，與佳期兮夕張」。有男巫思念女神之情：「帝子降兮北渚，目眇眇兮愁予。」有男巫欲見女神的焦急，恨不得朝發夕至：「朝馳余馬兮江皋，夕濟兮西澨。九嶷繽兮並迎，靈之來兮如雲。」甚至有男巫脫衣與女神合歡的想像：「捐余袂兮江中，遺余褋兮澧浦。」。

如此《九歌》，顯然觸犯了儒家的雙重忌諱，既有怪力亂神、又有男女偷情。所以，儒家的幾位著名繼承人孟子、荀子和朱子

（朱熹）都批判過楚文化的怪力亂神和男女淫亂。專門注釋過《楚辭·九歌》的朱子斷言，楚地風俗之所以「褻慢淫荒」，乃在於「以美色媚神」。他說：「古者，巫以降神，神降而托於巫，則見其貌之美而服之好，蓋身則巫而心則神也。」「昔楚南郢之邑，沅湘之間，其俗信鬼而好祀，其祀必使巫覡作樂，歌舞以娛神。蠻荊陋俗，詞既鄙俚，而其陰陽人鬼之間，又或不能無褻慢荒淫之雜。」但朱熹又不好否定屈原的地位，也就只好用「載道」理論來爲給屈原作《九歌》脫罪。他在《九歌集注》中說：屈原作《九歌》是以「事神之心」來「寄忠君愛國眷戀不忘之意」，所以，「其言雖若不能無嫌於燕昵，而君子反有取焉」。

我讀屈原的作品，與歷代大儒的審美感受完全相反。我不喜歡〈離騷〉和〈天問〉，因爲這兩首長詩表達的是屈原的雙重媚態，既向君王獻媚，更向自己獻媚，甚至有種棄婦般的病態自戀：屈原把被楚懷王放逐的原因全部歸罪於齷齪的小人，而把自己打扮成冰清玉潔的君子，其高貴品質甚至要上溯他的祖宗八輩。特別是屈原的那種的「舉世渾濁而我獨清，衆人皆醉而我獨醒」的狂妄，培養了一代代自以爲「懷才不遇」的文人墨客。

我喜歡屈原的《九歌》，因爲它源於楚文化中的人神戀愛故事，女巫的美麗嫵媚和男神的多情溫柔相呼應，傳達了聖俗合一、靈肉不二的化境，也表現出一種兩情相悅的平等關係。這在信奉男尊女卑的儒家看來，當然是大逆不道的褻慢荒淫。

如果說，在百家爭鳴的先秦，孔子刪詩還僅僅是一家之言，刪得再狠，也問題不大，畢竟還有其他的標準。但經過秦始皇的「焚書坑儒」，古代典籍大量失傳，比如《詩經》，據說曾有魯、齊、韓、毛四家版本，但到了漢代，僅剩下「毛詩」，相傳

是魯人毛亨所傳。更重要的是，漢武帝「獨尊儒術」以來，《詩經》成了儒家經典之一，但不是藝術經典，而是用於治國的政治經典：孔子的「思無邪」和「溫柔敦厚」，爲後代文學提供了權威標準。漢儒不是把《詩經》當作藝術來欣賞，而是當作治國平天下的政治教材來讀，從而把詩歌的作用提升到治亂興亡的嚇人高度。正如〈毛詩序〉所言：「治世之音安以樂，其政和；亂世之音怨以怒，其政乖；亡國之音哀以思，其民困。……至於王道衰，禮義廢，政教失，國異政，家殊俗，而變風、變雅作矣。」漢儒們挖空心思地在詩中搜尋先王事蹟和聖人遺訓，甚至不惜牽強附會地注解出「微言大義」。明明是平民內容，偏要讀出「文王之化」；明明是男歡女愛的情詩，非要解釋成「后妃之德」。

由此，中國文學離「人性」越來越遠而離權力越來越近，最終變成了爲皇權服務的工具，使中國古代詩歌乃至整個文學走上了「文以載道」的歧途：一種扼殺人性豐富性的堂廟文學成爲主流，而民間的草根野調和情欲人性，則被視爲不入流的文學。到理學盛行的宋代，甚至詩仙李白那些豪放無羈的傑作，也要被理學家們視爲「誨淫」之作。宋代理學興盛之際，恰是宋詩走到「點石成金」的末路之時。倒是那些偏離「文以載道」的宋詞，在對人性的吟詠中閃爍著奪目的審美光輝。

有什麼樣的民族就有什麼樣的聖人，有什麼樣的聖人就只能塑造什麼樣的民族，中國源遠流長的奴性、功利的文化，不能說全部源於孔子，但儒學肯定是主要根源。

1996 年 11 月於大連教養院

2006 年 8 月 4 日整理於北京家中

首發《民主中國》2006 年 8 月 7 日

尼采的天才與狂妄

——獄中讀《尼采傳》

大凡敏感而尖銳的思想者，內心深處皆有極柔軟、極脆弱之處。

八〇年代，翻譯成中文的尼采著作，我大都讀過，但從未看過尼采傳記。即便如此，透過尼采那狂放不羈的文字，我也感覺到：在尼采的強力意志和超人的背後，是一顆敏感而脆弱的心靈，起碼是一顆分裂爲極端自傲與過度自卑的心靈。現在，讀了這本《尼采傳》（丹尼爾·哈列維著，談蓓芳譯），更證實了我八〇年代的感覺。

從少年時代起，尼采就極爲敏感，喜歡冥想和獨自深思。他太細膩、太尖銳、太容易深入到生命的悲劇性深淵之中，而一旦深入進去又難以自拔。比如，尼采少年時代的日記中，有大量追問生命的意義和自己的命運的文字。可以說，尼采的自尊、自負和自卑、脆弱都是極端的，甚至是變態的。在他「哲學超人」的背後，是一個脆弱得只能走向精神失常的畸形人；在暴風雨般的強力意志背後，是一顆每時每刻都希望得到別人讚美和承認的孩子般的虛榮心。這一點，在尼采與瓦格納（又譯爲華格納，Wilhelm Richard Wagner）的關係中得到了淋漓盡致的表現。

瓦格納是罕見的音樂天才，尼采是罕見的思想天才，兩人之間曾有過一段動人而短暫的友誼。後來，尼采與瓦格納之間的蜜月期結束，尼采後來對瓦格納的激烈詆毀，與其說是兩個天才之難以相處，毋寧說是兩個天才的成敗所形成的巨大反差造成的。在那個時代，瓦格納幾乎享受了所有的桂冠和榮譽，他的天才征服了整個歐洲，到處都是他的崇拜者和禮讚者，而尼采僅僅是期望獲得瓦格納式成功的無數崇拜者之一。最初，兩位天才的友誼似乎表現出一種少有的純淨，至少在表面上是如此。兩人之間的談話和通信所表現出的惺惺相惜和彼此欣賞，在我看來，甚至不乏肉麻的感覺。

然而，這種相互欣賞是不平等的，瓦格納的音樂天才的光環籠罩著兩人。瓦格納以伯樂的姿態高高在上，俯視著他的崇拜者和學生尼采；尼采以千里馬的謙卑在下聆聽，仰視著作為音樂偉人的瓦格納。但是，隨著尼采對自我成就感的渴望日益膨脹，千里馬便越來越無法忍受伯樂的俯視，這種導師與學生、大師與崇拜者的角色也就必然出現危機，友誼也隨之必然破裂。瓦格納忍受不了學生的僭越和崇拜者的疏遠甚至嘲諷，尼采忍受不了導師永遠高高在上的命令式教導和恩賜式的關懷，特別是當尼采在思想上人格上逐漸長大，並確信自己的天才絕不低於瓦格納之後，他的本能反抗便脫穎而出。

事實上，兩人友誼的破裂基本上找不出任何信念上的原因，而是社會地位的懸殊及自我評價的失衡造成的。特別是對於尼采而言，他自視甚高卻身處弱勢，自卑很容易轉化自傲並引發嫉妒。於是，瓦格納的每次成功，與其說是對尼采的鼓舞，不如說是對他致命的打擊，而且針針見血、錘錘砸心。套用尼采的「人

性，太人性」的句式，這眞是「悲劇，太悲劇」了。

同樣的驕狂導致了兩個世紀性大天才的友誼悲劇，在我這個後來的旁觀者看來，更像是一齣自我嘲諷的大喜劇。因爲，瓦格納無法忍受的，恰恰也是尼采無法忍受的；導致二人都無法忍受對方的理由，恰好又是那種可憐的自負。橫在兩個人面前無法逾越的鴻溝，不是信念的歧途、性格的乖戾，而恰恰是性格的酷似，兩人都極端自戀，被畸形的虛榮和自尊所左右。所以，二人分道揚鑣的悲劇性結局就顯得極爲可笑而滑稽。

尼采和瓦格納都是極爲自我中心的人，他們都要求所有的朋友或友誼只圍著自己這個獨一無二的核心旋轉，一旦有所疏離就傷心之至。尼采的確天才，其智慧近乎完美，即便不提他的思想貢獻對二十世紀的巨大影響，僅就他那種創造性的獨特表述方式而言，已經爲德語作出了獨特性的貢獻，甚至可以與路德用德語翻譯《聖經》或歌德的偉大詩篇並列爲德語的典範之一。尼采的語言方式是隨意的、汪洋的，甚至有點「混淪」的感覺，即便表述荒謬的自戀也是天才式，頗類似中國思想史最具創造性的天才莊子。

然而，支撐尼采的思想和表述的人格，恰恰是極度的卑微和懦弱。他不斷地貶低和蔑視芸芸眾生，但他又需要社會的鮮花和掌聲。當時的社會對他的不理解或不接受，不是由於他本人拒絕這種接受和理解，而是那個平庸的時代，無法容忍一個高舉著思想鞭子抽打傳統知識權威的天才。正是這種時代的滯後和平庸，將非常需要掌聲和鮮花的尼采，置於無人喝彩的孤獨境地；而正是這種孤獨，成就了日後影響了幾代人的尼采。

這不是一種主動選擇，而僅僅是被動接受。

　　同樣，尼采對女人的極端仇視（尼采明言：見女人時最好帶上鞭子），也源於他在戀愛上的屢屢失敗所造成的虛榮心受挫。正如他渴望社會的承認而社會又偏偏不承認一樣，他需要女人又懼怕女人，他想結婚又無人肯嫁給他；這一切使極端敏感的尼采在心理上和生理上都遭遇難以估量的打擊。由於社會的太正常、太平庸，他的超前言行被誤讀爲瘋子，而這樣的誤讀又眞的把尼采逼成了眞正的瘋子。

　　這眞是人類文化史上意味深遠的大悲劇。假如尼采一開始就被社會所接受，贏得瓦格納式的掌聲和鮮花，還會有那個孤獨的尼采嗎？進而言之，尼采的瘋狂是他自己成就的，過於離譜的自我肯定的評價，與過於離譜的社會否定的評價，或者說過高的自我期許和過低的社會反應——必然造成尼采心理上的巨大傾斜，不瘋才怪呢！

　　在我看來，作爲一位思想者，尼采的純潔無人企及，他的殘酷無人企及，他的自戀無人企及，他的混濁也無人企及。

　　也許，生理上的疾病也是導致他心理上病態的原因之一。

　　尼采在與社會的拚爭中，既是個失敗者又是個成功者。他的失敗是個人性的，他的成功卻是社會性的、時代性的。尼采永遠是刺在人類光潔肌膚上的一根毒刺，沒有人能夠拔掉它，因爲人類的肌體中毒太深，時刻需要以毒攻毒。人類的理智、道德、感情以及哲學、藝術，都需要尼采這根鋒利毒刺的提醒和刺激。對自蘇格拉底以來的人類文化史的當頭棒喝者，唯尼采是也，再無第二個人可以達到尼采式批判的激烈、深刻、及時、殘酷，儘管其中免不了尼采式的狂妄和荒謬。

　　人類太需要獨創性天才，而獨創性天才又常常難以與人相

處，以至於在不被理解中走向荒謬。這是人類生存的悖論之一。所以，天才的思想者大都要孑然一身，孤獨前行，同時代人只能冷漠地或嘲弄地望著天才遠去的背影。直到經過幾代人的時間沉澱，後人才能發現那個曾經被拋棄的孤獨身影，幡然醒悟地給予天才熱烈的擁抱。

二戰前後，一些西方思想史家把尼采思想作為納粹主義的源頭之一，但尼采喊出了最振聾發聵的口號：「上帝死了！」

由此開啓了一個道德的相對主義和虛無主義的時代。

尼采詛咒上帝已死，是因為他自視為「超人」，可以代替上帝。

尼采否定上帝的理由極為荒誕，卻是獨一無二的荒誕。他說：這個世界沒有上帝──假如有上帝的話，我怎麼能忍受不成為上帝。

人類需要荒謬的天才，因為這類天才太少了。能夠走向絕頂荒謬的人，也同樣能夠創作出絕頂優秀的精品。

在此意義上，尼采永遠是獨一無二的，永遠高蹈於人類的卑微之上。

尼采──天才到狂妄，狂妄到自卑，自卑到純粹。

1996 年 12 月於大連勞動教養院

2007 年 10 月整理於北京家中

首發《觀察》2007 年 10 月 18 日

詩是來自子宮中的語言

──獄中讀加斯東・巴什拉《夢想的詩學》

　　能在獄中讀到法國作家加斯東・巴什拉（Gaston Bachelard,）所著《夢想的詩學》，真是一種難得的享受。這是一部靠直覺悟性寫出的著作，所有材料的組織和運用都服從於對詩或對人生超越性存在的激情，與其說是一部美學理論著作，不如說是一首哲理長詩或散文，其中的那些理論性的表述更像是格言──偶爾想到的頓悟式格言。這部詩學著作使我想起了羅蘭・巴特（Roland Barthes）的《戀人絮語》，來自靈魂本身的直觀洞見和激情領悟，與美、與生存本身的決斷息息相關，與宇宙本體、與上帝啟示渾然一體。大凡偉大的理論都是根植於靈魂的敬畏、謙卑和責任，根植於對精神探險的熱愛和神秘之物的好奇。正是此種詩意靈魂，使人生與宇宙具有了無限接近神聖價值的可能性，高蹈於物質與塵世之上。

　　詩的語言是宇宙的神秘存在，借助人類加以運用的最原始、最本真的神性語言，它是人類意識的起源，是大自然、人性和人對無限和永恆的期望的美學表達。它會以下沉的體驗和超越的俯視相融合的獨特視角，照亮人心靈與宇宙的秘密，達致一種還原，最純樸的還原。任何一次詩意的領悟都是靈魂的一次擴張、

一種昇華，猶如宇宙的所有光束凝聚於一點，照亮生命的深淵。這深淵自有一種神秘的節奏，詩的韻律正是這種節奏的複製。人類與宇宙、與自身、與自我意識、與神之間從來就具有一種夢想和祈禱的關係，這種關係就是詩的母體和子宮。在夢想中的祈禱組合著詞句，便成爲詩的孕育。

美學的表達、激情的觀照、詩意的體驗是人的精神本體，它先於形而上學的本體或自我而存在，它向宇宙敞開，宇宙也向心靈的夢想敞開，只有夢想中的靈魂才會把宇宙變成詩。

夢想與兩性之愛，夢想與童年，夢想與潛意識，夢想與自我，夢想與宇宙之間，一直具有隱秘的詩意關聯，在巴什拉筆下，這種關聯變成了關於水的形而上學和火的形而上學的精彩演繹。只有詩的夢想才能使愛、童年、自我、宇宙，先於理論分析的本體形而上學，先於世俗的功利主義，先於邏輯演繹的理論表達，而昇華爲一種神聖存在。詩的夢想是一種隔絕、一種超越、一種遠離，因而是一種孤獨。進入詩意夢想的人，也就進入了孤獨冥想的境地，棄絕一切附加於人性和自然之上的功利的塵世的強制，只沉浸於靈魂之夢以及夢中的宇宙。維繫這種詩意夢想的孤獨，不是肉體的遠離、逃避，而是靈魂的寧靜、沉思、冥想，它可以在塵世的喧囂之中視塵世的喧囂如無物，像黑暗天空中的孤星一樣獨自閃爍，照亮周圍的晦暗。即使詩之夢想的悲劇性，也是一種幸福的、溫暖的，純淨的悲劇，猶如情人之間的燭火，猶如獨自燃燒的自然之火，或猶如火山噴發過後的一池湖水。人在湖水中透視自己的靈魂之火，以及靈魂與自然精靈的和諧；人在火中體驗孤獨的溫暖、愛的溫暖，給冰冷的意識染上一層熾熱、一片光暈，讓僵硬的心靈在感情中漸漸柔軟，脈搏以別一種

節奏重新跳動，血液以另一種旋律重新流淌，人在詩的夢想中變得高貴、純淨。在意識深處，激情就是動力，夢想就是鑽頭，每個詞是如此堅硬銳利，直到在火星迸發時鑽出純淨的水讓意識像噴泉般洶湧而出，然後平靜下來，映照自我。

　詩所能夠達到的唯一的真實便是這種靈魂真實或心理真實，它是生命的詩意所在，是祈禱與懺悔的交融，是生存秘密最原始的源頭。那是記憶的深處，是安寧、靜寂，是時刻準備著向神聖呈現的待開掘狀態。對於夢想而言，它是一束不知來自何處的光，只照亮而不顯示光源何在。詩的夢想只能整體地，孤立地呈現，讓直觀的意識加以體驗，卻無法以邏輯的分析加以規範和表達。凡是邏輯能夠規範並表達的都是生命的淺層次，是功利性、技術性的生命手段；而那些無法表達的才是生命的本體、意欲、整體。因而，詩在哲學的極限之外、之上。在哲學中，一棵樹就是一棵樹，除了把它納入物質的廣延概念，從而變成抽象範疇之外，再無可為之處。而在詩中，一棵樹是靈魂意欲的物件，一棵樹可以上升為宇宙的具體象徵，可以變為纏繞的思緒，可以在天空和大地之間形成一個生命的聯接點。它是生命的詩意之表達和觀賞之物件，是與靈魂共鳴的活生生的激情存在。一次落日就是一次輝煌的葬禮，一次日出就是一次蓬勃的誕生。宇宙萬物與靈魂之間的相互替換、相互表達、相互交融，全賴這詩的夢想。

　詩既是靈魂的節奏也是宇宙的樂章，既是生命的童年狀態（原初的純粹狀態）也是宇宙的古老本源狀態，既是愛的激情亦是哲理的沉思，它能夠把任何具體的可欲之物昇華為精神的形而上學，或靈魂的神話。人是一種記憶，記憶只有依靠詩意的夢想才能存活，沒有詩意的想像，靈魂的豐盈無從表達為生命的奇觀。

在詩中，時間的生命是由審美的欲望給予的。詩人的記憶是超歷史、超時間的，任何具體的景觀和事件，哪怕僅僅是一束光、一種音響、一縷氣味都會在詩人的記憶中具有永恆的意義，從而使人的生命具有一種脫離必然體的非時間性的自由。存在而且永恆，瞬間之於生命不再是一閃即逝的遺憾，而是構成生命之樂章的音符，猶如日出日落是自然季節的音符一樣。追求超越、無限、永恆的人生必須是詩意的、夢幻的。當有限的肉體沉湎於有限的世俗時空之中碌碌繁忙之時，企望無限的靈魂則駕起夢想的雙翅，飛向純淨的寧靜之城。把生命交給詩，就是讓生命獲得不死的自由。在詩的夢想中，我們的靈魂真的會迸出肉體的軀殼，內在的移情把我們投射向超越我們自身的另一個自我，這自我孑然一身卻洋溢著光芒四射的愛，所愛之物在這種絕對孤獨之中上升為理想化的終極價值——愛神聖、愛自然、愛人生、愛女人。時間因詩意的表達而凝固成永恆的剎那。

　　愛是陰性的，縱然有《咆哮山莊》式的長著毒牙齒的愛，有因愛的迷失而生發出變態甚至猙獰的恨，愛在根源上仍然是陰性的。陽剛之夢因愛而變得溫柔圓潤，猶如成熟的果實那樣鮮亮，甜美可口。世界變成了嬰兒眼中的新奇之物，我們會向一切存在之物微笑，我們想以愛撫摸落葉、山石、長髮、嘴唇、冰凌，讓一切都融合在這愛的撫摸之中，漸漸地融化為相互包容的整體。詩之夢猶如戀人的冥想，愛與詩的共同之處就在於二者都沉浸於夢想之中。愛之中的天格外藍，詩之中的天格外澄清。愛的目光是溫存的火焰，詩的目光是柔和的光照。愛把月亮作為激情的音樂來傾聽，詩把星光作為夢幻的音符來組合，生命的節奏因為愛與詩的相通而演奏著整個宇宙。當生命被愛充滿時，所有的表

達都是詩：思戀、擁抱、微笑、凝視、親吻⋯⋯都帶有夢幻的色彩。兩顆孤獨的心靈結合成一個自成一體的絕對世界，這世界是封閉的，只有他和她才有權進入；這世界又是開放的，向著所有存在開放夢中之像。讓我們只有兩個人，便構成一個絕對豐盈無缺的宇宙。讓我們只有兩個人，便包容天地萬物、人生百態。沒有詩的生命就等於沒有靈魂的肉體。

　　男人寫詩，只是對女人的審美體驗的模仿；而女人一旦寫詩，子宮的語言就自然地成就奇蹟般的夢想。

1996 年 12 月 29 日－1997 年 1 月 4 日

首發《議報》2003 年 4 月 28 日（91 期）

一九九七年

鐵窗中的感動

——獄中讀漢斯·昆《論基督徒》

　　題記：基督教信仰的最偉大之處在於：人之為人，首先是愛，其次才是智。無愛的智慧越卓越，就越有可能作惡多端。絕對的愛無條件地構成人性的必須條件或前提。

　　漢斯·昆（又譯為孔漢思，Hans Küng）是著名天主教思想家，德國圖賓根大學天主教神學系基本神學教授，普世宗教研究所所長。他既是神學大師，又是著名的宗教改革家，他宣導一種嶄新範式的基督教思想，致力於推動神學在所謂後現代處境中的範式轉換，因而也被稱為「自由神學」的代表人物。

　　漢斯·昆的《論基督徒》（楊德友譯，三聯書店 1995 年版）是一本感人至深的書，為獄中的我帶來了鐵窗中的感動。已經有很長時間沒有如此激動地讀書了。這種激動、投入的感覺真好，它在告訴我：儘管自己生長在毫無宗教背景的無神論文化之中，但自己並非無可救藥，自己的靈魂深處還是有宗教性虔誠，那種博大深刻的宗教情懷常常令我感動不已。

　　也許，我永遠不會成為教徒，不會進入有組織的教會，但是耶穌基督卻是我的人格楷模，我知道終其一生也無法企及那種聖徒人格，但被這樣的書所感動所震撼，說明自己還具有作為一個

人的虔誠與謙卑，並未被牢獄之災所吞沒，也沒有被曾經暴得的名聲所腐蝕，我還有救，還能夠把自己的一生變成努力地接近這種人格的過程。

八〇年代，聖·奧古斯丁（Sanctus Aurelius Augustinus）《懺悔錄》是我最喜歡的經典之一，讀過多遍，使我生命中追隨聖跡的衝動變成了自覺的信仰欲望。今天，讀這本書，加之以前另一個重要的原因是，我現在還有一種每日都切近我生活的愛的引導，那就是我的妻子劉霞的那種近似於神聖的愛。在此意義上，我太幸運。

一、基督教所面臨的現代挑戰

（一）世俗化的挑戰：由神向人的轉變是古代與現代的分界線。理性化、世俗化的過程就是解構、袪魅的過程，即宗教權威削弱衰落的過程。理性主義、科學主義、世俗人道化以一種空前的興盛向傳統宗教發出挑戰。與此同時，世界的一體化和解脫了教會束縛後的開放，使排斥異教和審判異端的不寬容時代一去不復返了。基督教處在一種與世界其它各大宗教平等競爭的關係之中。基督教在受到種種世俗的挑戰的同時，也受到其它宗教的挑戰。啓蒙時代的解放過程爲基督教帶來的最大恩賜是一種批判的、寬容的，開放的視野：信仰不是未經自我檢驗的盲從權威，不是狹隘的排斥異己，不是封閉的自我崇拜，不是唯我獨尊的絕對權力，而是獨立的、經過批判檢驗的整個生命，特別是理性上的深信不疑，是吸收其它宗教的有益成份，是給予別人自治、生存權利的開放信仰，更是一種寬容地對待異己的平等意識。

而這，恰恰是原始的耶穌基督所啓示、所踐行的上帝之

愛——一種極端的愛。

（二）現代人道主義的挑戰：世俗化過程的一個重要方面是社會從教會權威下解放出來，擺脫依附地位，獲得獨立。在此情況下，宗教也由封閉轉向開放。在第二次梵蒂岡大公會議上，雖然教會對外捍衛社會正義、民主與和平，但其內部仍然保持權威化的管理。基督教義經過現代啓蒙的洗禮，不再與人道主義對立，基督教可以是人道主義的，人道主義也可以是基督教的，即教義的人道化。

但是，世俗化過程也帶來了商品化和技術化的宰制，使人類處在逐漸失去信仰的狀態，甚至連基督及其信仰也作爲商品被出售，用於牟利。面對這樣極端的商品化時代，怎樣恢復人類靈魂對超越性信仰的虔誠，將是宗教面臨的最大挑戰。在此情況下，基督教轉向世俗並不能放棄自己的實體意義，而是要變得更準確。越世俗化就越不放棄上帝給予我們的超越性希望。

現實已經證明，技術進步不能實現真正的人性，技術和消費的壓力正在形成對人的新奴役。現代化是一個人化的過程，但它所帶來的絕不是完全人道化的世界。自發的秩序是由一種非理性的理性所推動，宗教的希望就是不放棄一種超技術的社會，一種受到更高價值控制的技術進步。如果沒有神聖價值的引導，中立化的技術難免誤入歧途，被用於野蠻的屠殺和奴役，如二戰和共產極權。只有在靈魂上返回幸福的本源——那給予人類終極依賴的神聖之物，才能免除技術進步宰制人類生存。

同時，社會的政治革命也無法實現真正的人性，東方式的共產主義政治革命所帶來的結果，恰恰不是人的解放，而是偶像化、極權化的奴役——從精神到肉體的整體奴役。那是一種高度

組織化、技術化、恐怖化和謊言化的人對人的統治——無論是個人獨裁還是多數暴政——都與人的解放毫無共同之處。到目前為止，東西方都還沒有找到一種既能夠消除資本主義的弊端又不產生其它惡果的、新的社會制度。

在現代，人的異化已經不再是馬克思主義所說的貧困化，而是富裕的疾病，是小康後的災難，是沉迷於世俗享樂的平庸化的精神癌症。而宗教的希望就是不放棄一種超越政治革命的社會，既超越革命和停滯，也超越認同現實和對現存秩序的總體性批判（法蘭克福學派）。換言之，不放棄對一種真正充實富足的生存、一個更好的自由、平等和幸福的王國的呼喚——對個人生活和人類生活的真實意義的呼喚。在這樣的社會中，技術進步將在終極關懷或寬容的無限的愛的引導下，使人能夠擺脫技術統治和完全理性化，也就是擺脫空前的感情貧乏。在文化上、哲學上和生存上，用「希望原則」代替「絕望原則」，用「升騰原則」代替「沉淪原則」。現代社會之所以迫切地需要宗教或信仰，就在於人類正處在這樣的關口：在贏得物質世界的同時正面臨著喪失靈魂的危險，也就是變成單向人或平面人的危險。

（三）各種宗教對基督教的挑戰：基督教是對一種絕對的意義根據的尋求，對一種絕對的終極關懷的呼籲，對一種絕對的超越價值的依賴，是人無條件地參與的某種事物關係的特殊社會體現。

雖然歷史上逐漸形成的各種宗教之間有著很大的差別，但是所有宗教的共同責任基本相同，基督教在回應其它宗教的挑戰時，應該儘量把自己的立足點放在所有宗教的共同責任之上，由此出發來弭合分歧，至少要做到容忍歧見。這種共同的責任是：

首先，意識到人的孤獨、偏好、缺乏自由；意識到如臨深淵的恐懼、憂患；意識到自私的處世方式和偽裝的生存策略；也就是意識到人的異化、奴役的困境以及由此而產生的對贖罪的需求。換言之，在這個未得贖罪的世界之中，人的處境是不可言狀的痛苦和悲慘、死亡和毫無意義。宗教就是要教導人們建立信心，期待某種新事物，渴望人和世界的變容、再生、贖罪和解放。

其次，意識到神的善良、寬容和恩惠；意識到神雖近在身旁，卻又是遙遠的和隱蔽的；人不能只因為自己的清白自信而自然而然地接近神，人的有限和人性的弱點需要淨化和順從，敬畏和謙卑，需要為贖罪而獲得犧牲，通過死亡而獲得生命。換言之，人不能自我救贖和自我解放，而只能投入上帝容納一切的愛之中。

再次，意識到先知們的呼籲，從對各類世俗明星的追逐轉向對偉大先知人物的傾聽，從知識和行為的楷模那裡——「荒野（曠野）考驗」的行動和「登山寶訓」的啟示——接受靈感、勇氣和力量，以重新開始尋求偉大的真理，提升我們對神聖的理解，更深刻地體驗生命內在的終極需求，以便在世俗化的世界中，找到走向宗教的復興和更新之路。（p.96-97）

基督教在當代的復興，取決於自我更新的獨特性，首先是現代意識的寬容和反對廉價的優越感，不是傳統的排他性，而是現代的獨特性。既不存在唯我獨尊的絕對主義，也不接受任何其它要求，更反對兼收並蓄的、軟弱的折衷主義，而是包容性的基督教普遍論。以開放精神對待世界各宗教，與其它宗教進行平等而真誠的對話，既給予又接受，給予各種信仰以獨立的、無私的基

督教援助，使基督教成爲現代批判精神的催化劑和結晶。（p.120）
基督教的普世主義不是狹隘的激進派意義上傳教士的征服意識，
而是傾聽別人的關注，分擔其憂患，同時以語言和行動生動地證
明自己的信仰；不僅是保存已知眞理，而是要尋求更偉大的、經
常是新而未知的眞理；不僅要在教堂中堅守基督的信仰，更要把
基督的信仰投入到瞬息萬變的生存之流接受挑戰。

二、從另一個維度完成人類靈魂的救贖

　　人類正處在新的奴役中，現代的各種批判理論所提出和所要
解決的核心問題即靈魂的迷失。我是誰？我的生存有無價值？如
果有價值，這價值是什麼？生命的終極目的是什麼？這些問題折
磨著我們，證明我們需要一種新的價值和新的生活方式。對於一
個眞正人道的、持久的和平社會來說，一種基於靈魂饑渴的宗教
革命是一種必然的條件。克服個人和集體（民族主義）的自我中
心欲，以達成與宇宙背後的精神存在的交流。尼采喊出的「上帝
死了」並不眞實。上帝永遠不會自行死亡或被人爲地打倒，死亡
所表達的眞實含義僅僅是時代的休克，一種時代性的精神迷茫，
一種失去最終皈依和首要依憑的無根狀態，一種無信仰的世俗世
界觀。迷亂中的尼采呼喚超人，不也是對超越價值的呼喚嗎？那
麼，如果沒有上帝，誰還會充當這個超越的存在呢？人嗎？通向
奴役之路是由人的神化或偶像化鋪就的，只有上帝才是解放或自
由。

　　正如上帝的存在無法證明一樣，上帝的死亡也無法證明。上
帝既不能自我證明，也不能通過人的理性來證明。但是，有一
種理由可以明確人類對上帝的需要 —— 人的疑問開始於人類生

存的不確定性和作為整體現實的不確定性，也就是人生的終極悲劇性。再先進的高科技，再富足的物質生活，都無法最終解決生命的痛苦問題，而痛苦使人迷茫、置疑、失望甚至絕望。懷疑或提問，證明了我們只有從這種不確定性的整體感受即生命的終極悲劇性出發，才能詢問其可能性的條件。我們不能從任何抽象的原則出發尋找上帝，而只能從具體生存的整體性體驗中內省地沉思上帝，從無法擺脫的痛苦及悲劇性的結局出發尋求解脫。「生存、還是毀滅？」，哈姆雷特的問題，既是現實的疑惑，也是對終極的詢問，是基於對生存意義的追問而向上帝發出的求救。這就是康德所指出的實踐理性的功用。

上帝提供了存在物的首要淵源、首要意義和首要價值。上帝的現實就是在悲劇的深淵面前、在死亡導致的恐懼和無意義面前，為生存提供值得活下去的勇氣和意義。它首先取決於對希望的一種基本的信任態度，一種基本信心。它雖然不能消除現實的不確定性和悲劇性，但是起碼可以建立起對生存意義的信心。有此信心，我們就能夠在生活的不安全感、知識的不確定性和價值的迷失中設想一種統一，設想無意義中隱含著意義，無價值中隱含著價值，就能在向死而生之中超越死亡的恐懼。換言之，上帝給予人類生存以信心和終極的意義，這就是信仰。（p.65）

三、上帝的存在需要人的決斷

這種決斷比贊成或反對現實的決斷更深刻，這是一種終極的深度。如果沒有信仰的支持，真理也就失去超越性的深度和高度，至多是世俗的真理——平庸的常識而已。真理越平庸，確定性就越大；真理越深刻越重大，確定性就越小。深刻的真理要求

我們向它全部開放，在內心深處，有智慧地、自願地、有感情地做好接受的準備。我們需要調整自己，並在意志上做出決斷，以求達致真正的確認。

基督徒的決斷，不僅需要靈魂深處的確認，而且需要踐行信仰的行動，殉教者的行為是最極端的決斷，其極端性為世俗生存提供了終極的參照和支撐。正如耶穌宣示和踐行的無條件的極端之愛，為人世之愛提供了終極的尺度一樣。在耶穌「愛你的敵人」的神聖命令下，世俗之人起碼可以做到以沒有敵意、沒有仇恨的態度待人處事，以非暴力的方式抵抗暴政。聖雄甘地和民權領袖馬丁·路德·金恩（Martin Luther King, Jr.）的殉難，就是在世俗社會中踐行耶穌之愛的典範。

人類的終極問題已經由康德（Immanuel Kant）提出：我們能知道什麼？我們應該做什麼？我們可以希望什麼？（p.70）在終極的意義上，無神論是放棄對存在意義的追問。我們只有安於信仰，選擇首要依據而不是無根底，選擇首要憑藉而不是無依無靠，選擇首要目標而不是毫無目的，我們就有理由、有信心不顧一切分裂而承認世界與人的現實的統一，不顧全部無意義的處境而承認某種意義，不顧全部無價值而承認某種價值。

人類必須有一個夢，這個夢要求我們在充滿仇恨和歧視的困境中尋找愛與和平等，正因為絕望，希望才給予我們。即便明天早晨地球定將毀滅，我們也要在今晚種下一株希望之樹。在此意義上，信仰在靈魂中的扎根，需要一種「明知不可為而強為之」的近於決絕的生存勇氣和意志決斷。

儘管人類的生活是不確定的和不安全的，甚至就是面對危難和沉淪，遭受棄絕和摧毀，但是，從終極的首要淵源、意義和價

值方面，我們會得到終極的確定性、信心和穩定。今天的基督徒對上帝的理解，必須以對世界的現代科學解釋、對權威的現代理解、對意識形態的批判為前提，完成由注重來世到注重現實的現代轉變，以現在對未來的注目為前提，批判地否定、積極地抬高、優異地超過。

基督的人道主義不亞於一切其它的人道主義。當人的生存提升為基督信仰的存在，不是做基督徒就是成神，而是做基督徒就是做真正的人；不是分裂的人格，而是保存、消除和超越人性，是人道主義的轉化。人能夠按照真正的人性去生活、行動、受苦和死亡，在幸與不幸之中，在生與死之中，信仰者都將得到上帝的支持。

1997 年 1 月 9 日於大連教養院

2008 年 9 月整理於北京家中

紅色恐怖中的藝術家

——獄中讀路易斯‧布紐爾自傳《我的最後嘆息》

　　路易斯‧布紐爾（又譯爲布努埃爾，Luis Buñuel）的自傳《我的最後嘆息》，所記錄的不只是一個著名導演的生平和藝術，更是一個災難重重而激動人心的時代，橫跨了一戰後的迷亂、西班牙內戰、二戰等重要的歷史時期。最令我驚訝的不是藝術成就或人生哲理，也不是作者飛動的靈性和藝術體驗，而是時代的迷亂和知識分子的困惑。

　　當時，西方正是資本主義陷入危機的時期，不認同現狀的人們大都持左派立場，最熱衷於先鋒藝術和左傾團體，都把造反和暴力作爲解決問題的可靠方式，把新制度、新人性的希望寄託於東方的社會主義。被今人常常以崇敬的口吻提到的一些文學藝術大師，曾經都是紅色蘇聯的崇拜者，是暴力和革命的鼓吹者，著名者如作家布勒東（André Breton）、詩人艾呂雅（Paul Éluard）、畫家達利（Salvador Dali）、導演戈達爾（又譯爲尙盧‧高達，Jean-Luc Godard）等人，莫不如此。特別是藝術中心巴黎，更成爲紅色暴力主宰靈魂騷動的試驗場，如超現實主義運動和達達主義運動，皆是充滿暴力傾向的藝術流派文學、電影、繪畫，並且帶有極強的流氓無產者的造反意識。那些天才的作家和藝術家對

共產主義革命的盲目崇拜，猶如今天的天真兒童或淺薄青年對明星的狂熱追逐。布紐爾是西班牙人，他坦誠地指出，共和派在西班牙內戰中的失敗，不是由於佛朗哥的法西斯主義過於強大，而是由於共和派內部的分裂——無政府主義和共產黨的分裂。由於對國內共和派分裂的不滿，他才從西班牙來到法國。但他失望地發現，當時的法國著名知識分子大都是左派，對暴力和革命的崇尚，絕不次於大革命時期的雅各賓黨人，恐怖和獨裁也滲透到先鋒藝術之中。現在，很難想像在布紐爾參加的達達主義和超現實主義運動的內部，審查制度和小報告極為盛行，實施著對藝術品幾乎是蠻橫的思想專制，人與人之間的明爭暗鬥，充滿了陰謀政治的伎倆。

布紐爾的多部影片在拍好之後，首先要接受的不是政府有關部門的審查和專家們的鑒賞，而是必須接受法國共產黨的嚴格審查，並被組織下令禁止放映。這類法共內部的藝術品官司，常常要一直上訴到蘇聯共產黨的意識形態法庭，最後是蘇共的某權威發話後才開禁。這樣的事居然發生在自由的法國，而不是極權的蘇聯和中國，實在令我震驚。

對藝術作品的預先審查已屬干預創作自由，審查又不是來自合法政府的法律行為，而是來自法國的民間政黨組織的意識形態教條和黨員紀律，簡直不可思議。太荒謬，然而是事實。正如現任法共總書記羅伯特（Robert Huy）在法共成立八十周年的閉幕式上的演講所言：法共曾經參加了國際共產主義運動，正是這一運動使法共成為一個受蘇共支配的工具，成為在觀念上盲目、組織上極權、相信暴力和恐怖的工具。法共的未來在於真誠地自我反省，從共產主義實踐的罪惡歷史中解脫出來，方能獲得新生。

　　另一位深受法共迫害的著名作家，是在大陸知名度極高的瑪格麗特・杜拉斯（又譯爲莒哈絲，Marguerite Duras）。據《杜拉斯傳》記載，著名女作家瑪格麗特・杜拉斯也是左派，她在二戰中參加地下抵抗運動，並於 1944 年加入法國共產黨。她爲黨做過許多具體而繁瑣的工作，擔任過黨小組長，經常上街叫賣法共機關報《人道報》，直到懷孕後期才停止；她一度曾經非常聽黨的話，黨指哪兒她就打哪兒，推銷、募捐、張貼宣傳畫、照顧罷工者的孩子；她還經常深入基層，和工人階級打成一片，同吃、同住、同勞動，宣傳共產主義和無產階級革命。

　　這樣一位爲共產黨的事業而身體力行者，後來之所以於 1950 年退黨，不是由於放棄共產主義信仰，而是受不了組織內部殘酷而險惡的階級鬥爭，受不了思想獨裁所要求的趣味一律和藝術政策，受不了黨組織制度化的對陰險小人的鼓勵，更受不了爲了組織利益而出賣良知和朋友。

　　她在退黨信函中指出：我可以爲黨付出精力和時間，努力工作，但是我無法改變我的生活趣味，特別是文學趣味；無法忍受組織對我的私生活的干預；更不能與被黨組織開除的老朋友絕交，良心要求我不能不向極爲痛苦的朋友伸出友誼之手，保證永遠不會因爲他的被開除而拋棄他。同時，杜拉斯還說：自己雖然退了黨，但我仍然認爲自己是共產黨員，甚至除了做一個共產黨員之外，我不知道自己還能做什麼其他的人。

　　像一切極權組織一樣，法共內部也充滿了陰謀政治的氣息，小報告極爲盛行。一些小人嫉恨杜拉斯的文學才華和女人的魅力，秘密地寫揭發信送交給法共組織，有的說她在德國佔領時期曾經爲書報檢查機構效力；有的說她具有邪惡的政治意圖；有的

還說她是個生活腐化的放蕩女人，甚至侮蔑她是「妓女」。法共組織也相信這樣的背後誣陷。於是，這位完全是性情中人的著名女作家，在小報告中成了「黨的叛徒、小資產階級頹廢派、資本主義的看家狗」。換言之，極權時代的共產黨組織系統的維繫，除了強權和意識形態謊言之外，在很大程度上制度性地依賴於政治陰謀和背後的「小報告」。

最令我震驚的是，當時的法共與蘇共、中共在處理黨員的黨籍上，有著驚人的一致：不許主動退黨，只能被黨開除，即便對於主動退黨的人，黨組織也要隨後發表開除 XXX 黨籍的聲明。杜拉斯是 1950 年 1 月 16 日發出退黨信函，黨組織於 2 月 26 日開會討論杜拉斯的黨籍問題，並於 3 月 8 日發表正式聲明，開除她的黨籍。理由是：一是她「分裂黨」、「謾罵和諷刺黨委」、「背離黨的路線」；二是她與托洛斯基分子以及蘇聯的敵人接觸頻繁；三是她在道德上、政治上、學術上的全面腐敗。類似的史實也可以在紀德、沙特、阿隆（Raymond Aron）、卡謬（Albert Camus）、傅柯（Michel Foucault）、德里達（又譯為德希達，Jacques Derrida）等人的傳記中看到，儘管他們之中的一些人並沒有加入過法共，但是都曾信仰過馬克思主義，都與左派有著千絲萬縷的關係。

無論什麼名稱的組織或政黨，一旦在組織上、思想上奉行獨裁原則和鬥爭哲學，就必然脫不掉陰謀性質和道德淪喪，必然形成鼓勵缺德者和懲罰有德者的逆向淘汰機制。進入這樣組織的人，都要面臨服從組織利益和保存個人的趣味、良知的悖論窘境之中。結果往往是：堅守良知的高尚者被淘汰出局，而變色龍品質的陰險小人則可以靠出賣良知而步步高升。所以，列寧式的政

黨無論在哪兒，都脫不掉獨裁和陰謀，都將最終把人異化爲道德上的無恥者。

　　共產黨最喜歡用「警惕」一詞教育黨員，但是在杜拉斯看來：「警惕這類詞帶有專橫的意思。」所以她在組織和人性之間，選擇了爲保全人性而自我放逐於組織。一個時時心懷恐懼，用警惕的目光尋找可疑者和敵人的政黨組織，所得到的忠誠只能是缺德者的犬儒化效忠，而有德者要麼主動自我放逐，要麼被組織清除。（1997 年 1 月 3-9 日）

不擇手段的官道

　　讀古史那些諳熟於官場權謀的高官們所為，讓人不能不震驚於官場之陰毒，也不能不佩服為官者的聰明周旋。如翻閱《明史》即可知道，進入「列傳」的高官們，大都受到過或輕或重的處罰，很少有善始善終者。兩位朝廷重臣，可以作為兩種不擇手段的典型。兩人的表演皆是以「奔喪」為由頭。一位以延長奔喪期而避官，一位以縮短奔喪期而弄權。

為避官場而裝瘋吃屎

　　在正史的記載中，明朝洪武年間，開國元勳之一湯和，戰功卓著，資歷深厚，頗得朱元璋賞識。他因身患痼疾而辭官回鄉之後，也得到朱元璋的優厚撫恤，死後其家人也得到朝廷優待。然而，據野史記載，湯和熟悉歷朝歷代的開國帝王殺功臣的殘酷教訓，深諳「伴君如伴虎」的制度常識，知道唯有功成身退，才是全身保家和維護名譽的上策。但在洪武年間，開國天子朱元璋霸道的不近人情，居然連自願退隱都是犯上之罪，所謂「讀書人不效忠朝廷，不為國家盡力，乃忤逆之罪。」於是，自己想退隱是一回事，能不能被天子恩准則是另一回事。想不當官而又不獲罪於皇帝，就必須找到一個充足的理由，使天子不得不恩准。

　　在古代中國，退隱的最好藉口是雙親需要兒子盡孝道，盡孝道的最好時機是父母亡故，按照正統的儒家禮儀，起碼可以避官三年，回家守喪，而且這種禮儀已經成爲明朝的正規律令。老臣湯和正是以奔父喪爲藉口，一去不歸。爲了讓朱元璋相信他無法重返官場，他便讓家人放出口風說：喪父之痛過於強烈，以至於使他受了刺激，變成精神病，整天癡呆癲狂。

　　朱元璋對此人多有依賴，很想讓他盡快回京復職，聽說他瘋了，不免生疑：那麼精明能幹的人怎麼會瘋？於是派人前去暗探虛實。而湯和也深知朱元璋的秉性，知道一定要派人來查看虛實，所以就事前做了充分的準備。等到探子來他家時，他從屋裡像狗一樣爬出來，朝來人汪汪學狗叫。那探子大聲呵叱，令他更衣接旨進京，他卻爬到牆角，嗅嗅那裡的一堆狗屎，搖頭晃腦竟吃了起來。探子由此確定湯和真的瘋了，回朝如實稟報皇上，自然深信不疑。其實，湯和哪裡會真的吃狗屎，那狗屎乃是他預先命丫鬟用芝麻糖稀拌成的！

　　雖然無從考證野史記載的真偽，但流傳下來的段子，其小聰明的下流也已經足以令人扼腕：爲了逃避官場禍患，居然以裝瘋吃屎來欺騙聖上和自我貶損，可見皇帝是何等霸道，官場是何等險惡，逼著人不拿自己當人；也可見高官們明哲保身的手段，是何等的犬儒！國人的全身之策，是多麼的爲達目的而不擇手段；更可見中國人對「人」的理解，是多麼粗俗而下流；只要保住肉體，全不拿人的尊嚴當回事。湯和沒有瘋，也沒真吃屎，但是，當他汪汪地學著狗叫，吃著那堆假屎之時，也就等於把自己的尊嚴和良心當作狗屎吃掉了。而這在聖賢們的教誨中，居然被稱之爲「獨善其身」。

類似的典故還有許多，如越王勾踐的臥薪嚐膽，李斯從腐鼠生存中悟出處世之道，韓信甘受「胯下之辱」而成就大業，直到今天的「韜光養晦」等等，都是教人為飛黃騰達而甘願放棄尊嚴的生存之道，也就是為達目的而不擇手段。

為保權力而不服滿喪

另一位是萬曆年間最著名的首輔張居正，在十歲登基的小皇帝無法統領朝綱的情況下，他執政十年（1572-1582 年），為增加朝廷歲入和減輕農民負擔做出了貢獻，留下了著名的「一條鞭法」。但他死後卻被控多項罪名：勾結太監、結黨營私、濫用權力、壓制輿論、欺瞞皇帝、試圖篡權、庇護兒子、接受賄賂、生活奢侈等等，其名譽和家族皆遭受殘酷的清算。原因之一，便是他為官時的權謀曾使多人遭殃。

像所有處於一人之下萬人之上的大官僚一樣，張居正能夠升任首輔之位，也是經過殘酷的宮廷內鬥，扳倒了他的前任高拱之後才位極人臣。年僅十歲的萬曆皇帝繼位後，首輔高拱曾對一位太監感歎道：「十歲幼童何能盡理天下事」。共同反對高拱的張居正與太監馮保，由此有了可乘之機，二人合謀將高拱私下裡發的感慨，上綱到煽動謀反的罪名。於是，小皇帝和皇后下詔書，以妨礙皇帝行使權力和威逼皇室的罪名，剝奪了高拱的官位，將其發回故鄉，終身處在地方官的嚴密監視之下。

張居正取代高拱任首輔之後，受到多方面的攻擊，稍有不慎，就可能重蹈高拱覆轍，所以他為官極為慎重，儘量不給政敵以可乘之機。1577 年，張居正的父親去世，按照儒家化的朝廷律令和禮儀，他應該放下職守而回家服喪，而如果他真的按照規

定服喪，起碼要有二十七個月不在位，如何保證十四歲的皇帝不被其政敵所利用？如何保證自己剛剛經營出的官場自留地不被侵佔？

所以，張居正為了確保首輔之位，私下操縱私黨向未成年的皇帝進言：張居正如何忠誠能幹，念及朱家天下的中興，現在的朝廷如何離不開他，懇請皇帝以特事特辦的方式，破例下特詔免除張居正服滿喪期，讓他回朝理政。小皇帝果然聽從了進言，下令張居正中止服喪而回朝理政。此舉引來一片譁然，許多高官聯名上書要求張居正離職。但是，皇帝的金口玉牙完全受張居正操縱，反對張居正的進諫者受到懲罰。而張居正回朝後的第一件事，就是發動了一次破例的官員考核，命令四品以上的京官都要提出自我鑒定，藉助考核將政敵清除。在中國，人事安排一向是黨派權爭的工具，張居正不過是老手法的新用而已。

明代對中國歷史的影響大都是負面的，在帝制歷史上少有的極端專制影響至今。張居正發明的權爭手法，也被後代延續，並在中共體制下達到登峰造極。眾所周知，從延安整風開始，定期的幹部審查，填寫履歷表格和經常性的向黨交心，已經成為黨內權爭中考核忠誠和打擊政敵的一項制度——整黨整風。這是獨裁制度控制官員的慣用手段。審核登記和自我鑒定，美其名曰為「批評和自我批評」，實際上是受辱和自辱。

在此制度下，官員的無人格、無尊嚴，必然演變為「不擇手段的下流和殘忍」。

1997 年 3 月於大連教養院

讀明史筆記

（一）

讀明史，讀到萬曆年間，儘管有張居正厲行改革的十年，朝廷歲入增加，農民負擔減輕，而張居正一死，那些政敵對他的殘酷清算，標誌著明朝大勢已去，離氣數已盡只有一步之遙。及至崇禎皇帝，儘管他勵精圖治，但內外交困的衰敗已經無法挽救：外有滿人由北入關，內有李自成、張獻忠起義，加之朝政廢弛，宦官弄權，滿懷復興之志的末代皇帝自縊於景山，一個朝代就這樣結束了。

《明史》卷二十五史中的〈志一〉有點好玩，主要記述了天文星象及中國古人天文學的成就，分為星宿與五行。我感興趣的是西方科技文明對中國的衝擊。明代徐光啓在天文學上的貢獻，與義大利傳教士利瑪竇來中國頗有關係。所謂「精於天文、西算之學，發微闡奧、運算制器，前此未嘗有也。」（《明史・二・天文志一・卷二十五》）

史書對天文地理及天文學的專題記載，始於司馬遷《史記・天官書》，此後歷代作史者皆敍天文，惟遼史獨無，其理由為「謂天象昭垂，千古如一，日食、無變既著本紀，則天文志近於

衍。」（同上）漢人政權看不起愚昧的「夷狄」，似乎在此也找到了證據，爲「夷夏之辨」提供了一個小小的理由。

明史記天文分爲「兩儀」、「七政」、「恆星」、「黃赤宿度」、「黃赤宮界」、「儀像」、「極度晷影」、「東西偏度」、「中星」、「分野」，大致根據徐光啓所著《見界總星圖》和《崇禎曆書》。儀像記述了各類觀天儀器，特別提及萬曆中利瑪竇帶來的渾天、天球、地球等儀器；記定時法：一壺漏、二指南針、三表臬、四儀、五晷，並於晷影中詳記西洋之法。〈志二〉記述各種天體之間的相克相犯；〈志三〉敘及天體之自然變化，如天變、暈適、去氣、慧星等。

此天文志中最值得看重的，不僅是當時的天文學知識和中西的早期交流，而且是對天災人禍的大量記載。五行之中的每一行都有相對應的災難。

〈志四〉記五行之一的水。其中令我感歎的是各種水災水變、與水有關的異常氣候、霜雪冰雹等。蟲災、龍蛇之災、豕禍、馬異、人病、疾疫、鼓妖、隕石及異變……其災禍之頻繁實驚人也。

〈志五〉爲火精闕木，也記述了無數災難，如無雪、草異、羽蟲之害、羊禍、火災等，還敘及連數月大雨，以及與天災相連的人禍，如犯人、服妖、雞禍、鼠妖、水妖等。

〈志六〉記述金與土。敘旱災、詩妖、毛蟲之災、犬禍、風害、晦冥、花孽、蟲孽、牛禍、地震（極多）、山頹、年饑，「人相食，民造反」。

如此多的災害，顯示出古人防禦自然之災的能力幾近於無，大災之年，官府之盤剝壓榨，眞就是「敲骨吸髓」，已經令庶民

難以承受；於是，走投無路的饑民，膽大的不安分者，便淪為強盜，欺負更弱者；膽小的安分者，要麼等著餓死，要麼外出逃荒；人相食的現象時有發生。

〈志〉中有些「節目」頗為怪誕：諸如雞孵蛋而生出人，大興安嶺有人生猴等等，還有許多一胎生數子的記錄。

《明史・志二・卷三》，此為「曆志」（四十八）。最有意思的是明代末年，徐光啓採用西洋利瑪竇、湯若望等人帶入中國的新曆法，遂與中國傳統曆法發生激烈衝突，雖然徐光啓之新法測天文屢屢準確，而中國的傳統方法則屢屢失誤，然而，這一新法的採用卻遲遲未能落實，保守勢力以「洋制不可議」為名，排斥新曆。直到崇禎末年方頒詔採用，可惜為時已晚，明代亡矣。

1997 年 3 月 3 日於大連教養院

（二）

梁啓超在《中國之舊史》一文中，痛斥中國的家天下傳統及其史學的四大弊端，其中的第一大弊端就是「只知有朝廷而不知有國家。」梁啓超說：「二十四史非史也，二十四姓之家譜而已。」因為「吾國史家以為，天下者，君主一人之天下，故其為史也，不過敘某朝以何而得之，以何而治之，以何而失之而已，舍此則非所聞也。」也就是說，帝王家譜化的史學傳統一以貫之，《明史》當然也不例外。

明朝，由朱元璋奠定的絕對獨裁，以絕對皇權為核心的極權等級制之廣泛、之嚴酷，實為世界之最。朱家天下的絕對權力對社會的控制，也能從當時的宮廷禮儀中見出。所謂「禮儀之邦」的禮儀之繁複，令我不敢想像，《明史・卷五・志四・禮儀志》

對此有詳細的記載。

　　皇家特別是以皇帝一人爲象徵的最高皇權，是衡量一切的唯一標準。皇家頒佈各類禁令和制定各種制度，皆是森嚴等級的產物，而且制定的禮儀極爲繁瑣，皇族的大小事體都有固定的禮儀，諸如登基、冊封、娶妻納妾、立太子、封妃子、婚事、葬事、出征、生日、朝賀、宮宴、祭祀……不僅是皇室，而且皇帝還要欽定禮儀，昭示天下，爲所有人──上至王公貴族，下至貧民百姓──昭定禮儀。從皇親國戚到王公大臣，從爲官到庶民，從經商到士子農工，從後宮太監、妃子到青樓妓女，其衣食住行，其婚喪嫁娶，其節慶宴請……幾乎所有生活的細節全部包括，層層排序，等級分明而森嚴。眞是「一覽衆山小」，一權天下威，一人天下父。

　　所有的禮儀皆以皇權爲其頂峰與核心，層層外延，依次而降，森嚴極矣。從皇帝到庶民的男人，其等級可分爲：皇家有皇帝、皇太子、親王、公、伯；官宦集團有一至九品；庶民又分爲士農工商；從皇后到妓女的女人，其等級也有幾十層，各守本位，不得逾越。皇家的吃、穿、住、行之奢侈，具有先天的合法性、道義性和權威性。禮儀之邦實乃等級森嚴、毫無自由之僵屍。而且，如果免去這些古代禮儀的具體程式與內容，禮儀之邦很類似毛時代的共產新人、今天的以德治國、五講四美、四有新人等欽定標準。可見，古今一世，皆由官方發佈此類倫理準則。這也可以解釋爲何中國之極權等級制得以幾千年不衰，成爲世界上最長壽的政體。

　　比如，明太祖洪武二十年對蓋房子的定制：皇家宮殿一定要器宇軒昂、雕樑畫棟、金碧輝煌，官宦住宅也可以深宅大院、幾

進幾出、五色絢爛，而庶民廬舍則不過三間、五架，且不許用斗拱、飾彩色。洪武三年對衣服的定制，掠取皇族和官宦的等級不說，僅就平民而言也有等級：樂妓衣飾明角冠，皂褙子，不許與民妻同。對農人與商人的服飾也規定了嚴格的界限：農人衣飾由紗、絹、布做，而商人不能用紗做衣服。農家有一人從商，全家都不能用紗制衣。

此類規定出自皇帝欽定，出口即是法律，違者必受刑罰，重者可以因穿衣而喪生。現在想來，真不知道幾千年的中國人是怎樣活過來的，名曰高於禽獸，實乃不如禽獸。

在如此森嚴的等級制之下，中國人不僅已經徹底喪失了自由，而且喪失了被剝奪的恥辱感。所謂歷代之改制，也從未觸及等級制，而僅僅是為了完善等級制。古代的禮儀之邦被魯迅一言道破其殘酷的吃人本質，這些禮儀吃的不僅是人的肉，更是人性、人格、尊嚴和靈魂。在此意義上，中國古代沒有一個真正的思想家，因為無論漢儒還是宋明理學，無人對此制度提出過根本的質疑，無人把人本身的權利作為其思想的基礎。

毛澤東時代的大陸頗類似於明代，絕對皇權管制之廣之嚴，已經能夠深入到每個人的吃穿住行、生老病死、婚嫁交友的所有細節，骨子裡仍然是帝制時代的禮儀控制術。中共高官進城之後，不但在生活上佔據了所有皇宮王府，而且建立了控制到人們的衣、食、住、行、思的單位制度、組織制度、檔案制度、介紹信制度、宣傳教育制度和毛式道德。熱衷於痞子造反的毛澤東所欽定的道德，滅絕資產階級、小資產階級的生活情調和審美趣味，而全力標舉粗俗的、平庸的、暴力的痞子作風，使國人的奴性中充滿了暴戾之氣，甚至使傳統文化中排序最低的女人，也

「不愛紅裝愛武裝」，讓弱不禁風的病西施變成雄赳赳的穆桂英。

1997 年 3 月 15 日於大連教養院

（三）

　　中國古代沒有人的自主尊嚴，統治者沒有，被統治者也沒有。所謂「人」，在中國古代的哲學中，僅僅是區別於獸禽的稱呼；在現實社會中，只有主子、臣子、妻妾、家奴……就是沒有人。特別是對女人的歧視尤為殘酷。對男人來說，女人僅僅是傳宗接代，侍候男人和發洩肉欲的工具，就連關心民間疾苦的大詩人白居易，也不把女人當人看。當時，官宦和文人有眷養「雛妓」之風，十幾歲買回家供男人享樂，二十歲剛出頭就算老了，拉到市場上和騾馬一起賣掉。白居易也是喜歡豢養雛妓的文人之一。

　　不把女人當人的最典型例證，無疑是皇家的龐大後宮。

　　春秋戰國時代的各諸侯國皆有後宮，「大國拘女累千，小國累百」。（見《墨子・辭過》）秦始皇時代，「後宮列女萬餘人。」（《史記・秦始皇本記》）西漢、東漢各朝的後宮，也有三千、五千、六千不等的宮女；（《後漢書・皇后記》）三國時期的孫吳政權也納妾五千人（《晉書・武帝記》），西晉武帝養宮女近萬人（《晉書・胡貴嬪傳》），隋煬帝納妾數千（《資治通鑒・宦官傳序》），盛唐皇帝唐玄宗最好色，「大率宮女四萬人。」（《舊唐書・宦官傳序》）明代的宮女最多時也有「九千多人」（《國朝宮史》）。

　　龐大的後宮又需要龐大的宦官，妻妾成群的制度衍生出閹人成堆的宦官制度，閹人中固然出過幾個傑出的人物，如對造紙做出貢獻的蔡倫、最早航海下西洋的鄭和，還有一些名臣因宦官保

薦而得寵，如易牙、藺相如、商鞅等，但宦官之禍則是這一制度的主流，而且源遠流長。閹人的自宮和擅權皆始於春秋，如春秋齊桓公後期的宦官豎刁，戰國時期的趙惠文王的宦官令繆賢等，皆是弄權高手。秦統一六國之後，從秦朝的趙高到晚清的李蓮英，宦官之禍一直延續到滿清覆滅。

天子生前享受的一切，也要儘量在陰間複製出來，墓穴修得如宮殿，生前豢養龐大的後宮，死後還要有宮女陪葬，宮女必須履行被欽點來陪葬的義務。酷愛暴力的秦始皇死後，不僅要有活人陪葬，還要在陰間統率千軍萬馬，不惜勞民傷財建造巨大的墳墓，秦皇陵中的兵馬俑陣容，其獨步世界的浩大，與其說是秦始皇帝業的恢弘，不如說是畸形權力欲的揮霍。

明太祖朱元璋也不例外，不僅活著時有妻妾成群的享樂，即便死後也要有衆多女人陪他過陰間的生活，供他驅使、玩弄、享樂。據記載，爲朱元璋陪葬的嬪妃有四十六人之多，宮女十二人。

像《明史》這樣的官修正史中，當然見不到這麼殘酷的史實，但考古獲得的地下實物卻歷歷在目，明孝陵中就有三處陪葬的妃子墓和宮女墓，分別位於南京植物園內、明孝陵宮牆外西南角、明孝陵右側總體妃子墓區，與東陵遙遙相望，形成左輔右弼的建築格局。

被欽定的殉葬妃嬪，要由侍臣將她們召集到一庭院內赴宴。宴畢，引進一殿堂。殿堂內事先就放好一個一個小木床，殿梁上繫好繩套。妃嬪們一踏進殿堂內，頓時醒悟，自知死期已到，個個放聲大哭。但是聖旨難違，必死無疑。遵旨是死，且死得其所，家人還能受到褒獎；抗旨亦是死，且死得罪惡滔天，家人也

要受到株連。所以，陪葬的女子只能馴服如羔羊，自己登上木床，把頭伸進繩套，表示情願到陰間服侍皇帝。隨後，太監或侍臣拉緊繩索，將她們一個個吊死。如花似玉的女人就這樣陪著衰老的皇帝了結一生。

明太祖朱元璋也用民脂民膏來表示孝道。他黃袍加身後，上溯其祖先四世，個個都有聖賢名頭的加封，大肆為其祖先重修陵寢、設守墓官員和平民，有捧祀一人，禮丞三人，守陵戶 3342 人，專門負責上香、值宿、灑掃等。此乃祖宗崇拜與權力崇拜之結合的典範，其奢侈非活人所能望其項背。

奇怪的是，那麼多研究古史的學者，居然不寫一部衣食住行之等級制史。這是一個遠比官制更深層的制度，正是這種深入日常生活所有細節的等級制，才使此制度長久不衰。我無法想像生活於這些禮儀中的人，還有什麼個人可言，還有什麼自由可行使。「專制到毛細孔和靈魂」真是恰如其分，毫無誇張歪曲。現在的國人背負的就是這樣一種太深厚的奴性傳統！

如何對待女人，是衡量一種文化、一種制度是否文明的試金石之一。一種歧視女人的文化及其制度，無論說的多麼天花亂墜，在我看來皆是野蠻。現在，中國社會的包二奶時尚，不過是妻妾傳統的當代延續。而伊斯蘭國家的禁忌或禮節仍極嚴酷，特別是對女人的歧視，視為當代世界中最野蠻的傳統。

　　　　　　　　　　　　　　1997 年 4 月於大連教養院

集中營裡節省下來的精神之火

　　妻子抄給我一個叫做瑪莎的猶太小女孩的詩〈節省〉，原來就在這本《一個猶太人在今天》中，詩中簡單的句子和簡單的感受，卻是那麼銘心刻骨，大概已融入我和妻子的生命甚至血液之中，一首詩的節奏在生命中鳴響，臨終前的小女孩還能如此樂觀地面對苦難，堅忍地為了明天的到來而節省，從肉體到靈魂，從淚水到精神之火，把流逝的時間一點點、小心地積聚起來，使生命為這種節省而延續。對上帝的禮物，誰還會如此珍惜？

　　但是，轉念一想，當這些猶太孩子受苦受難之時，當瑪莎在生死未卜的處境中如此相信上帝的禮物之時，上帝在哪裡？二戰後，很多教徒的信仰被大屠殺所動搖所毀滅，隨著這些小小的屍體被投入焚屍爐，對上帝的信仰也灰飛煙滅。而瑪莎，直面死亡卻堅信著上帝的在場，她相信她所節省的一切都是上帝所賜，甚至包括受難本身，「風暴肆虐的日子」，一定是翻譯上的誇張，這個靈魂如此健全的女孩，絕不會用「肆虐」這麼重的詞。整首詩的詞句都極為簡單，這個小女孩對苦難的感受也絕無成年人的低沉和絕望。不光是瑪莎的詩，叫英泰爾的小男孩的詩也充滿了樂觀的堅忍，明天，對，明天就是希望、轉機、上帝的光臨日，就這樣日復一日的盼著明天，他們相信，總有一個明天的黎明會是

燦爛的、和平的、寧靜的。叫巴維爾・弗雷德曼的孩子寫的那首「蝴蝶」，其意境很少有人能夠達到，因爲這些詩句出自天眞的本能，出自孩子們生性的樂觀：

也許如果太陽的眼淚會對著白石頭歌唱

這種黃色就會被輕輕帶起

遠走高飛

我肯定地走了

因爲它希望向世界吻別……

這最後的最最後的黃得如同明天早晨的陽光和希望的蝴蝶

當人性的腐爛和人類的滅絕同時發生之時，明亮的黃色仍然在飛翔，會唱歌的白石頭使希望不滅且升起，扇動的翅膀把黑暗的世界點亮。幾個集中營中的孩子的希望之詩，是對幾百萬猶太人慘死的另一種見證和控訴，它是向上帝、向信仰、向良知的傾訴和質問。看了這樣的詩，奧斯維辛之後再寫詩，確如阿多諾所說是可恥的。

黃色能夠飛翔，我每天透過鐵條看到的灰色遠山也能舞蹈。如果人可以默默地獨白離開這個世界，他肯定會達到一個更遠更好的地方。當猶太人像一堆堆垃圾被裝進封閉的死亡列車時，人類也就都成了垃圾；當猶太人被命令排成隊像待宰的羔羊走向焚屍爐時，人類也就全部是待宰的羔羊。而當戰爭的硝煙散去，似乎只有猶太教的聖城耶路撒冷才能接納罪人的懺悔。直到今天，堆積如山、浩瀚如海的有關二戰罪惡的文字，仍沒有觸及到人類的本質處，這種罪惡並非一兩個失去人性的魔鬼所爲，而是一個

民族整體的自覺選擇以及全人類的共謀；它也不只是某些人的復仇，而是毫無理由地毀滅人性和生命。

話題太沉重了，但是比話題更沉重的是野蠻的現實。合上書，試著背下瑪莎的詩，卻大都記不起來了，而無意識的夢卻能那麼完整而清晰地再現它。這也是一個謎，我經常在夢中看見詩，而且都是好詩，有些記住了殘跡，有些只記著看見了詩的景像，詞句卻全無蹤影。與我的夢相比，現實實在是太無聊了。

在一個悲哀而疲憊的時代，那個叫做瑪莎的猶太小女孩，在集中營中用詩寫下了她的希望，這是唯一值得為之哭泣的文字。每天傍晚，坐在沙發裡，夢想著有一天，會步行到小女孩的墓前，實現她那些平凡的希望。在恐懼、饑餓、死亡的威脅時刻籠罩著生命的環境中，一個小女孩還能用詩來堅定自己的信仰和意志，這是何等高貴的人性！所有身處不公正逆境的人，都應該學習這個叫做瑪莎的小女孩，節省你的食物、你的身體、你的健康，更節省你的悲哀、你的淚水，你的夢想，你的希望和你的信仰之燭，在濃重的陰影中保存著閃亮的目光，相信上帝賜予祝福。這樣，即便在完全失去自由的監禁中也能保持一顆「朝聖者的靈魂」。

親愛的小瑪莎，在你的節省面前，我沒有任何理由揮霍和浪費生活，除非你的節省必須以揮霍我為前提。真想摸摸你，冰冷的手指和腳趾，和你一起清點節省下的一切，從一塊巧克力到一片麵包，從一滴淚到一聲歎息，日子越長，你在我的記憶中越擴展。已經失去得太多了，其它孩子能夠擁有的，你全沒有。所以，你不能再有任何疏忽。在與死亡的對峙之中，你的信仰使你的生命已經不只屬於你自己，而是屬於一個全新的存在，屬於來

自上帝對凡人的激勵和賜福。儘管這全新的生命很堅強，但我無權再把任何無謂的責任和痛苦強加於你。

你已經被押往焚屍爐了，沒有告訴我你此刻的心情。但我從你留給所有苦難中的人們的這首詩中，猜到了你依然在心中默念著上帝，走進焚屍爐前的那一瞬間，你仍然告誡自己一定要節省，因為你知道你所節省下的一切都會被上帝收留，並且作為祝福的禮物賜給我們這些活著的人。你通過這罕見的禮物問我：為什麼總是這樣痛？我無法回答你。

我想追逐一種與眾不同的生活，不想沉淪於「眾人」、「他們」之中，不想當一個追逐時髦的人揮霍生命。因為這是你的要求。你只活了不到十歲的年齡，但是你太認真，不放過每一絲陰影，不寬容每一點罪惡，不允許每一點不潔，無法忍受髒了的衣領、隨地吐痰、斤斤計較、獻媚、像蒼蠅一樣的靈魂。你想在這個污濁的世界上活得節省而乾淨，不僅是外表，更是靈魂。你必須掙扎，搏鬥。這個世界歡樂太多了，你必須克制哭泣。把你所有的悲哀變成文字和色彩，像陽光下的蝴蝶那樣明亮，為那個可恥而殘忍的時代留下記錄。

是呀，在隨時可能被死亡吞噬的威脅中，用一首詩記錄一個殘暴而可恥的時代，該需要怎樣的勇氣和堅韌，才能使手中的筆變得冷靜、筆直、不顫抖。你在天上的書房一定建在某顆肉眼看不見的星星中。狂風颳起時，你一定是關緊門窗，不要讓灰塵落在書架上，保持書架的純淨，是你唯一的使命。我知道，在空曠的房間裡，唯有書架是你的伴侶，向你傾訴，把你帶到遠離塵世的雪山頂。書中有乾淨的溪水，有新鮮的空氣，有高貴的尊嚴，有靈魂的慰藉。一排排書脊就是一串串閃光，你不會孤獨，有那

麼多傑出的智慧相伴，該是怎樣的幸福。

親愛的小瑪莎，繼續寫詩吧！現在你不必再節省了，因為你生命中的每一次感動和震顫，都那麼恰到好處，都洋溢著致命的魅力。

瑪莎的詩——節省

這些天裡我一定要節省

我沒有錢可節省

我一定要節省健康和力量

足夠支持我很長時間

我一定要節省我的神經我的思想我的心靈

和我的精神之火

我一定要節省留下的淚水

我需要它們很長、很長的時間

我一定要節省忍耐、在這些風暴肆虐的日子

在我的生命裡我有那麼多需要的

情感的溫暖和一顆善良的心

這些東西我都缺少

這些我一定要節省

這一切、上帝的禮物、我希望保存

我將多麼悲傷

倘若我很快就失去了它們

1997 年 5 月 30 日

附錄：獄中寫給妻子的詩
劉霞致瑪莎——給我的妻子

題記：今天打了一小時籃球，真累。腰痛，四肢無力。中午躺下後，一睜眼快下午一點了。似乎就在起床前的十幾分鐘，看見你坐在一間美髮廳的躺椅上。就在美髮師想要為你修整髮型時，你突然掀去身上的白罩布，哭著衝出玻璃門。街上人多車擠，你愣愣地站在路邊，邊流淚邊在心中念著一首給猶太小女孩瑪莎的詩。

你突然出現了

瑪莎

論年齡

今天的你太老了

足可以作我的祖母

但，每一次帶給我的

都是小女孩的禮物

一塊巧克力

一個小丑娃……

現在已是世紀末

我正坐在繁忙的大街旁

一間明亮的美髮廳內花上幾百元錢

也許，瘋狂生長的白髮

和日漸殘破的年齡

會在現代的魔法中消失

突然在對面的鏡子裡

我看見了你，瑪莎

穿著鮮豔的紅裙子

離我而去

我看不見你的臉

只有背影很清晰

刺痛著我的雙眼

似乎，你就是我的祖母

你那麼小就學會了節省

每一片麵包每一塊巧克力

每一滴淚每一根信仰之燭

能節省的，你盡力節省

不能節省的，你仍很吝嗇

你把節省下的一切作為禮物留給我

一無所有的你

從容地站在焚屍爐前

一捧捧灰燼中上帝正在顯現

瑪莎我的小妹妹

假如你就是我的祖母

你一定會對我說：「孩子，我老了

但我在集中營裡的

少女時代還活著

因為上帝那麼仁慈接受了我節省下的一切」

　　附記：親愛的老婆，我居然被自己模擬你的口吻寫給小瑪莎的詩感動了。淚水中，我看見你一個人一改昔日過馬路時的膽怯和緊張，流著淚穿過人叢和車流，穿過物欲橫流的城市，擺脫盯梢的警察……彷彿你如此堅定無畏，如此匆忙急切，只是為了抓住僅有的生命，穿過半個世紀的歲月，在臨終前趕到瑪莎的墓前，獻上一片麵包、一塊巧克力、一根紅燭、一種銘刻在骨頭裡和白髮中的記憶和懺悔。瑪莎的亡靈會接納你的——我相信！

一九九八年

虛美矯飾的國史

（上）

　　國人向以「歷史意識發達」而自傲，也確實有文字發達、史學興盛的資本，浩瀚的二十四史以及其它史書，也讓「五千年燦爛文明」變成「人云亦云」的套話。然而，許多有眞知灼見的學者和思想家，對於這漫長的史學傳統皆有所保留。如寫過《史通》的劉知幾、思想大家梁啓超、文學大家魯迅、自由主義大師胡適、顧頡剛等「五・四」一代疑古派學人……他們無一不對中國的史學傳統提出尖銳的批判。說得極端點，這些批判都可以作爲魯迅提出的「瞞與騙的歷史」的注釋來讀，而欺瞞的歷史還不如無歷史。

　　疑古派學人的代表顧頡剛在傑出的《古史辨》中甚至說：除了在古蹟和地下文物等實物中有眞實的歷史之外，中國的文字中找不到眞實的歷史。有人指責顧頡剛是在危言聳聽，然而，洋洋灑灑的二十四史，又有幾卷是實錄呢？散落民間的野史，又有多少眞正的史實，而非道聽塗說的口頭演繹呢？特別是有關歷史人物的一些生活化、個性化的細節，關於涉及的普通百姓生活的歷史，在正史中幾乎就是空白。無怪乎史學大家陳寅恪也說：「舊

籍於禮儀，記述甚繁，由今日觀之，其制度大抵僅爲紙上之空文，……」（《隋唐制度淵源略論稿，唐代政治史述論稿》，三聯書店 2001 年版 p.6）

中國的書載歷史之可疑，起碼從孔子編魯國史《春秋》就開始了，《春秋》多爲尊者諱，完全是精心剪裁而成的史書，所謂「秉筆直書」，不過是後人爲了維護儒術的權威罷了。孔子在《論語》中宣揚的血緣倫理是「父爲子隱，子爲父隱」，只有這樣的相互隱瞞，才是「直在其中矣。」它向社會和史學的推廣就是「臣爲君隱，忠在其中」的史學觀。《春秋穀梁傳》中曾說：孔子編《春秋》有「三諱」——「爲尊者諱恥，爲賢者諱過，爲親者諱疾。」由此，孔子所極力維護的「殷周之盛」也很可疑，不過是用虛構和剪裁來做他本人政治主張的註腳罷了。

經過孔子刪編的中國第一本詩集《詩經》，收錄了三百首詩歌。弟子問孔子「詩三百首」的意義何在？孔子的回答是：「一言以蔽之，曰：『思無邪』。」聖人的繼承者大都認爲他老人家刪詩乃功德無量的偉業，而我以爲，就孔子刪詩的「思無邪」之標準而論，不知有多少「思有邪」的好詩被他刪掉了。要我看，沒有經過孔子刪編的遠古詩歌肯定大大超過三百首，而經過孔子的刪編，傳至今天只剩下三百首，實在是孔子作的孽。即便與稍晚出現的沒有經過孔子刪編的《楚辭》相比，《詩經》在審美上也是平庸的。更重要的是，中國古代詩歌在漢代獨尊儒術之後，《詩經》作爲儒家經典之一，爲後代文學提供了權威標準，使整個文學走上了「文以載道」的歧途：一種扼殺人性豐富性的廟堂文學成爲主流，而民間的草根野調和情欲人性則被視爲不入流的文學。在理學盛行的宋代，甚至詩仙李白那些豪放無羈的傑作，

都被理學家們視爲「誨淫」之作。宋代理學興盛之際，恰是宋詩走到「點石成金」的末路之時，倒是那些偏離「文以載道」的宋詞，在對人性的吟詠中閃爍著奪目的審美光輝。

按照孔子的取捨標準來整理文化遺產和編寫歷史，被刪改、隱諱、虛美之處肯定很多，他毀掉的好東西和眞東西也一定不少。後來的「焚書坑儒」以及歷朝歷代的古籍整理，大都遵循孔子的刪詩法和「春秋筆法」。可以說，孔子編《詩經》和《春秋》，開了一個惡劣的先例——具有編撰權力的人根據自己的偏見任意剪裁歷史遺產。中國歷代執政者對文化遺產和歷史的態度，完全繼承了孔子開創的傳統，每一代重編文化遺產的過程，就是一個「刪改、隱諱、虛美」的過程，中共執政後，對歷史和文化遺產的唯我所用的粗暴態度，就是刪詩傳統的登峰造極的氾濫。

近些年，在大辮子滿銀屏的清廷戲熱中，康乾盛世被一再褒揚，《四庫全書》也被國人視爲偉大的文化工程，而在實際上，那不過是一次對歷史文獻的浩大「竄改工程」。在編纂過程中，古代文獻的取捨以滿清皇帝的諭旨爲標準，通過對全國圖書的審查，編纂出一套爲滿清「三諱」的全書，不僅不利於滿清的文獻被禁毀，就連涉及契丹、女眞、蒙古、遼金元的文字也都要進行竄改。據統計，查繳禁書竟達三千多種，十五萬多部，總共焚毀的圖書超過七十萬部。所謂的康乾盛世的另一面是：文字獄誅滅文人，編書銷毀文獻，正如魯迅所言：「全毀、抽毀、剜去之類的也且不說，最陰險的是刪改了古書的內容。……清人纂修《四庫全書》而古書亡。」

（下）

　　替專制家天下及其權勢者遮醜撒謊的編史原則，在漢武帝獨尊儒術之後，已經作爲一種寫作倫理而確立，漢大賦那華麗而鋪排的文風，將全部讚美獻給了天子；《漢書》對皇帝們的記述，也開始遵循「三諱原則」。久而久之，便演變爲一種「替聖賢和祖先遮醜撒謊有理」的道德傳統，滲透到國人生活的方方面面。

　　「三諱原則」，不僅在編史中，且在日常生活中，不僅對大人物，也推及到朋友熟人的社交圈內……暢通無阻。爲尊者、賢者、親者撒謊掩飾，在公共事件中被儀式化爲慶典語言，成爲公共倫理的重要組成部分；在私人事務中被日常化爲習慣話語，變成血緣倫理的組成部分。「家醜不外揚」之外，還有「國醜不出門」；在「官官相護」之外，還有「人人相護」。特別是爲國家、爲民族和爲政府遮醜，具有大義凜然的道德正當性，撒起謊來大都底氣十足。

　　在後來的著名史家中，大都尊奉孔子開創的「三諱」原則，只有極少數史家敢於突破「三諱」，批判這種虛飾的寫史原則。劉知幾曾明確指出中國史書中的「曲筆」之惡習，就源於孔子的「隱說」和《春秋》中的「不諭」與「虛美」，他說：「觀孔子修《春秋》也，多爲賢者諱。」後來，梁啓超在《中國之舊史》更一針見血地指出：中國人「只知有朝廷而不知有國家。」「吾國史家以爲，天下者，君主一人之天下，故其爲史也，不過敘某朝以何而得之，以何而治之，以何而失之而已，舍此則非所聞也。」所以，「二十四史非史也，二十四姓之家譜而已。」而一旦記載於書中的歷史變成帝王將相之家譜，歷史記載本身也就變

成了瞞與騙的「三諱」。

實質上，「三諱」傳統的表象是撒謊的道德，其深層是一種絕對不平等的家天下秩序即主奴秩序：主人高於奴僕、國家（群體）高於個體、政治權力高於個人權利、勞心者（統治者）尊嚴高於勞力者（臣民）尊嚴……在專制文化中皆是合理的、正義的。既然主人高於奴僕、國家利益高於個人利益、政治權力高於個人權利、勞心者高於勞力者，那麼後者為了前者的尊嚴、利益或面子而隱惡虛美，就變成了一種強制性的義務或責任。為帝王隱惡是臣民之忠，為先哲文過是弟子之義，為父母遮醜是子女之孝，為丈夫掩疵是妻妾之責。更進一步，發展為子女要原諒父母之過，臣民要原諒祖國之錯，家國一體的傳統導致公德和私德的亂倫：祖國變成了母親，血緣之愛也就變成了愛國主義；老子錯打兒子也應該，國家冤枉子民也沒錯，即便頻頻錯打和冤獄遍野，子女和子民也都應該原諒。

必須強調的是，「三諱原則」內化為國人的寫作倫理，固然與孔子開創的傳統相關，但主要責任不在孔子而在制度。因為，如果僅有孔子的編史和刪詩而沒有後來的制度支撐，「三諱原則」至多是他個人的價值偏好而已，根本無法上升為正統的、普遍的寫作倫理。而只有家天下的獨裁權力對「三諱原則」的制度化的支撐和鼓勵，才會使其成為「唯我獨尊」的寫作傳統。具體而言，先秦時期的孔子，僅僅是百家爭鳴中的一家，其編魯國史《春秋》和《詩經》，也不可能被奉為至尊經典——後人只有「注經」的義務而沒有質疑和批評的權利。只有當「獨尊儒術」的意識形態正統確立之後，中國的人文學才淪落為由「注、疏、釋義」所構成的註腳之學。無論是內容還是文體，大抵陳陳相因、了無生氣。

　　「三諱」傳統的另一面是「文字獄」傳統，即對「直書實錄」的眞話原則的暴力化強制打壓。在中國的歷史上，從秦始皇的「焚書坑儒」到漢武帝割了司馬遷的屌到明淸文字獄，綿綿不絕的「三諱」傳統伴隨著同樣漫長的「文字獄」傳統，說假話、大話、空話的人可以官運亨通和名利雙收，而說眞話實話的人大都遭遇悲慘，僅僅是言論被封殺已經是最輕的懲罰了，許多人因言論而身陷囹圄、被割喉處死，死無葬身之地者也大有人在。這種任意剪裁和編造歷史的傳統，在中共執政後達到了登峰造極的程度。中共自稱「偉光正」，全力歌功頌德和掩飾陰暗面，中國近、現代歷史被閹割得面目全非，公共謊言總是佔據輿論主流，絕非突發奇想和今日景觀，而是根植於深厚的「三諱」傳統。而且，中共掌權之後，文字獄迫害之慘烈，可謂史無前例。

　　中國號稱歷史意識最發達的民族，而且一說到歷史就是「五千年燦爛」，但是歷代史家並沒有爲後代提供多少眞實的歷史，中國人的記憶沒有連續的積累，每一代之間都有難以塡補的斷層，特別是對災難及其罪惡的記憶，更是大片空白。在仍然獨裁的秩序之下，如果自由反抗獨裁的鬥爭就是記憶對遺忘的抗拒，那麼中國獨裁制度的幾千年延續，就是得力於民族記憶的空白。這空白要麼製造遺忘，要麼扭曲記憶，我們幾乎無法從過去的歷史中積累誠實的經驗。這種對民族記憶的大清洗與一次次改朝換代，對有形財富的大破壞大掠奪相配合，遂使同樣的歷史悲劇一次次重演——每一代接受的大都是物質和精神的雙重廢墟。

1998 年 4 月於大連教養院

首發《觀察》2004 年 6 月 7 日

青樓中的眞人性

——獄中讀陳寅恪《柳如是別傳》

陳寅恪先生所作〈王國維紀念碑銘〉，僅有 253 個字，卻反覆用到「獨立」和「自由」二詞，特別是最後一段，與其說是對摯友王國維的評價，不如說是陳老先生的自勉：「先生之著述，或有時而不章；先生之學說，或有時而可商。惟此獨立之精神，自由之思想，歷千萬祀與天壤而同久，共三光而永光。」

儘管，在 1949 年中共掌權之後，在毛澤東對知識分子的瘋狂迫害中，陳寅恪先生沒有如梁漱溟先生那樣，做出什麼仗義執言的驚人之舉，但他卻以自己獨特的方式踐行著「獨立之精神，自由之思想」。1954 年，中共邀請陳寅恪先生出任第二歷史研究所所長，陳老先生親自口授了一封覆信說：「允許中古史研究所不宗奉馬列主義，並不學習政治。其意就在不要有桎梏，不要先有馬列主義的見解再研究學術，也不要學政治。不止我一人要如此，我要全部的人都如此。我從來不談政治，與政治絕無連涉，和任何黨派沒有關係。」因為，「我認爲研究學術最重要的是要具有自由的意志和獨立的精神。」「沒有自由思想，沒有獨立精神，即不能發揚眞理，即不能研究學術。」（陸鍵東《陳寅恪的最後二十年》，三聯出版社 1995 年版）

　　在老毛的時代，陳老先生遠離社會喧囂，不參與由郭沫若領
銜的御用史學班子，專心做學問，殊爲不易。晚年的陳寅恪先生
致力於《再生緣》和《柳如是別傳》的寫作，後者是陳寅恪先生
的最後一部著作，也是醞釀、寫作的時間最長，從 1953 年動筆
到 1963 年竣稿，八十萬字，歷時十年。他能夠耐住寂寞、頂住
壓力、克服目盲，通過口述，讓助手筆錄成書。在學術成爲政治
婢女、知識分子成爲極權者玩物的野蠻時代，能夠堅守學術獨立
的知識分子，眞的是鳳毛麟角，與郭沫若、馮友蘭一般知識名流
相比，陳寅恪甚至就是知識人格的奇蹟了。

　　讀陳老先生的這本書的一大收穫，讓我再一次感歎中國歷史
上的奇女子多出於「青樓」。正如陳老先生在此書的〈緣起〉中
所言：「披尋錢柳之篇什於殘闕毀禁之餘，往往窺見其孤懷遺
恨，有可以令人感泣不能自已者焉。夫三戶亡秦之志，九章哀郢
之辭，即發自當日之士大夫，猶應珍惜引申，以表彰我民族獨立
之精神，自由之思想。」故而，身處扼殺獨立之精神和自由之思
想的極權統治之中的陳老先生，被柳氏的言行所感動，也就再自
然不過了。他甚至從柳如是的「放誕多情」中，發現這位女子的
「罕見之獨立」，故而才有「奇」的評價。在三綱五常的男權社會
中，似乎只有在正統文化的不屑之處，在正人君子的蔑視之地，
女人才眞的成爲女人，才能眞情、能放蕩、能風騷、能忠誠、能
剛烈、能琴棋書畫、能深明大義。

　　在一個三綱五常的男權社會，女人意欲染指權力這一屬於男
人們的專利，就非要自我男性化才有可能戰勝男人們，並按照男
權社會之標準獨攬朝綱，方能成爲絕對獨裁者，如武則天與慈禧
太后。可以說，手握大權的女人之所以喪失基本的女性、妻性、

母性，很大程度上皆爲男權社會的逼迫所致。傳統中國對女人的要求，奴性乃爲第一，以至於奴性吞噬了女性、妻性、母性，被皇權所表彰的烈女牌坊，就是奴性的最高境界。正如屈原式的愚忠，乃奴性男人的典範一樣。

同樣，青樓女子，當她們幸運地嫁於某男人，爲自己漂泊的賣笑生涯找到了安定的歸宿，回到正統的社會秩序之中，便又失卻了女人的眞品質，大多以悲劇告終。「青樓」養育奇女子和眞性情，也映襯出男權社會的卑劣和整個社會價值觀的畸形。像錢謙益這類敢於逆天下之大不韙，明媒正娶柳氏爲妻者，實在鳳毛麟角。而柳氏歸於錢氏之後，也失卻了自由之身的風采，反而在事關江山社稷的功名上，變得比男人更男人，柳氏在反清復明的抉擇上，就比錢氏更在乎他的一世功名。

從個體生命的角度講，在由「三綱五常」統領的男權社會中，男人可以「妻妾成群」，而女人只能從一而終，良家婦女的別名就是馴順女奴的身位。儘管如此，在古代中國，似乎古人對妓女的成見，並沒有今人這般野蠻。司馬相如與卓文君之私奔乃成千古佳話，也大多是出於欣賞二人敢於突破禁忌之舉。看來，那年代還是做「青樓女」更幸福，無怪乎中國古代的大多數吟詠男女之情的名篇，多出於文人對妓女的欣賞和愛憐。李白的豪放，不在他走仕途濟蒼生的宏願中，而在他攜妓縱酒和縱情山水的放浪形骸之中，宋代理學家多指責的「李白詩淫」，恰好成就了酒中「詩仙」。白居易的兩首最著名的詩篇，皆是愛憐女人和吟詠愛情之作的，〈琵琶行〉以寫藝妓而傳世，第一次把落魄文人與流浪藝妓放在平等地位上；〈長恨歌〉以昇華了落魄君王與放蕩女子之間的愛情而不朽，也等於用詩歌的方式爲楊貴妃的蒙

冤翻案——盛唐衰落的主要責任絕不應該由楊貴妃來負，而應該由沉迷於女色的君王來負；李商隱的情詩也飽含難言的愛之痛苦，宋代的柳永以寫青樓女成名……時至今日，柳永的名詞〈雨霖鈴〉仍然讓我讀常新：

　　寒蟬淒切，對長亭晚，驟雨初歇。
　　都門帳飲無緒，留戀處，蘭舟催發。
　　執手相看淚眼，竟無語凝噎。
　　念去去，千里煙波，暮靄沉沉楚天闊。

　　多情自古傷離別，更那堪冷落清秋節！
　　今宵酒醒何處？楊柳岸，曉風殘月。
　　此去經年，應是良辰好景虛設。
　　便縱有千種風情，更與何人說！

　　由此可見，對於失意男人來說，女人才是心靈的家園和值得活下去的理由；在中國古代，那些才華橫溢而又率性天然的男人，青樓不僅是滿足性欲之地，更是尋找真女人、真性情之處，是他們仕途失意時的情之所寄，如同他們把仕途上的屈辱哀怨轉化為對青山綠水的留戀沉浸。「行到水窮處，坐看雲起時」和「同是天涯淪落人，相逢何必曾相識」，皆是發自落魄男人的靈魂深處的名句。一望無際的天空和走投無路的人世，男人之間爭權奪利的齷齪和男女之間飲酒賦詩的清純，形成鮮明對比。

　　這種傳統，大概可以從屈原的《九歌》算起。

　　古代妓女，琴棋詩畫樣樣精通，妓女之修養遠在大多數良家

婦女之上。秦淮八大名妓的才貌雙全，大概絕少誇張。晚唐杜牧曾感歎「商女不知亡國恨」，實爲文人士大夫的不要臉。在「三從四德」主宰的年代，在女人只有孝敬和忠貞的義務而毫無任何自主權的社會，憑什麼要讓女人對「亡國」負責！而壟斷了社會權力和性別統治權的大男人們，衣冠楚楚且道貌岸然，又有幾人知道「亡國恨」呢！

在中國的皇權舊傳統和毛澤東的黨文化新傳統之下，男人不是男人，女人不是女人，因爲統治者和被統治者全是「主奴」二重人格，就是沒有人性尊嚴、人格獨立和人與人之間的平等。

陳寅恪之讚美柳氏，大概與他 1949 年後的生活有關。比之於另一些經歷過思想改造的名流而言，陳寅恪老先生還是幸運的，他先後得到過陳毅、陶鑄、杜國庠、周揚、胡喬木、郭沫若、康生等中共高官的關照，即便在最瘋狂的文革時期。而他所有幸運中的最大幸運，就是活在一群智慧而賢淑的女子所營造的溫柔氛圍裡。除了他的妻子唐曉瑩之外，還有女助手、女護士、女京劇演員，共同形成了一道人間溫情的屏障，抵禦著外界的大動亂、大野蠻，呵護著陳老先生的獨立之精神和自由之思想。如果在文革的外在瘋狂之中，一些在大批判中被羞辱的名流，回到自家中能夠得到妻子兒女的理解和呵護，也許不至於絕望地自殺。1949 年後被中共欽定爲「人民作家」的老舍，之所以在文革的批鬥中自殺身亡，就在於社會性羞辱和家庭性劃清界線的雙重絕望。

1998 年 6 月 19 日於大連教養院

2006 年 6 月 9 日整理於北京家中

首發《民主中國》2006 年 6 月 10 日

打開蘇格拉底的神聖額頭

——獄中讀《審判蘇格拉底》

　　早就在某篇文章中看過《審判蘇格拉底》一書的介紹，92年，一個澳洲友人還曾專門為我帶來此書的英文原版，查著英漢字典讀了一大部分，迷迷糊糊的感覺。現在再讀，感慨良多。

　　此書的作者斯通（又譯為史東，I. F. Stone）是美國的著名新聞人，一生致力於爭取思想和言論的自由。正是這種對自由的癡迷，使他晚年全身心地傾注於對蘇格拉底之死的研究。雖然他對蘇格拉底之死的置疑更多著眼於社會制度，而不是哲學觀念，但是他的論述似乎佐證尼采對蘇格拉底及其傳統的背棄。更發人深省的是，斯通的研究不僅同時揭示了古希臘民主制和蘇格拉底的思想、人格等方面的缺陷，而且顛覆了流傳至今的蘇格拉底神話。蘇格拉底之所以作為西方的第一智者，他的思想之所以作為最早經典而傳於後世，就在於他的死亡傳奇起到了很關鍵的神聖化、紀念碑化的作用，所以，顛覆蘇格拉底之死的神話，對重新理解西方傳統的重要性，甚至遠遠超過尼采對理性主義所做的批判。

　　斯通寫這本書的目的，就是要明確地告訴世人：二千多年來對蘇格拉底的敬仰僅僅是一種錯覺，這種錯覺來自兩個神話：一

是蘇格拉底為捍衛言論和思想的自由而甘願赴死,使他成為歷史上第一個為言論及思想自由而殉難的智者,是人格神;二是蘇格拉底的哲學智慧和論辯方法,是西方哲學的第一個高峰和最早源頭,他是哲學智慧之神。斯通在顛覆了蘇格拉底神話的同時,也顛覆了西方人一直引以為傲的古希臘民主制。

先說第一個神話:蘇格拉底是人類歷史上第一個為思想、信仰、言論的自由而自願殉道的智者,斯通說不是!因為,為某種信仰或某種思想、哪怕是成為真理的信仰或思想而死,並不等於為堅守信仰的自由權利和表達思想的自由權利而殉難,即不等於為自由而死。蘇格拉底也沒有以言論及思想的自由權利來為自己進行辯護,而只是反覆提及神諭。

同時,古希臘的廣場式的主權在民的民主制度並不等於自由制度,儘管古希臘最著名政治家伯利克里(又譯為伯里克里斯,Pericles)在談到雅典城邦的民主制時自豪地宣稱:「我們的制度之所以被稱為民主政治,因為政權在全體公民手中,而不是在少數人手中。」但是,公共權力來自一人一票的道義合法性,並不能保證這種權力不被濫用。蘇格拉底之死正是濫用民主權力所導致的多數暴政,類似法國大革命的斷頭臺,或中國土改時的鬥爭和公審地主的群眾大會,但是絕不同於中國的文革。因為文革的群眾運動,一是受獨裁暴君毛澤東個人操縱的,是一個人說了算。二是沒有制度化的法治規則可循,而是人治式的自上而下地搞群眾運動。三是有人可以例外,毛澤東個人絕對不受群眾運動的約束,全中國的所有人加在一起也不能把他推上群眾的審判台。而雅典的審判則是真正的多數決策,並且形成了法治化的制度,任何人都有可能成為這個多數決策制度的犧牲品。所以,雅

典的民主制對蘇格拉底的審判是多數暴政，因為它只承認多數的權利，而不承認少數的權利；只尊重城邦多數的信仰，而不尊重個人選擇的信仰；只允許多數表達的言論自由，而不允許異己者表達有違於多數的言論。一種只保護多數權利或城邦利益而不保護少數權利和個人利益的制度，可以是民主制，但絕不是自由制度。換言之，無論審判權力的來源多麼合法，僅以思想及言論為理由的治罪都是暴政。

也許是因為蘇格拉底的神話太有魅力，也許是因為斯通對雅典民主的自豪感過於強烈，斯通在顛覆蘇格拉底神話的論證中常有自相矛盾之處。他的全部論證都是為了破除神話，但是有時他又情不自禁地捍衛神話。比如他說：「審判蘇格拉底的自相矛盾和可恥的地方是，以言論自由著稱的一個城市竟然對一個除了運用言論自由以外沒有犯任何其它罪行的哲學家提出起訴。」而事實上，在蘇格拉底的時代，無論是那些智者們，還是創造了公民大會這種民主制度的政治家們，都不知道現代自由制度中的自由權利為何物。從赫拉克利特（Heraclitus）、蘇格拉底到柏拉圖、亞里斯多德，從來沒有過自由權利和平等權利的概念，有的只是：要麼認為「強權就是公理」的暴力政治，要麼就是為達目的不擇手段的陰謀政治，要麼就是「哲學王」的貴族化精英化的政治，古希臘的名言甚至是：「殺了孩子的父母而讓孩子安然無恙地活下來是愚不可及的。」同樣，古希臘公民大會式的民主決策機制，從來不會尊重少數異己者的權利，更不會給沒有雅典公民身分的其它社會群體以平等的自由權利。智者和平民都對一部分人，被排除在民主參與之外的奴隸制心安理得。也正因為如此，通過多數投票這種群眾司法的方式判決蘇格拉底才是合法的，一

個小小的城邦中的民主制和奴隸制才能共存，人們才能對為了政治利益而犧牲正義的屠殺沒有什麼負罪感。

另一位古希臘的著名政治家梭倫（Solon）的立法，也可以印證雅典民主不是自由制度。這項立法規定：任何公民如果在發生嚴重的政治爭論或者階級鬥爭的時候，如果有人想保持中立或者不參與城邦的集體政治，就將被剝奪公民身分，不再具有政治參與權利，輕者被放逐，重者淪為奴隸。這樣，參與城邦的政治生活就不是自由的公民權利，而是強制的公民義務。按照現代自由主義理論對自由的經典陳述：自由的反面恰恰是強制。雅典的一位政治家和將軍，也是提洛同盟創建人之一的阿里斯泰德（Aristides）曾提出：雅典議會和公民大會制定的許多法律，雖然在政治上是有用的，卻在道義上是非正義的。但是，民主制拒絕傾聽他的批評意見。

正如法國著名自由主義理論家邦雅曼・貢斯當（Benjamin Constant）在論述現代自由和古典自由的區別時所說：以雅典城邦為代表的古典自由，是通過廣場民主制實現的直接民主，僅僅是個人分享集體權力的權利而無個人獨立之自由權利，政治上的公共參與是第一位的，是每個公民必須盡的義務；而以憲政民主為代表的現代自由，是通過代議制實現的間接民主，保障個人自由是第一位，是否參與公共事務，不是強制性的公民義務，而是自由的個人選擇。更主要的區別在於：現代自由制度以限制公共權力為第一要務，就是為了防止權力的濫用而侵犯個人自由；而古典自由則把參與行使集體權力作為首要原則，沒有對公共權力的限制，因而也就無法防止權力的濫用和對個人自由的強制剝奪。

　　斯通以民主與反民主、雅典與斯巴達的兩種制度的對立為背景，來重寫蘇格拉底受審的歷史。作者的本意，不在於把傳說中或歷史上被奉為聖徒的蘇格拉底的形象顛覆掉，而是意在追溯民主制、言論自由、平等權利的歷史淵源，追溯蘇格拉底在雅典的民主制中的真實角色——他不是為捍衛自由而死，而是因為捍衛自己的信念和智者的傲慢尊嚴而死，他不是因反對奴隸制而受審，而是因反對民主制而受審。這樣寫歷史未免有以今論古之嫌，實為史家之大忌。但不可否認的是，古希臘最著名的哲人蘇格拉底與他的學生柏拉圖，以及他學生的學生亞里斯多德，都是反民主的，他們的理想政體是由哲學王統治的專制等級社會。

　　這使我想起了波普爾（Sir Karl Raimund Popper）的名著《開放社會及其敵人》，他也把開放社會的敵人追溯到古希臘的斯巴達和柏拉圖的政治理論。他在評論古典哲學家時也說過類似斯通的話：在人類的精神領袖中，存在一種危險的普遍的習慣，即相信自己具有預言歷史的超凡能力，並以此取悅於人。更可怕的是，這類精神領袖兼預言家「被揭去騙子假面具的危險非常之小」，以至於人們對預言的盲目相信使扮演預言者變成了人類的一種難以根除的習慣。

　　三個希臘城邦的公民起訴蘇格拉底，由 501 個普通公民組成的陪審法院審判蘇格拉底。在今天看來，蘇格拉底被判決死刑的兩個理由都是有違自由原則的，是典型的因言治罪和不准信仰：1、他只信自己的神而不信城邦或公眾的神；2、他用自己的詭辯腐蝕敗壞青年。這樣的審判，雖然違背了言論自由和信仰自由的原則，但是並不違背雅典式的民主原則，不違背當時被大多數雅典公民接受的群眾司法。死於這種多數暴政和群眾審判的犧

115

牲品，在古希臘不止蘇格拉底一人，許多當時戰功赫赫的著名將領，也會因一次失敗而接受死亡審判。

同時，蘇格拉底本人的反民主傾向以及高傲的貴族姿態，無疑是判其死罪的重要原因。蘇格拉底具有精英的傲慢甚至狂妄，把自己看作最有智慧的道德導師，在他眼中，芸芸眾生絕非權利平等的人，而是低於智者的群氓，他們不懂如何自我管理，更不知道如何治理城邦，所以，城邦不應該由公民自己來治理，而應該由智者，即知道怎樣治理的人來治理，說白了，就是柏拉圖的哲學王統治。這很有點中國儒家的「勞心者治人而勞力者治於人」的味道。換言之，在蘇格拉底那裡，政治不是自治而是他治，權利的原點不是平等的個人而是等級，統治者和被統治者不是代理者和授權者的關係，而是牧羊犬和羊群的關係。

故而，我們不能因為蘇格拉底的被判死罪有違言論自由，就人為地把蘇格拉底製作成民主和自由的捍衛者。歷史真相是，蘇格拉底的死是大冤案，蘇格拉底本人政治上的反民主及道德傲慢也是事實。作者認為，如果蘇格拉底在審判時以言論自由權利而不是以傲慢的神諭來為自己辯護，那他就是歷史上第一個為自由而殉難的思想家。可惜，他只是堅持蔑視芸芸眾生的傲慢，故而他不是。

蘇格拉底的死，具有一切殉道者所具有的審美價值，如同中國歷史上的諸多「烈士」。切格瓦拉或江姐的毅然赴死是很壯烈，但他們只是為某種自認為是絕對真理的信念而死，絕不是為自由而死。為中共革命而英勇獻身的烈士無數，但是他們用生命為代價爭取的，並不是建立保障信仰、思想言論的自由權利的民主制度，而僅僅是一種建立在烏托邦上的專制政權，恰恰是扼殺自由

的制度。否則的話，便無法解釋，那些和毛澤東一起出生入死打天下的老資格革命者，為什麼不怕蔣介石的監獄和刺刀，而對毛澤東卻絕對馴順，就連老毛的一句話都會讓他們顫抖不已，像待宰的羔羊一樣聽憑老毛的任意處置，其中的幸運者也只能求得留一條如同行屍走肉般的活命。

再說第二個神話。它比第一個神話更難以破除。在那個特定的時代，四面受敵的小小雅典為了保衛自己的民主制，對外要應對專制制度的圍攻，對內就必然嚴厲壓制反民主的一切行為和言論。不負責任的蘇老頭經常發表惡毒的反民主和擁護專制的詭辯，所以他在當時的雅典受到審判甚至就是理所當然的。儘管蘇格拉底說過最高的智慧就是知道自己的無知，儘管蘇格拉底為了證明自己最有智慧的方法，不是像東方聖人孔子那樣以導師高高在上的姿態來佈道，而主要是採取向對方提問的論辯方式。但是，在斯通看來，這是一種假謙卑、甚至就是一種理智的狡黠。從斯通的分析來看，柏拉圖筆下的蘇格拉底是極為自大傲慢的，以為只有自己才手握神諭所啟示的絕對真理和完美道德，這種唯我獨尊的姿態甚至就是一種心術不正和幸災樂禍的狂妄。斯通說：在柏拉圖比較有風度的記述的表層下面，我們不僅可以感覺得到蘇格拉底的一種自大，而且甚至可以感覺得到他作為提問者的殘酷。「蘇格拉底問答模式最侮辱人和最令人生氣的部分是，就在他們感到他自稱無知是裝出來給人看的時候，卻暴露出他們的無知是真實的，這就是著名的蘇格拉底式的『諷刺』。」

英文中的諷刺一詞 irony，來自希臘詞 *eironeia*，它的原始意義是「掩飾之詞」，即說話者所說的話並不是自己的真正想法，而只是一種勾引對手陷於窘境的誘餌。正如斯通對蘇格拉底智慧

的精闢總結：向蘇格拉底發問的人會在問答的過程中逐漸發現，在他的「諷刺」背後，在他佯作謙虛的背後，蘇格拉底是在取笑他的對手。這就是隱藏在柏拉圖的貴族化玩笑的文雅記述背後的殘忍，「由於它的彬彬有禮，就更加無情了。」是不是可以把蘇格拉底的幽默或諷刺稱之為惡作劇的智慧，即專門使論辯者陷於可笑的尷尬之中的計謀。他精心設下陷阱，把別人一步步引入其中，直到墜入井底方才恍然大悟，但為時已晚。從蘇格拉底的辯術中可以發現一種解構式或消解式的虛無主義。

最讓人困惑的是，蘇格拉底在提倡一種絕對的、唯一的美德之時，他自己又不告訴別人這美德究竟是什麼。追問者問到最後，他就告訴他們必須乞求於神諭，同時又說自己不知道神諭的美德是什麼。「在這種美德面前，我們都是無知的。」蘇格拉底如是說。他以此種論辯方式來佈道，很有點故弄玄虛、裝神弄鬼之嫌，他狡猾地營造一種神秘的氣氛，以便侮辱他人而神化自己。因為他以一種連他自己也說不清的絕對預設為前提、為標準，來詰問一切論辯者。好在古希臘人熱衷於本體論，對虛玄之物懷有敬懼之心，不會窮追不捨地刨根問底，使蘇格拉底的神秘面紗沒被完全揭開。如果蘇格拉底碰到的對手是維特根斯坦，他大概就會無計可施。因為維氏可以一針見血指出：這些辯題本身既不能證實也不能證偽，所以是虛假的、無意義的。那麼，論題本身的虛構性自然就廢除了論辯的真實性——圍繞著虛假辯題展開的論辯亦是虛假的、無意義的。也就是說，虛假的問題引不出真實有意義的論辯。傳統哲學的最大虛妄就是問題的虛假性——以追問本體為核心的哲學。

一個極端鄙視價值多元化的思想專制主義者，一個自以為真

理在握因而有資格俯視芸芸眾生的道德牧羊人，一個夢想戴上哲學王桂冠的偶像，他的辯術成爲現代專制者的意識形態和現實中的陰謀。雅典民主制對他的審判是制度的不寬容，而他在與人論辯時的唯我獨尊是理性的不寬容，是道德上和知識上的狂妄。如果他眞的戴上了哲學王的皇冠，那麼他的對手所面對的，就不是他的狡猾辯術而是冷酷的權杖。當兩種不寬容遭遇之時，握有生殺大權的制度不寬容自然是強者，只有智慧和人格傲慢的理性不寬容自然是弱者，其結果就是弱者被強者審判並處死。從現代自由制度的角度看，即便蘇格拉底再傲慢再心術不正，只要他的反民主僅僅局限於言論上和思想上，民主制度非但無權審判他處死他，反而應該全力保護他發言的自由權利，因爲他的狂妄只是個人品德的問題，並沒有發展爲反制度反社會的實際行動。所以，即便蘇格拉底不是爲了思想及言論自由而被審判，雅典民主制對他的審判也是野蠻的多數暴政。

　　讀著蘇格拉底的額頭，惡毒的智慧主宰著智者的歷史：他曾經是思想的拯救者，而不公正的審判和他毅然赴死的凜然，使他的傲慢和惡毒變成了殉道的豐碑和捍衛自由的旗幟，使他的一生變成了讓後人敬仰千年而實際上卻並不存在的神話。在他的冷嘲熱諷中，被嘲弄和反諷塑造的歷史在呻吟，卻無人傾聽，只有虛幻的偉大主宰著哲學。鮮血中的教堂，屍骨中的主教，尼采的反叛顯得格外孤獨和悲壯。在夜貓的哀嚎中應該有某種寧靜，在歷盡千年的幻影中應該有一點點眞實。難道我們只能仰望著前人虛構的高峰，攀登思想的天梯嗎？蘇格拉底之後的審判，最驚心動魄的是耶穌的十字架受難。應該寫一本關於歷史上所有不寬容的著名審判的書，中世紀對女巫的審判，對伽利略和布魯諾

（Girordano Bruno）的審判，法國大革命的對貴族的審判，史達林時期的秘密審判，中國的一系列政治運動中的群眾性審判，六四血案後的一系列審判……不寬容的暴政遠遠沒有結束，爭取和捍衛言論和信仰的自由權利仍然伴有血腥。（1998 年 6 月 23 日）

啓蒙之光照亮自由之路
——獄中讀康德《甚麼是啟蒙？》

康德對我的啟蒙

毛澤東時代，我像絕大多數生活在中國的青少年一樣，鮮有機會讀到西方的人文書籍，外國文學作品大都來自俄羅斯的古典作家，哲學書籍主要是馬恩著作。大概從十五歲開始，我對馬恩著作如醉如癡，到現在還能大段大段地背誦馬克思早期著作。

文革結束後的 1977 年，我考上吉林大學中文系，接觸西方人文書籍的機會多起來。我便按照馬恩著作中提供的西方哲學史線索，去圖書館尋找西方哲學著作來讀，也喜歡去哲學系旁聽鄒華正先生的德國古典哲學課程。可以說，大學中文系四年，我讀的哲學書的數量絕不少於文學書。也是從那時開始，我這個在唯物論灌輸中長大的年輕人迷上了康德。正是康德的著作及其生平改變了我的哲學觀，使我走出中國式唯物主義的教條。

等我走上了大學講壇，便有意識把康德思想融會到必修課和選修課之中，每每都要強調「唯物主義的終點是唯心主義的起點」。康德生前，並沒有所謂的行萬里路的豐富社會實踐，反而過著幾乎與世隔絕的思想家生活，但他那超凡哲學智慧卻成就了

劃時代的偉大思想。這種貢獻可以概括爲三句話：1. 人爲自然界
立法。但人的立法並非全知，而僅僅是在哲學上明確地突現了人
對世界和自身的認識中始終是主動者，認識事物的前提是發揮人
的認識能動性。同時，人的認識的能動性所具有的諸功能決定著
人的認識範圍和深度，人絕不能無所不知。2. 人爲道德立法。任
何道德原則都是人自己爲自己確立的，沒有外在於人的道德。每
個人都是主人、是目的。3. 人爲審美立法。任何藝術作品都是天
才人物所創造的形式，在審美中沒有任何能夠超越人的想像力和
感受力的主宰。美就是審美，正像認識就是認識者一樣。

　　對於整個西方哲學而言，康德是一個具有核心意義的轉振
點：哲學由對外的探求轉向對內的反思，由以本體論爲核心轉向
以認識論爲核心，由對宇宙和認識的統一性哲學論證轉向了對
人認識能力的哲學剖析，由二元論走向二律背反，由堅信理性萬
能到爲理性劃出界限，物自體與現象界，知識與信仰之間的明確
界限，劃開了兩個時代的哲學。承認二者的絕對同一性是古代哲
學，承認二者的矛盾性是現代哲學。換言之，康德揭示出任何認
識都只能是人的認識，也就是人在自身的局限性中的認識；凡是
認識對象無不是人的物件，離開了作爲認識主體的人，也就沒有
作爲認識物件的客體；沒有人主動參與的世界不是人的世界；人
的界限也就是認識物件的界限，人有多大的認識能力，就有多大
範圍內的認識物件與之相應。

　　偉大的康德讓我堅信：在哲學等精神創造領域，唯物主義是
粗俗而淺薄的，唯心主義才是典雅而深刻的，唯物主義的思考終
點是唯心主義的思考起點。哲學的深邃意義，關鍵不在於解釋可
見可觸的物質世界（那是自然科學的物件），而在於探索隱秘而

神奇的精神世界，是對看不見摸不著的精神過程的探險。因為，作為屬靈生物的人所面對的世界，不僅是感官可以觸碰的有形物質，更是感官達不到的無形精神。人，不能像數一疊鈔票一樣清點自己的夢境，但並不等於夢的不存在，人的意識和潛意識，也絕非對有形存在的簡單反映。恰恰相反，人的整個精神世界作為人存在的一部份，它確實存在且遠比有形物質世界更寬廣更深邃。看不見摸不著的精神世界的自主存在，恰恰是人區別於動物或人之為人的主要特徵。沒有精神世界的人類生存，通常被稱為「行屍走肉」。

康德賦予啟蒙的普世意義

人類哲學之鐘的鳴響，大都離不開對康德遺產的敲擊，特別是啓蒙之鐘的長鳴，一直圍繞康德這一聲源。

中文的「啓蒙」一詞，源於對西語「enlightenment」的翻譯，其原始意義為「點亮」。《布萊克維爾政治學百科全書》對「啓蒙精神」的解釋是：「十八世紀遍及歐洲各國（和美國）的一場思想變革運動。其根本目的是把人們從偏見和迷信（特別是從被確立了的宗教）的束縛下解放出來，並將之用於社會和政治改革事業。」（p.229）那麼，啓蒙就是要通過點亮來破除迷信和偏見的意識，使人所固有的理性思考能力得到自主的發揮。對此，康德做了精當的論證。

一，理性蒙昧背後的道德蒙昧

他在〈回答一個問題：甚麼是啓蒙？〉一文中說：「啓蒙就是人從他自己的未成年狀態（另一種譯法為「未成熟狀態」）走出。」未成年就是人類在主觀意願上屈從於理性無能的狀態，屈

從於接受他人居高臨下的引導，即不經他人引導便無力運用自己理智能力的權威主義態度。而擺脫未成年狀態，就是人類自身向囿於無能狀態的理性蒙昧進行挑戰，正如康德所號召的那樣：「要有勇氣運用你自己的理智！這就是啓蒙運動的口號。」接著，康德又舉例說明了「未成年狀態」：當書本代替我們的理性時，當某個精神導師代替我們的自主意識時，當醫生為我們決定我們的特定食譜時，一句話，當我們屈從於某一權威而不願自主思考時，我們就處在「未成年」狀態。

二十世紀的思想怪傑傅柯對康德之啓蒙的解釋是：點亮「未成年蒙昧」的要義在於：「他所說的『未成年』是指我們所意願的某種狀態，這種狀態使我們接受某個他人的權威，以使我們可以走向使用理性的領域。『啓蒙』是由意願、權威、理性之使用這三者的原有關係的變化所確定的。」（見傅柯〈啓蒙何謂？〉，何懷宏譯）也就是說，「未成年」就是人們不敢運用自己的天賦理性而乞求於權威的意願，而「成年人狀態」就是擺脫對權威的依賴而敢於運用自己的天賦理性的意願，也就是使人從被動狀態變成主動狀態。

在這裡，「啓蒙」的人性論基礎是：理性之於人類，絕非少數人獨享的奢侈品，而是人人具有的「天賦能力」，人類之所以陷於需要啓蒙的「未成年」狀態，不在於多數人缺乏理智的蒙昧而少數人具有理智的英明，而在於人們沒有擺脫權威而獨立思考的勇氣與決心。啓蒙之於蒙昧迷信的人類而言，關鍵不在於人與人之間的理智有無、智慧多少之差異，而在於是否具有突破束縛的勇氣，也就是向既定權威說「不」的勇氣。康德說：「為甚麼有這麼大一部份人，在自然早就使他們不再依賴他人的指導之後

（自然方面已成熟），卻樂意終生羈留在未成年狀態？爲甚麼另一些人那麼容易自命爲他們的監護人？之所以如此，原因就在於懶惰和膽怯。未成年狀態是如此之舒適，如果我有一本書代替我擁有知性，如果我有一位牧師代替我擁有良知，如果我有一位醫生代替我判斷飲食起居，如此等等，那麼，我就根本不需要再操勞了。我沒有必要進行思維，只要會付款就行了，其他人會代替我承擔這種傷腦筋的工作。」

　　也就是說，人人具有的理性火種之所以處於未燃狀態，在根本上不在於外在權威的強制，而在於人們本身的懦弱所導致的懶惰和自我壓抑，「未成年狀態」是多數人自己加於自己的自我束縛。因爲每個人的原本自我天生具有理性光源，蒙昧僅僅是理性之光源的自我遮蔽、自我蒙塵而已。啓蒙便意味著對「未成年狀態」的自我克服，是自我去蔽、自我除塵。也就是每一個體理智之光的自除灰塵和自我點亮，是用天賦的理性之光指引自己的思考、判斷、選擇和行動，也就是作爲個體之人自主性的自我發現。啓蒙的點亮蒙昧和掃除灰塵是自我覺悟，是自己照亮自己，是自己打掃靈魂的房間，是自己選擇生活之路，而不是依賴於外在權威的引導，不是按照別人點亮的生活之路行走。啓蒙，只是喚醒被遮蔽的人人皆有的理性能力，使人能夠獨立思考，進而自主生活，落實到社會層面，就是個人自治和民間自治。

　　相應的，康德在道德上強調「自律」而摒棄「他律」，強調敢於運用理智的勇氣，而摒棄屈從於權威的懦弱。在康德看來，屈從於他律就是道德上的懦弱，道德懦弱是蒙昧主義盛行的前提；而自主的自律則是道德上的勇敢，道德上的勇敢是啓蒙得以普及的前提。在此意義上，康德式啓蒙的批判方向，與其說主要

是針對知識蒙昧主義，不如說主要是針對道德蒙昧主義。

二，人的啓蒙與人的自由

古希臘的箴言曰：「不經思考的生活，不是真正的生活。」康德繼承了這一精神傳統，爲了使人過上這種「真正的生活」，他所呼喚的啓蒙是通向思想自由之路，同時具有破與立兩個方面。

破的一面是對等級制的批判，即在觀念上破除傳統所固守的「上智下愚」的精英主義，在政治上破除享有特權的英明少數與無權無勢的愚昧多數之分。康德說：「但是現在，我聽到四面八方都在吶喊：不要議論！軍官在說：不要議論。只管訓練！財政官在說：不要議論。只管納稅！神職人員在說：不要議論。只管信仰！……在這裡，到處都是對自由的限制。」啓蒙要求「政府會認爲按照人的尊嚴來對待人是非常有益的。而現在，人更多的是機器。」所以，必須破除「監護人」與「被監護人」之間的關係，破除「一個人粗暴地阻礙另一個人努力按照自己的全部能力去規定和促進自己的事情。」也就是破除「不把人當作人來對待」的制度及其文化。

立的一面是確立「天賦權利」的思想，即人在生而自由這點上，具有平等的權利和尊嚴，無論是國家、政府、群體、個人，良性的社會秩序和社會公德的創建，都必須建立在對個人的自由和尊嚴的平等對待之上。他說：「爲了這種啓蒙，除了自由之外，不需要任何別的東西。而且所需要的自由是一切能夠被稱爲自由的東西中最無害的自由，即在一切事物中公開地使用自己理性的自由。」換言之，自由既是啓蒙的前提，也是啓蒙所要爭取的目標。所以，無論是外在強權對啓蒙的阻礙，還是內在懦弱對

126

啓蒙的自我放棄，都是「侵犯和踐踏人的神聖權利。」

　　也就是說，在啓蒙運動中，首先是無分賢愚地相信人皆有獨立的思考能力和自主能力，進而是無分貴賤地尊重每個人的自我思考和自主選擇權利，把人從等級秩序的束縛下解放出來，放手讓每個人成為自己的大腦和命運的主人。所謂「從來就沒有救世主，也不靠神仙皇帝……全靠我們自己」，通俗地道出了康德式啓蒙的眞義。

　　康德關於啓蒙的論述與他對自由人的理解完全一致。他在論述個人與社會、與他人、與政體的關係時，在「人是目的而非工具」的前提下推出三條原理：1.社會中的每一個分子，作為人，都是自由的。2.社會中的每一個分子，作為臣民，同任何一個其他的分子，都是平等的。3.一個普通的政體中的每一個分子，作為公民都是獨立的。

　　來自於「自由、平等和獨立」的啓蒙，就是讓每一個體成為自己的主人，在理智上自我思考，在道德上自我決斷，在行動上自我選擇，在後果上自我負責。發現你自己、把握你自己、為你自己選擇的後果承擔責任。必須強調的是，在康德式啓蒙中，自由與責任密不可分，自由的連帶方面是自我負責，承擔起與你的自由選擇相關的一切的責任。換言之，自由的時代也是個人責任的時代，要自由就必須為自由選擇的後果負責──無論是成功還是失敗。「個人責任沒有替代品」，此之謂也。

　　正如以賽亞‧伯林（Isaiah Berlin）在《反啓蒙運動》一文中對康德式啓蒙的解釋：「因為只有那些是其個人行動眞正主人的人，只有在做與不做之間享有自由的人，才能因他們的行為受到褒貶。既然責任必須伴之以選擇的權利，因此無法自由選擇的

人，從道德上說不比木棍或石頭承擔更大的責任。」

在康德式啓蒙中，形式主義道德律把個人理性與公共理性結合起來：個人在公共領域內的道德決斷（正義感），應該與普遍的社會公德相一致。所以，傅柯在論及康德式啓蒙時，又將啓蒙引申到理性自由運用的公共性上。他說：「當人只是爲使用理性而推理時，當人作爲具有理性的人（不是作爲機器上的零件）而推理時，當人作爲有理性的人類中的成員而推理時，那時，理性的使用是自由的和公共的。『啓蒙』因此不僅是個人用來保證自己思想自由的過程。當對理性的普遍使用、自由使用和公共使用相互重疊時，便有『啓蒙』」。（見〈啓蒙何謂〉）在這裡，傅柯進一步將「啓蒙」與理性的普遍、自由運用與公共性聯繫起來，意在凸顯「啓蒙」所賴以成立的個人理性的自由運用，對於形成公共輿論和社會公德的關鍵作用。

啟蒙與理性的界限

康德式啓蒙的另一特質是：一方面強調每個人的天賦理性，反對灌輸性、強制性的權威主義引導，而號召人們拿出獨立思考的勇氣，呼喚人們公開地運用自己的思想自由；另一方面，康德又強調天賦理性的界限，強調人在運用理性時，對其思考的物件保持必要的敬畏和謙卑，切不可陷於理性萬能的狂妄。或者說，啓蒙所要破除的迷信，不僅是無法自主的道德懦弱，更是唯我獨尊的知識及道德的狂妄。康德的啓蒙不是居高臨下的精英教誨，而是相信每個人的理性能力；不是誰有資格啓他人之蒙及其對啓蒙話語權的壟斷，而僅僅是喚醒每個人自身的勇氣。康德說：「讓公眾自己給自己啓蒙，這與其說是可能的，倒不如說，如果

賦予他們自由，這幾乎是不可避免的。」

尼采的狂傲是著名的，他的超人哲學具有精英式的傲慢，但他在談及「超人哲學」的作用時也說：基督教道德是賜予的，而我教你們以超人，是教你們丟開我，自己去尋找自己；當你們皆否認著我時，我將向你們回轉。（大意如此，參見《查拉圖斯特拉如是說》）

這種啓蒙的謙卑，貫穿於康德的大多數主要著作中。因爲啓蒙，人既具有自覺的主體性，爲自然立法、爲道德立法、爲審美立法，又要對人自身的界限有著清醒的意識，對自然、對上帝保持必要的敬畏和謙卑，對他人保持平等的尊重，絕不能自我膨脹爲無所不知、無所不能的狂妄。正如康德在《純粹理性批判》的序言中所說：奇異的命運落在人類理想的頭上，一些問題困擾著理性，而理性則無法避開這些問題，因爲這些問題是理性自己的本性強迫理性接受的，理性必須回答；但是，理性的能力是有限的，它不能回答這些問題，因爲這些問題超出了理性力所能及的範圍。理性不是由於自身的過錯而陷於此種困境的，而是由於理性的界限。當理性從經驗中抽象出基本原理並開始向認識的頂峰挺進的時候，立刻發現在理性的面前又產生出愈來愈多的新問題，它無法回答這些問題。於是理性不得不編織新的原理，這些新的原理儘管看上去顯而易見，但是它們卻超出了經驗的範圍。

康德式啓蒙的眞諦來自二者的結合：首先是擺脫屈從於外在權威的懦弱而喚醒自主地運用自己的理性能力的勇氣；其次是克服理性的狂妄而謙卑地運用理性。在此意義上，啓蒙所要破除的迷信，與其說主要是知識蒙昧主義，不如說主要是道德蒙昧主

義，學會做一個有尊嚴的、自主的、謙卑的、寬容的自由人。

1998 年 7 月於大連教養院

2006 年 6 月 19 日整理於北京家中

——原載《民主中國》

爲了活著和活出尊嚴
——關於中國人的生存狀態

在一黨獨裁權力之下，政治的存在和運行僅僅爲了權力，再無其它目的；國家或民族的存在，僅僅是權力行使的合法藉口，再無其它價值。在獨裁之下的人們，僅僅爲了活著而活著，也再無其它價值訴求。

如此活著，過去活在共產狂熱的愚弄中，現在活在小康承諾的收買中，過去和現在，活在人性沙漠裡。

中國人作爲人，活得毫無尊嚴，也就活成恐怖秩序的工具，再無本身的價值！

毛澤東教導國人：「永做革命事業的螺絲釘！」無論是毛時代的投身革命，還是鄧時代的逃避革命，國人選擇的都是「做獨裁機器的螺絲釘。」

活著，活得機會主義，沉溺於不擇手段的厚黑人生。

活著，活得心口不一，熱衷於人格分裂的犬儒策略。

活著，活得冷漠麻木，習慣了自私的旁觀。

活著，活得長跪不起，滿足於被恩賜的麵包。

活著，活得輕浮平庸，追逐著小品化的調笑。

活著，活得只能流下屈辱的淚；一種道德羞恥感，未泯的良

知在沉默中死亡。

活著，活得只能屈膝低頭：一種道德無力感，已經不相信還有良知和正義及其力量。

活著，活得不能不如此：一種道德無奈感，是機會主義對良知的吞噬。

活著，活得聰明圓滑，先出賣自己的良心，接著出賣有良心的英雄，最後出賣承擔罪惡的恥辱感。而一個沒有恥辱感的人和民族，會活得很快樂。

在這些「活著主義」的辯護中，人的屬靈性和精神性已經退化，而動物性和物質性極端膨脹，把人變為單一的動物人；信仰和神聖已經貶值，而淪為肉欲的奴隸；同情心和正義感已被閹割，而變成冷酷計算的經濟人；甚至，就連平常心也成奢侈。

當肉體的存活與屬靈的尊嚴相衝突時，如果僅僅為了活著而下跪，我們活得再滋潤、再小康、再白領、再酷斃，也是行屍走肉；如果為了尊嚴而挺直，我們活得再艱辛、再清貧、再受難、再危險，也是高貴生命。

然而，中國人經常會自問自答：人需要尊嚴和良心嗎？理想、良心、同情、正義感、恥辱感……不能當飯吃，更不能當錢花，空談誤國誤人！而能當飯吃的，只有苟且偷安和無恥厚黑。

固然，沒有實力支撐的正義是無力的，但沒有正義支撐的實力卻是邪惡的。在正義的無力和邪惡的實力之間，如果大多數人選擇實力，邪惡就將永遠是虎狼，人類就將永遠是羔羊。

然而，人類有徒手耶穌戰勝佩劍凱撒的神蹟示範，那是被愛提升的義；有甘地、馬丁·路德·金恩徒手反抗的勝利，那是義戰勝利的歷史正果。

　　所以，耶穌成爲殉難的榜樣：面對權力、財產和美色的誘惑，耶穌說「不」；面對被釘十字架的威脅，耶穌仍然說「不」。

　　更重要的是，耶穌說「不」時，沒有以牙還牙的仇恨和報復，反而滿懷無邊的愛意和寬容；沒有煽動以暴易暴，反而堅守非暴力的消極反抗，一邊馴順地背起十字架，一邊平靜地說「不」！

　　不論世界變得多麼世俗化實用化，有神子耶穌在，世界就有激情、奇蹟和美。

1998 年 8 月於大連教養院

陌生人的闖入

——獄中隨筆

　　一個陌生人，突然闖進我的夢中，我無力拒絕，只能絕望地任其踐踏，彷彿從遙遠的往昔，命運伸出向我討債的手。進入深淵的瞬間，我無所畏懼；而仰望唯一的燭光，我卻全身顫抖。一束花的凋零，自有其淒慘的美，足以感動秋天，因為大自然永遠不會沒有憐憫；一個人的墮落，沒有任何情調，無法贏得一絲同情。當我連拒絕憐憫的機會都失去後，我將如何面對那麼深情的期望？如何踐行夜晚的許諾？

　　在夢中，我聽見一片陰影在喧囂，一隻怪鳥的翅膀張開後如同刀鋒，將夜晚一塊塊切割，時間流出的血是綠色的，我眼中的淚則鮮紅。我的夢中沒有上帝，卻有耶穌受難時絕望的呼求。看到垂死，感受臨終，氣息奄奄的夢掙扎著躍起，如同枯葉在雨中飄動。

　　上帝無力安排塵世間的秩序，卻能對人的良知發出終極的召喚。

　　面對黑色的悲慘死亡，人性的高貴卻能迸發出明亮的樂觀光輝。因為危險中的從容是無法偽裝的，高貴只能來自勇氣、自我犧牲和對己對人的責任——在終極的意義上，任何一個人的苦難都與整個人類相關。（1998 年 8 月 30 日）

面對恐怖和死亡的從容
——獄中重讀潘霍華《獄中書簡》

　　早就在一些宗教書和關於二戰的書中，讀到過對德國聖徒潘霍華（又譯爲朋霍費爾，Dietrich Bonhoeffer）事蹟的介紹。幾年前也讀過它，而且一直想再細細地重讀。有時，在家中翻檢書架找要看的書，每次看到《獄中書簡》，我都會停一會兒或抽出來翻幾頁，但還是放了回去。

　　不知爲什麼，我遲遲沒有再讀它。

　　也許是內心深處的過深敬畏，使我難於像對待其它的書那樣拿來就看。似乎重讀這本獄中書，我必須等一等，儘量回憶一下第一次讀此書的心境和感受，回憶妻子曾在一封信中談了她讀這本書的感覺，雖然她的文字永遠是簡潔的，但那種沉重與謙卑至今仍壓迫著我。

　　絕不是因爲這是一本苦難之書，使我沒有勇氣重讀，而恰恰是因爲書中那種戰勝苦難的無畏勇氣、責任感、高貴、誠實以及心懷上帝的平靜，使我格外珍惜它的每一個字。甚至可以說，這種等待是說不清的。

　　現在，我自己也身陷牢獄，每月都要往返於北京 —— 大連的妻子，每次探監都要給我送進來一些書。在我入獄接近兩年的

1998 年 8 月，妻子又背著一包書來探監了，其中恰好就有這本
《獄中書簡》。

這次，我一拿到這批書，第一本要讀的就是《獄中書簡》，
迫不及待打開，且讀得如饑似渴。

大概獄中的我，太需要汲取潘霍華的精神遺產。

死於納粹集中營的潘霍華是自投地獄，卻在人間地獄中成就
了信仰的天堂。

1939 年，當希特勒的恐怖統治在德國肆虐和戰爭已經在歐洲
開始之時，他正在美國巡遊講學並公開抨擊納粹主義。他本可以
留在美國，但是，一邊享受著異國的自由和安全，一邊隔著遼闊
海洋譴責納粹，對於他來說無疑於靈魂犯罪，他在給友人的信中
說：「我來美國實在是一個錯誤。假如此時不分擔同胞的苦難，
我將無權參加戰後的重建。」這與其說是向朋友表白，不如說是
自我激勵。他離開自由而光明的美國，回到極權而黑暗的故鄉。
結果是他早就預料到的：他因反納粹而被捕入獄，就在勝利前夕
的 1945 年 4 月 9 日，在關押他的佛洛森堡集中營被盟軍解放的
前一天，他被押赴刑場。此刻，他仍然沒有後悔當初決然回國。

潘霍華以生命的代價分擔了同胞的苦難，贏得了參加戰後重
建的充分資格。雖然他的肉體已經無法加入重建者的行列，但他
的行為本身和留下的《獄中書簡》，卻深深地影響了二戰後的西
方神學，為德國、歐洲乃至整個世界留下了豐厚的人格及精神遺
產：以一個甘願上十字架的殉難者的不朽亡靈，參與了人類精神
和信仰的重建。

有些教徒以侍奉上帝的名義逃離塵世的苦難，退回一己的內
心冥想，並以為這就是純粹，但這恰恰有悖於基督教的原旨。耶

穌就是爲了承擔塵世的苦難才信上帝，才走向十字架的。上帝道成肉身，獻出自己的親兒子，亦是爲了顯示唯獨保持對上帝的虔信，才有能力承擔塵世的苦難。

所謂回應上帝的召喚，就是一個人以整個生命負責，就是在不信任中尋找並抓緊信任，就是在無望中滿懷希望，就是在苦難中體驗受難的幸福，就是在無往而不在、無處而不在的束縛中、壓抑中爭取自由與解放。

學會敬畏，學會謙卑，學會在危險和恐懼中坦然面對厄運並對未來保持樂觀的信心，學會以一種發自內心的坦誠與人相處，這就是潘霍華的聖徒人格的啓示。如果人與人之間有著充分的相互信任，上帝就不必獻出親子的生命；如果獨善其身就能使人性完美，耶穌就不必進入人群中，與那些低賤者相處。愛敵人是愛絕對的、極端的表達，它意在證實上帝之愛無界限，浸透和包容一切。凡人達不到這種愛敵人的境界，唯有耶穌才能。以耶穌的榜樣作爲激勵的凡人，在達不到神之愛的境界之時，至少要努力達到寬容其敵手或對手。

在失去自由並隨時可能走向終結的苦難中，潘霍華始終平靜地對自己微笑，彷彿他是一個從一出生就只會笑的怪物，孕育他生命的母體就是一個誕生生命奇蹟之地。他之所以能夠保持絕境中的希望，發出開朗而令人驚奇的笑，就在於他始終信仰著。他的文字不只是用來表達悲哀了，更是表達歡樂的，其份量沉得比任何絕望都豐富。正如他在臨刑前向獄友告別時所說：「這，就是終點。對我來說，是生命的開端。」

在當今世界，有沒有宗教形式並不重要，重要的是有耶穌的典範力量。聖子的神人兩重性才是道成肉身的真正意義。只有神

性的耶穌是對上帝恩典的歪曲，而無人性的耶穌則是無視上帝的愛和悲憫。那種以侍奉神的名義而對人間悲劇的冷酷和怯懦，更是對上帝的背棄。唯有同時具有神性和人性的聖子，才能既懷有對神聖價值的敬畏，也懷有對塵世價值的人道主義關切，愛神和愛人的一致才是上帝恩典的力量之所在。

耶穌死而復活只是象徵著聖子受難精神的永存，聖子參與上帝在塵世的受難的啟示。具體到我們的處境，唯有對我們所面對的惡劣環境抱有潘霍華的胸懷，我們才能在苦難中活出歡笑和幸福，在無靈魂的社會裡發現生命的意義。

親愛的霞：潘霍華的榜樣正在逼視和召喚，坐牢正是參與塵世苦難的一種方式，無論如何，我們都不會放棄的，縱使我們改變不了什麼，但我們的行為起碼可以證明耶穌精神仍然活在人間；在無上帝的現代世界，耶穌精神是唯一能夠抗衡人類墮落的信仰力量。正如潘霍華所說：「產生行動的並不是思想，而是願意承擔責任的準備。」

耶穌的實在性必將證實人在本質上是「希望著的存在」，而非徒勞的幻覺性存在。無論在失敗還是苦難或死亡的面前，人的希望都將對自身做出終極的肯定。最深刻的肯定就是面對絕境時，仍要掙扎著為希望而生存下去的樂觀勇氣。理性告訴我們：人不可能真實地想像或體驗死亡，我們的生命本能會從這種對死亡的想像中退卻，陷入一種無能為力的狀態之中，對於大多數人來說，向死而生的存在勇氣是虛構的。但是，我們生命的最深處確實存在著對屈從於死亡的終極否定，即懷著永生的希望籲求上帝，這種籲求就是向死而生的勇氣。

在倫理上拒絕死亡，就是在信仰上依賴上帝。

　　在這種希望中，此生的苦難和絕望皆被拋置身後，皆得到了存在論意義上的合理解釋。沒有希望，便無從在苦難中發現意義。不理解希望也就是不理解人的存在。所謂生存的勇氣，唯有希望才能給予，而希望來自神聖，來自愛，來自耶穌的十字架。

　　在苦難中發現希望（意義），人的存在的品質視其接近上帝（神聖）的程度而定。沒有神聖價值參照的生命只是一種深淵似的貧乏。因為人的生命能夠從入神的能力和信念中獲得存在的豐富性和高貴性。形而上學的維度所無法證信的東西，必須從信仰的維度來加以證信，否則的話，歷史和精神就是一片空白，雖有延綿，但無意義，至多留下一堆物質垃圾。換言之，無神的時間便不是生命時間。在信仰者看來，任何權力最終都只是一種幻覺，因為權力沒有超驗之維，終將曇花一現，成為過眼雲煙。希望是以向死而生的勇氣克服人的局限，幽默則是以向死而生的超然蔑視邪惡，並克服人性的軟弱所導致的這樣一種生存狀態：被自我恐懼逼入作繭自縛之中。

　　如果人退卻了，在本不該屈膝的時刻就屈膝了，沒有堅持住那一瞬間，即使經過反省之後，想用漫長的餘生去彌補或贖罪，也無法找回那一瞬賦予生命的終極意義。一生堅持毀於一旦是常有的事。

　　實際上，應該反過來說，只要有了這個一旦，就再沒有真正的堅持了。活出意義來不易，活得虛無更難，人生命的根基處生長著意義的種子和希望的萌芽，這是無法徹底毀滅的種子和無法徹底根除的萌芽。凡是有深度的虛無主義者，皆是太想活出意義來的人，是在感覺到意義的匱乏和存在的虛無之時，想戰勝虛無的人。這樣的人肯定不是虛無主義者。卡夫卡不是，儘管他對生

命之路抱有懷疑；卡謬更不是，儘管他想做局外人，但最終成爲了反抗者。《鼠疫》就是一部反抗虛無的經典。包括西西弗斯的行動，其徒勞不是虛無而是意義，它爲後人留下了借題發揮的寬廣空間，以至於這空間已超越了時間，成爲人類境況的永恆象徵。

幸福也好，痛苦也罷，充實也好，虛無也罷，唯有親歷的個人才能體驗其內在的滋味。一旦將其公開化，讓無數陌生者去品嘗，便失卻了味道。純潔的內在品質是不能公開的，一見空氣便污染且腐爛。把一切留給自己，生不帶來，死不帶去，這才是完整的生命。

由信仰而得到的靈魂淨化也許會受用終生，捨己救人是一種宗教性情懷，唯有信仰才能與人性之惡的肆虐抗衡。

在獄中保持尊嚴和激情，既不能把苦難加以浪漫化，也不能誇大個人所遭遇的苦難。面對危險或死亡的從容是無法僞裝的，你是什麼就是什麼，恐懼及其懦弱無法僞裝，勇敢及其堅強更無法僞裝。

記住潘霍華的告誡：「最重要的是，我們絕不能向自憐讓步。」

記住潘霍華那種既悲觀又樂觀的獄中姿態：悲觀主義是爲了不讓幸福變成甜蜜的毒藥；樂觀主義是爲了不讓未來落入惡棍之手。

1998 年 10 月於大連勞動教養院
首發《觀察》2005 年 11 月 16 日

新教倫理創造的世俗奇蹟

——獄中讀韋伯筆記

　　已經是第二遍讀韋伯的《經濟與社會》了，某些段落反覆讀了數遍，越深入就越感到抽象文字很有魅力，常常使我心跳加快，作者力求價值中立的冷靜，給予我這個囚犯的卻是激動和偏愛。而有些在文字上激情洋溢的理論，讀起來卻無法讓人投入和激動。這，也許就是偉大理論和平庸理論之間的最大區別吧。其實，韋伯提出的價值中立只不過是一種方法倫理，一種約束研究者的標準，起碼對於人文學來說是可望而不可及的。這種標準，只是爲了讓研究者在無法完全排除主觀偏見或先入爲主的現實處境中，盡可能地做到客觀超脫。

　　韋伯的智慧，似乎割斷了窒息我這個囚犯的靈魂鎖鏈，因爲他的文字在神之光輝的沐浴下，迸發出耀眼的「思的激情」。

一、現代化與全球化、西化

　　八〇年代的大陸，在馬奎斯（Gabriel García Márquez）的《百年孤寂》引發出文學尋根熱的同時，韋伯的《新教倫理與資本主義精神》一書以及《東方神秘主義與現代物理學》的時髦，也引發大陸文化界的理論尋根熱。文學尋根和文化尋根，二者之間相

互注釋，形成了八○年代中後期的文化保守主義，也間接地爲政治上的新權威主義提供了宏觀的文化背景。此時，受韋伯的社會學影響的海外新儒家進入大陸，與國內的文化尋根熱潮一拍即合。儘管新儒家與反傳統的激進相對立，但是二者皆爲當時文化領域的顯學。

韋伯從新教倫理中發現了資本主義的價值支撐，新儒家受到啓發，不僅試圖從儒教中尋找中國社會現代轉型的精神資源，而且走得更遠，試圖用儒道倫理的天人合一爲整個人類指引未來。長期落伍的恥辱和自卑再一次激發出盲目的自傲：「二十一世紀將成爲中國人的世紀」成爲當時最響亮的口號之一。給予尋根派以「振興中華」自信的經驗例證，是日本和亞洲四小龍在經濟上的騰飛奇蹟。亞洲的另外兩個政客李光耀和馬哈迪（Mahathir bin Mohamad）全力提倡的「亞洲價值」，也成爲新儒家的思想資源。當時，新儒家的頭面人物不僅是大陸文化界的寵兒，也成爲新加坡政府的座上賓。同時，電視劇《霍元甲》中的「沉睡百年，國人漸已醒」的主題歌和侯德健的《龍的傳人》風行一時，「雄獅猛醒」和「巨龍騰飛」成爲大眾文化萌芽時期的流行主題之一。從這些八○年代的現象中，也可以找到六四後的極端民族主義狂熱的蛛絲馬跡。只不過當時還有自由派的激進反傳統和高漲的政治改革呼聲相平衡，沒有使之像八九之後的政治僵化時期那樣，成爲壓倒一切的話語霸權。當時，政論專題片《河殤》所發出的反傳統吶喊，儘管受到中共保守政治力量的壓制，但是它在高層開明派的暗中支援下，通過電視傳媒的強大影響力，既在輿論上爲新任總書記趙紫陽造勢，又成爲文化導向上的最強音。

再看新儒家，他們在用儒家傳統詮釋日本及四小龍經濟奇蹟

的文化背景之時，恰恰忘記了這樣的事實：無論是日本還是四小龍，在制度、科技、教育特別是市場等關鍵方面，皆經過長期而激烈的西化改造，甚至連國家憲法都是由西方人幫助制定的。沒有明治維新時期的全盤西化，日本不可能在二十世紀初期進入列強的行列；沒有二戰後美國對日本的佔領，對臺灣、南韓、新加坡的保護和支持，沒有英國對香港的一百年殖民，就是再強調「亞洲價值」也無法使這些國家成為亞洲現代化的典型。相反，凡是沒有經歷「脫亞入歐」過程的國家，凡是固守本國傳統或亞洲價值的國家，皆無法擺脫落伍的命運。新加坡的成功經驗——經濟開放和政治封閉——只能作為一個特例，並不能普遍地應用於亞洲國家的現代化。亞洲其他國家和地區的成功現代化，皆是經濟和政治的改革同時漸進。威權體制下的經濟騰飛並不是政治上的完全僵化。何況，97年開始的亞洲金融危機，很重要的內在原因正是所謂的「亞洲價值」在作怪。

換言之，欠發達國家的現代化，儘管在某些具體細節和秩序演進上會不同於西方的現代化過程，但是在關係到整體和全域的基本制度（經濟、政治、法律、科技等）建設方面，就沒有所謂的亞洲模式可言，更沒有什麼投機取巧的捷徑可走。

88年，我在接受《解放》月刊的金鐘先生採訪時，曾經說過一句犯了眾怒的話：中國的現代化需要「三百年殖民化」。在六四前，我的激進反傳統姿態成為尋根派的眾矢之的，但還只是思想文化上的爭鳴而已，雖然也受到來自教委的壓力，卻並沒有演變成禁言禁行的政治迫害。而六四後，對這句話的指控變成了中共對我進行政治迫害的典型論據。文化尋根派中的一些人也受到政治迫害，官方對他們進行口誅筆伐時所尋找的證據，居然也

是斷章取義的西化言論。所以，在現行制度下，對於中國知識分子來說，最要緊不是相互之間的思想學術分歧，而是這一群體必須共同面對和反抗的言論鉗制。法輪功和中功也是在弘揚傳統文化熱中普及的，但是現在也成為中共政權的迫害對象。這一群體的主體還不是知識分子，而是其他的老百姓。所以，不准自由信仰和不准自由發言的制度環境是每個中國人必須面對的。

直到今天，我仍然不會收回這句話，更不會用接受採訪時的不假思索來為自己辯解。這麼多年過去了，現在在獄中讀著韋伯，又想起了這句話。平心而論，它只不過是中國需要經過長期的西化過程，方能實現現代化的極端表達而已。

殖民時代已經成為歷史，或者說，特別是二戰以後的世界，和平演變的西化代替了強制性的武力殖民，不發達國家紛紛由被迫現代化轉向自覺地追求現代化。東、西兩種制度競爭之勝負，在二十世紀末也已見出分曉之後，發源於西方的自由主義價值及其制度安排，正在越來越成為整個人類的共識，人權高於主權的時代已經降臨，全球化代替了殖民化。只要不抱偏見地面對二十世紀人類歷史的發展事實，就會承認：全球化就是基本的經濟、政治、科技之制度的西化。至於文化的多元化，也只能在自由秩序之中才有真正的可能。在不可阻擋的全球化潮流的感召下或擠壓下，民族主義、基本教義派和相對主義的極端化，不過是極少數專制主義國家和政教合一國家，在臨終前的迴光返照而已。特別是在中國，六四大屠殺之後，極端的民族主義、國家主義和相對主義的氾濫，與官方對自由化的鎮壓、對和平演變的拒絕、對西方國家的妖魔化相互激盪，形成了極端的政治保守主義。

和平演變有什麼不好？為什麼被某些政權視之為洪水猛獸？

莫非這是發達國家為落伍國家設下的陷阱？如果是這樣，為什麼全世界都在和平地向現代化演變，而只有極少數國家拒絕和平演變？無論是那些全封閉的伊斯蘭國家，還是中國這樣在經濟上有限開放，而在政治上依然封閉的一黨專制的國家，他們反對和平演變，說穿了，無非是專制者不願意放棄自己的特權利益。一要和平，二要演變，中國執政者不是也經常把「和平與發展」掛在嘴邊，說這是當今世界的兩大主題嗎？

　　由於基督教乃是西方文化的主流傳統，現代化又發源和成型於西方，基督教與資本主義二者之間的正相關關係乃順理成章之事。但是，中國的現代化不是從自身傳統中自發生長出來的，乃「後發外力壓迫型」和「移植型」的被迫現代化，故而學著韋伯的方法論，企圖從儒道傳統中尋找中國的資本主義發展的精神動力和價值支撐，無異於東施效顰，盲目照抄。看看韋伯論述中國傳統的《儒教與道教》一書，其結論與新儒家恰恰相反：韋伯通過對基督教和儒道教之間的根本差異的精闢分析，認為正是儒道精神阻礙了中國資本主義的產生和發展。華裔學者黃仁宇，在其中國大歷史系列的論述中，運用了韋伯提出的「數目字管理」概念，從文化傳統的遺傳上闡述了中國無緣於資本主義現代化的原因。

二、韋伯與馬克思之現代化的對比

　　馬克斯‧韋伯是與卡爾‧馬克思齊名的社會學家。但是二者的社會學卻完全不同。從哲學背景上看，馬克思仍然沉溺於傳統的形而上學，而韋伯則是現代哲學的非形而上學化的產物。他的著作沒有馬克思那種愛恨分明的道義激情和預言家的自信，卻具

有力透紙背的理性征服力量。他把社會當作類似自然科學中的實驗物件，他的社會學就是一個實驗室，他要在自己審慎假設的引導下，經過耐心細緻的反覆試驗，做出純粹的理論發現，提供一種理想類型的理論模式或參照系，在解釋現實的同時又批判性地改進現實。

馬克思的理論在今天看來，無論是對於現實的批判還是解釋，更多是訴諸人的道德激情，而缺乏理性說服力。我在十五歲第一次讀《共產黨宣言》，就曾經被他的激情和才華所打動。但是，對共產主義烏托邦的革命激情過後，他的理論在整體上已經被歷史經驗所證偽。馬克思說：過去的哲學家只在於怎樣解釋世界，而關鍵則在於改造世界。但是，按照他的理論對世界進行的革命改造，企圖建立人間天堂的實踐，造就的恰恰是人間地獄。

好的理論都有自身的理想標準或方法論模式，如同品質優秀的文化都有超世俗的絕對尺度（神、上帝）一樣。它們不是現實亦步亦趨的描述者、解釋者和救世主，而是以自身的提問重新整理經驗，並賦予現實以新的意義和新的方向。同時，韋伯又對這種實驗室式的理想類型保持著高度的自我警醒，劃出它的界限，以防止越界的濫用。而這正是康德哲學為現代人所開闢的思維道路。理論就是理論，它相對於現實是超然的、中立的，不被世俗的功利需要所左右的，它絕不能追求成為一種意識形態（權力的工具）來統治現實。

韋伯的社會學不同於馬克思主義的關鍵就在這裡。馬克思主義的烏托邦具有完全排他的、封閉的理想性，只制定一種必然規律作為類神的絕對命令，只確定一個階級作為上帝的選民，只指出一條道路並只通過一種手段，作為通向世俗天堂的必由之

路……這種絕對化、唯一化的理論很容易轉化爲極權主義的意識形態，或者說，這樣的理論就是爲極權者說服民衆準備的。

越是完美的唯一理想就越可能導致人間地獄。正如波普爾在《開放社會及其敵人》中所言：「唯美主義和激進主義必然引導我們放棄理性，而代之以對政治奇蹟孤注一擲的希望。這種非理性的態度源於迷戀建立一個美好世界的夢想，我把這種態度稱爲浪漫主義。它也許在過去或在未來之中尋找它的天堂般的城邦，它也許竭力鼓吹『回歸自然』或『邁向一個充滿愛和美的世界』；但它總是訴諸我們的情感而不是理性。即使懷抱著建立人間天堂的最美好的願望，但它只是成功地製造了人間地獄──人以其自身的力量爲自己的同胞們準備的地獄。」

韋伯的社會學具有謙遜的、自省的內在潛質，很難像馬克思主義那樣被現實的極權政治作爲意識形態工具而利用。

韋伯是方法論上的理想主義者（價值中立顯然是一種可與而不苛求的學術方法），馬克思則是本體論上的理想主義者。他們都既闡述了現代化的合理性，又對現代化進行了批判性的反省，但是兩者的闡述和批判卻具有實質性的區別：

──韋伯的理想類型的方法論是開放的、嘗試性的、非終極的、可以反駁和證僞的，而馬克思的理想烏托邦則恰恰相反，是封閉的、終極的、不可反駁的，甚至就是自以爲一錘定音的；韋伯把現代化理解爲一個自我調節的，無限的演變過程，是一個理性化、世俗化、祛魅化的過程，而馬克思則爲現代化提供了一個終極目標，把宗教的神秘天堂世俗化爲人間烏托邦或地上天堂──共產主義社會；

──韋伯理解的社會發展動力是多元的、綜合的，他特別強

調宗教及其倫理等精神性傳統對現代化的推動作用，而馬克思則把社會發展的動力歸結爲單純的物質力量——經濟及其生產力的進步；韋伯認爲社會的發展是自發演進的，傳統的作用非常巨大，並沒有某一個群體或個人，能夠在道德上和理性上完美無缺而成爲社會的救世主，而馬克思則強調階級鬥爭以及與一切傳統的徹底決裂，揀選了一個無產階級，作爲在道德上凌駕其他群體的救世階級，揀選一個政黨（共產黨）作爲領導一切的救世精英；

——韋伯在強調理性化以及科學技術對現代化的巨大推動作用的同時，對理性和科學技術的界限，和負面作用始終保持著清醒的批判意識，即現代化作爲一個理性化、世俗化的進程，很容易演變爲技術一體化和精神平庸化的單面社會。而馬克思則無條件地肯定科學技術化和理性化，並宣稱自己的理論就是關於社會發展的唯一正確和唯一科學的解釋，恩格斯後來乾脆把馬克思主義稱之爲「科學社會主義」。馬克思在批判了商品拜物教的同時，成爲了科學拜物教的忠誠信徒。而韋伯則是批判理性化、技術化即科學宗教化的先覺者，他關於現代經濟類型和統治類型的理論，已經作爲經典命題進入現代人對現代化的批判性解讀之中。

由此看來，無論是爲文還是爲人，保持足夠的自省意識、界線意識和批判意識是至爲關鍵的。而狂妄，無論是知識上、道德上還是權力上的狂妄，也無論這種狂妄曾經多麼不可一世，它終將遭到天譴人棄。

三、三種統治類型：合法型、魅力型和傳統型

合法型統治：具有合理的性質，建立在相信統治者的章程所

規定的制度和指令，以及權力的合法性之上，他們是合法地被授權進行統治的。合理型統治是法治政治，統治者的權力由法律制度所賦予，服從統治者實際上是服從法律。法律明確規定了統治權力的界限。最純粹的合理型統治是借助於官僚體制的行政管理班子進行統治。公共職務和私人事務有著明確的界限和區分。這種統治是形式主義的、功利主義的，沒有個人之間的效忠──非人格化的統治。韋伯說：「這種統治沒有憎恨和激情，因此也沒有『愛』和『狂熱』，處於一般的義務概念的壓力下；『不因人而異』，形式上對『人人』都一樣。也就是說，理想的官員根據其職務管轄著處於相同實際地位中的每一個有關人員。」

但是，如果一種合理型統治只是建立在「目的─工具的合理性」（功利）之上，而沒有深層的「價值合理性」的支撐，是無法長久而穩定地存在的。形式主義的合理統治必須有合法性上正當的道義來源，或者說，支撐法治化的技術性官僚統治的合法性，必須具有道義上的正當理由。任何統治，如果沒有一種穩定的道義之源，終將淪爲暴力和謊言的強制統治，一種以專門製造恐怖爲職業的暴力，配備著一種專門以製造謊言爲職業的意識形態。用謊言掩飾暴力，用暴力支撐謊言，爲人性之惡的盡情發揮提供無限的可能──普遍恐怖造就的普遍無恥是這類統治的基本特徵。

在西方，支撐著合理型統治的超越世俗功利的道義來源，就是由上帝法或神法演化而來的自然法──在上帝面前人人平等演化爲在法律面前人人平等，人的生而自由平等乃是上帝所賜的先天權利，有著遠比世俗利益更神聖的來源。在神權統治的中世紀，羅馬法典已經具備了合理型統治的形式主義特徵，神學家阿

奎那（St. Thomas Aquinas）已經在神學中注入了法律的理性形式主義。文藝復興之後，自然法逐步由思想啓蒙演化爲社會實踐，具體運用於社會制度的建構，於是就有了以自然法爲基礎的憲政。最典型的合理性統治是現代的立憲民主制度，其深層的價值合法性支撐乃是自由主義價值觀。在英美的自由主義傳統中，上帝一直作爲政權合法性之道義的終極來源，英國的《大憲章》和美國的《獨立宣言》，作爲英美憲政的經典文獻，就是神對世俗社會發出的聲音。

　　魅力型統治的性質：建立在獻身於一個非凡的個人，以及由他所默示和創立的制度的神聖性、英雄氣概、楷模樣板之上。對這種個人魅力型統治來說，魅力型人物起著決定性作用，他本身一定具有神聖的性質，他的個人歷史一定充滿了神話般的傳奇性和神秘性。換言之，這是一種神的人格化或人被神化的統治。統治者被視爲超自然或超人的準神靈，或被視爲非凡的，無人能夠企及的無所不能者，或被視爲受神靈差遣的神在人間的代理人。他首先是作爲道義人格的典範，其次是作爲智慧上無所不知和能力上無往而不勝的完人或超人，他具有能夠洞悉一切、戰勝一切的品質和力量以及凌駕於其他人之上的絕對權力。但是，首先不是由於他眞的具有這種無所不能、無所不知的力量和完美的品質，才使他具有了凌駕於其他人之上的絕對權力，而常常是由於他首先具有了絕對權力。換言之，是絕對權力賦予了他以絕對的人格和統治力，而不是相反。

　　所以，魅力型統治的關鍵在於追隨者們的自發承認和盲目崇拜，或曰造神運動。這種承認和崇拜往往是由非凡的嚴峻考驗——具有傳奇色彩或奇蹟性質——所保障的。韋伯說：「然

而，承認（在先天魅力的情況下）不是合法性的原因，而是依據使命和實際考驗被召喚承認這種品質的人的義務。從心理學上講，這種承認是一種產生於激情或者困頓和希望的信仰上的，純個人的獻身精神。」或者說「與預言家相適應的是信徒，與好戰的王侯相適應的是扈從，與領袖相適應的從根本上說是親信。」（p.270-271）

　　魅力型統治把統治者個人作為整體的象徵和代表，他是正義事業的代表、真理的化身、祖國的代名詞甚或就是人類的大救星。總之，他具有所有高尚的品質、無人企及的勇氣和似神的智慧，沒有他克服不了的阻礙和完成不了的事業。這類統治的崩潰大都發生於領袖的失敗，特別是繼承人的失敗時期。韋伯說：「魅力是一種類似天職、使命的啟示，與經濟無關。」這是一種非常規政權，因為它拒絕捲入任何平凡的日常生活，它具有超常規的行為方式（如希特勒的納粹化運動，前蘇聯的集體化和大清洗，中國的「大躍進」和「文革」，霍梅尼（又譯為何梅尼）的伊斯蘭革命等等，所有極權統治包括中國的毛澤東時代都是典型的魅力型統治。韋伯說：「在受傳統束縛的時代，魅力是巨大的革命力量。這種革命與理性革命不同。理性革命是通過改變生活環境和生活問題，也同時改變其態度的外在力量。而魅力是一種發自內心的改造。改造產生於困頓或者熱情，針對一切具體的生活方式以及對整個世間的態度。它要求激進的徹底姿態，從改造人的靈魂入手，達到改造整個世界。」

　　在西方，《聖經》中記述的一些先知（如摩西）是魅力型的。中國政治的傳統與現實是在傳統型與魅力型之間搖擺。而在二十世紀，史達林時代的蘇聯、希特勒時代的德國、毛澤東時代的中

151

國，都是典型的個人魅力型統治。二十世紀的再造共產主義新人的實驗運動皆屬於魅力型革命，蘇聯的共產主義義務勞動運動，希特勒的種族純潔運動和中國的文革是最典型的魅力型統治方式——即靈魂深處爆發革命的再造新人運動。西藏傳至今天的轉世制度也屬於這種類型。達賴已經聲明他本人是最後一屆政教合一的魅力型領袖，如果他能夠返回西藏，他將對西藏制度進行政教分離的改革，轉世靈童只作爲宗教的精神領袖，而政府首腦則通過民選，建立一個世俗化的政府。不知道達賴這種現代的、開明的設想能不能在他告別人世前實現。但願能。如能實現，不僅是藏人的福祉，也是漢人的福祉。

　　傳統型統治的性質：建立在一般地相信歷史適用的、傳統的神聖性和由傳統授命實施權威的統治者的合法性之上。韋伯說：傳統型統治的「統治者（或者若干統治者）是依照傳統遺傳下來的規則確定的，對他們的服從是由於傳統賦予他們的固有尊嚴。在最簡單的情況下，這種統治團體首先是一個由教育共性決定的恭順的團體。統治者不是『上司』，而是個人的主子。他們的行政管理班子不是由『官員』組成的，而是由他個人的『僕從』組成；被統治者不是團體的『成員』，而是『傳統的同志』，或『僕從』。決定行政管理的班子和主子之間的關係的，不是事務上的職務職責，而是奴僕的個人忠誠」。

　　傳統型統治往往是魅力型統治的延續，當魅力型的第一代統治者死亡之後，他的繼承者的統治合法性一般是靠魅力型領袖開創的傳統。魅力型統治往往出現在改朝換代時期，一個新王朝的延續依靠的就是開創者制定的法典或規矩。魅力型統治者是非常時期的產物，他可以破壞前朝的傳統制度，中國歷史上的每一個

新王朝的開國皇帝——從劉邦到毛澤東——皆是所謂亂世中崛起的梟雄。每一個亂世梟雄最終坐上最高的權力寶座，都是以破壞所謂「祖宗的法典」為前提的。即便是父子兄弟之間的血緣親情，也無法約束野心家謀求最高權力的無所不用其極，也柔化不了其鐵石心腸。唐太宗李世民的登基為皇，就是最典型的破壞傳統制度的亂世梟雄的行為，他的無所不用其極和鐵石心腸，可以謀殺親兄弟和以劍逼父皇退位。實際上，如果說由「三皇五帝」法統和「儒術」道統構成的所謂傳統是正規制度的話，那麼，破壞「祖宗法典」的篡權就是另一種有著絕不次於正規傳統力量的非正規傳統，幾乎每一次王朝更替依靠的都是非正規傳統，幾乎每一個王朝內的代際之間的權力更替，也都有陰謀詭計得逞之時——頻繁的宮廷政變的成功。中國歷史上的兩次女人統治——武則天和慈禧太后——就是最典型的非正規傳統。鄧小平對華國鋒的勝利也是宮廷政變的產物——魅力型的開國領袖毛澤東指定的接班人被廢黜，而被領袖打入冷宮的逆臣篡權成功。

韋伯的理論產生於本世紀二〇年代，卻對未來大半個世紀的人類命運和社會制度變遷做了準確的預言。魅力型統治的黃金時代常常是第一代統治的創立者時期，一旦創立者的存在發生危機，不得不進入權力交替時期，其統治也將面臨危機。危機的結果，要麼是改朝換代，要麼是魅力的平凡化，也就是「祛魅」。儘管魅力型統治創立了種種解決權力交替危機的方法（如重新尋找魅力型領袖——通過神的默示、神喻、抓鬮等；領袖在生前指定接班人，或通過具有魅力資格的行政班子指定接班人），但是權力交替的危機永遠不會消除。在當代中國，第一代魅力領袖的權力交替是失敗的，領袖所指定的接班人要麼被領袖親手打倒，

要麼在領袖死後很快就被逐出政壇。而祛魅後的第二代權力交替則是成功的，其成功就在於領袖在生前早已有計劃地選定了接班人，並能夠以領袖仍然具有的權威幫助接班人完成過渡期，等領袖撒手人寰之後，政局已經穩定。

魅力型一般只能有一代，交替後的魅力統治肯定趨向於平凡化。因為魅力只能來自亂世之中的群雄逐鹿，來自經歷嚴峻考驗所喚起的崇敬和忠誠，除非其統治又遇到了新的大危機，才可能再出現新的魅力型領袖。社會危機是產生魅力型領袖最好的土壤，如先秦的戰國亂世造就了秦始皇，秦二世時期的農民起義之亂世造就了劉邦，隋末的亂世造就了唐太宗等等……再如二戰時期的希特勒、羅斯福、邱吉爾、史達林，以及中國革命中的毛澤東。特別是用韋伯的社會學來觀照中國的政治現實，的確給人以清晰的圖像。

四、世俗化中的宗教

讀著韋伯的書，忽然就走了神，看見妻子寄給我的夢幻，時而黑糊糊的一片，時而白茫茫的一片，刺耳的電話鈴中她突然驚醒，周圍卻安靜極了。窗外的風聲如同一隻貓在哭泣，那根針留在她的身體裡，冰塊正一點點地被針尖融化。她的胃裡肯定有無數隻小動物。陽臺上有一株會惡作劇的植物，微笑並流淚。一個健壯的男人被她鎖在抽屜裡，他是兇手，是殺人犯。美麗的故事總是充滿恐懼。在一堵殘牆的拐角處，那盞昏暗的路燈下，有些夜晚是傷心的，如同雪花飄在沒有冬天的季節裡。

為了感謝這種突然的走神，感謝妻子的出現，就把我很喜歡的韋伯的關於知識分子的一段話抄給她：「知識分子的拯救，總

是一種解脫『內心苦難』的拯救，因此，一方面，它比解脫外在苦難的拯救對生活更顯陌生，另一方面，卻更富有原則性和系統性的性質；作為解脫外在苦難的拯救，適於不享受特權的階層。知識分子試圖通過無窮無盡的決疑的途徑，賦予生活方式以一種透徹的『意向』，即與自身、與人、與宇宙結為一個『統一體』。他們把『世界』的構想作為一種『意向』問題來實現。」

　　換言之，對於近現代的知識分子來說，現代化在把神權社會理性化和世俗化的同時，也使宗教信仰內在化、個人化，使宗教由政教合一的神權（政治權力）轉變為政教分離之後單純的精神支柱。韋伯對世界幾大宗教特徵的概括，是我所能見到的比較性文字中最準確的：「如果想對所謂的世界性宗教體現者和宣傳者的階層進行提綱挈領式的概括，那麼，這對儒教來說就是安排世間秩序的官僚，對印度教來說是安排世間秩序的術士，對佛教來說是周遊世界的托缽僧，對伊斯蘭教來說是征服世界的軍人，對猶太教來說是旅行商人，對基督教來說是流浪的手工工匠，他們都不是其職業或者物質的『階級利益』代表，而是一種特別容易與其社會地位相結合的倫理，或拯救教義的意識形態上的體現者。」（p.576）

　　資本主義之所以發源於基督教文明，就在於希臘的理性主義哲學對它的全面浸透和改造。柏拉圖主義與聖‧奧古斯丁神學，亞里斯多德學說與阿奎那神學的結合，成為西方現代精神的重要思想及價值資源。反過來，基督教信仰又賦予了古希臘理性以超越性的終極支撐和神性光輝。幾乎所有近現代的西方思想家、文學家、藝術家甚至科學家，無不在基督教的大背景下討論哲學問題、從事藝術創作和發明科學原理。如果沒有對神蹟的追尋，但

丁創作不出偉大的詩篇《神曲》；如果不是爲教堂繪製大型壁畫，未必就會出現米開朗基羅、拉菲爾、達文西等人成就的繪畫的黃金時代；如果不是爲了尋找創世的第一推動力，牛頓未必能夠專心於力學並發現了古典物理學的三大定律。康德的理性和信仰的二律背反，爲理性劃出世俗化的界限，爲信仰留下靈魂的地盤，從哲學上爲政教分離的現代化提供了清晰的思想解說。「人是目的」乃康德哲學中最響亮的世俗化綱領，對神的信仰乃超功利的絕對道德律令，是康德哲學中最終極的精神家園。

所以，作爲西方文化傳統的傳人，韋伯不能不如此看重基督教倫理對資本主義現代化進程的影響。他從比較的角度，深入研究各種文明的宗教，意在說明現代化得以產生的內在價值支撐。他與其說是想說明爲什麼偏偏是西方文明而非其它文明最先走向了現代化，不如說他是想提醒人們注意：人性化的宗教信仰爲人類提供的，不僅僅是靈魂的拯救，而且還是世俗的幸福。正如漢斯・昆在談到耶穌的特性時所說：上帝的道成肉身證明了耶穌既有神性又有人性。（1998 年 11 月 28 日）

從李斯到劉少奇：
慘死於極權制度的「功臣」
——獄中再讀《史記》想到的

　　再讀司馬遷《史記·李斯列傳》，頗有感慨。

　　司馬遷開篇就寫道：「李斯者，楚上蔡人也。年少時，爲郡小吏，見吏舍廁中鼠食不潔，近人犬，數驚恐之。斯入倉，觀倉中鼠，食積粟，居大廡之下，不見人犬之憂。於是李斯乃歎曰：『人之賢不肖譬如鼠矣，在所自處耳！』」

　　當年讀太史公的如此記載，對李斯之從腐鼠生活中悟出處世之道，免不了鄙視，正如對韓信甘受「胯下之辱」而終成大業的鄙視一樣。李斯的人生哲學，很有些阿Q相，只要練就一種隨遇而安、逆來順受的本領，無論處境多麼齷齪，也能活得怡然自得。他靠如此處世，在官場中爬到了丞相的高位，但最終仍然死於官場陰謀。

　　秦王嬴政聽說李斯的同學韓非是德才兼備之人，便想約見韓非請教稱霸大業。韓非的上書也確實贏得了秦王之心。正在盡力向上爬的李斯很嫉妒韓非，於是向秦王進讒言說：韓非乃韓國一公子，無論多有德才，最終還是要爲韓國著想。大王你想吞併諸國，留著韓非這樣的人肯定是禍害，還不如依法除掉他。嬴政聽

從了李斯的讒言,把韓非交由司法官吏治罪。李斯便派人給韓非送去毒藥,讓他盡快自殺。韓非想親自向嬴政陳冤,卻在李斯的封鎖下無法見到秦王。後來等秦王後悔了,想赦免韓非之時,韓非已經死了。

後來嬴政成就了霸業,丞相李斯上書秦始皇,出了「焚書坑儒」的陰招,製造了中國歷史上第一次大規模的文字獄,也開了言禁的先例。

但到了秦二世,郎中令趙高屢屢向秦二世進讒言陷害李斯,在二人爭寵於秦二世的過程中,李斯最終沒有鬥過趙高,連同他兒子李由一起,皆被秦二世下獄。在審訊過程中,二人受盡了輪番的審問轟炸和刑訊逼供的折磨,最後被處以墨、劓、荊、宮、大辟五刑,在咸陽街市上腰斬示眾,李斯家的三族全被誅殺。之後,趙高取代李斯出任秦國丞相,從此政事由趙高來決斷。

李斯的為官之道及其下場,不能不讓我聯想到劉少奇。

文革中,前國家主席劉少奇的屍骨無存,凸顯了毛澤東的殘暴冷血和無法無天,固然值得同情。但是,他的死並不比文革時期的其他冤魂更悲慘,而且,劉在延安整風時期和1949年之後,也積極參與了毛澤東對黨內政敵的整肅。

縱觀劉少奇的政治作為,對迫害他的極權者及其制度來說,可謂功莫大焉。他的權力生涯的轉捩點是在延安整風時期:劉少奇因為整肅王明和周恩來有功,特別是在製造毛澤東崇拜和毛澤東思想獨尊上的頭功,不僅使毛澤東在與王明的黨爭中占盡優勢,而且劉少奇本人也得到了巨大的個人權力。正因為他在瓦解反毛勢力上的貢獻,特別是他提倡毛澤東思想為中共的獨尊指導思想,才使毛澤東將他提拔為黨內二號人物,取代了比他資格老

的周恩來和朱德。劉少奇所著的最有名的《論共產黨員的修養》一書，對黨員修養的要求，是一種泯滅個人的尊嚴、人格、思想和權利的絕對馴順，一種黨員對組織、追隨者對領袖的工具式愚忠。

1949 年以後，劉少奇在整肅「高饒反黨集團」、「反右」、「彭德懷反黨軍事俱樂部」的運動中，無一不站在極權者毛澤東的一邊，對無辜受害者落井下石。文革之初，遵毛澤東之託處理文革的劉少奇，曾是何等威風：他一聲令下，便由其妻王光美挑頭，從 1966 年 6 月 5 日開始，僅僅半個月，北京所有的文教單位都有工作組進駐，全國各地的行動也同步進行。事實上，一場殘酷迫害青年學生的運動已經開始。如果不是毛澤東對劉少奇設下的陰謀陷阱，而是讓劉少奇的工作組放手處理文革事務，就將是又一次「反右運動」，許多年輕人，特別是大中學生將被宣判政治上的死刑。最終，毛澤東早已策劃的陰謀變成陽謀，全國性的批劉運動迅速展開。為了置劉少奇於死地，毛澤東授意成立了中央級的劉少奇專案組，將早有歷史定論的老眼重新翻出作為倒劉罪證，於是，劉被扣上「大叛徒、大內奸、大工賊」的罪名，在受盡屈辱折磨之後，死於毛澤東的殘酷陰謀之中，屍骨無存。

李斯和劉少奇，二人雖然在時間上相距二千多年，但其政治生涯的軌跡和最終的悲慘命運，卻具有基本相同的性質。李斯輔佐秦始皇建立大一統的獨裁體制，劉少奇幫助毛澤東建立中共極權體制，二人可謂是大功之臣；二人也是在官場上玩陰謀的老手，靠獻媚於極權者和落井下石，而爬上一人之下萬人之上的高位，但最終的結局，同樣慘死於極權者的猜忌和宮廷弄臣的陰謀中。

從秦始皇到毛澤東，從李斯到劉少奇，兩千年來的中國政治，居然沒有絲毫進步。

1998 年 12 月於大連教養院

首發《觀察》

一個公民是否有權利反抗國家？

——獄中讀《認真對待權利》

　　看作者羅奈爾得・德沃金（Ronald Dworkin）為此書中文版所寫的序言，又一次感到西方人的善意、自覺和對西方中心心態的高度警惕。作者在序言中以極為謙遜的口吻，小心翼翼地談到西方政治理論及其基本價值對中國的作用。作者說：「我們不能假設適合於一種文化的所有東西，都適合於或應該適合於所有的文化。縱觀歷史，強行推行外來的思想和價值觀曾經帶來了很多的悲劇，這種悲劇常常是由外部力量對被動的社會推行外來的思想和價值觀造成的。」但是，同樣沒有理由斷然認為人類沒有普遍的正義，不同文化之間無法進行相互的交流和學習。為了彌合東西方文化之間的鴻溝，更為了人的權利得到普遍的保障，主權觀和民族自決原則所針對的，應該僅僅是那種以主人的姿態對另一種文化發佈命令的霸權，而不應該反對來自另一種文化善意的批評和建議，反而應該鼓勵和歡迎。

　　作者說：「思想沒有政治的疆界，它們不因文化的不同而不同；它們沒有發明者，也沒有所有者。它們是真正的『人類共同遺產』。」我認為，人權也沒有疆界，主權不是迫害人權的正當理由，人權才是限制主權行使的正當理由。這是既是善待人性也

是人類情懷，否則的話，非洲的貧困、阿拉伯的難民和中國的大屠殺、科索沃的種族災難……就會與整個人類無關，類似聯合國的國際組織也沒有存在必要。現代社會，如果沒有這種人類情懷和善待人性，就一步也前進不了。

中國人現在的民族主義以反對西方霸權主義為號召，從政權的角度講是維持踐踏人權的獨裁制度的工具；從民族的角度看具有一種色厲內荏的特點，骨子裡的自卑和功利使之為了利益而羨慕西方，偷偷地模仿西方，而面子上的虛榮和自尊則又使之堅決拒絕西方價值。這種盲目的民族主義有著深厚的基礎，我在這裡接觸過的這些近於文盲的社會破壞者，一個個也對西方懷有莫名其妙的抗拒，電視中一旦出現有辱中國人的畫面與語言，他們就會大聲詛咒。而最諷刺的是，他們對不西不中的港臺則無條件地接受。

在政治理論上，自由與平等之間的矛盾在很大程度上是因為沒有分清二種不同的平等：（1）與某些利益分配相聯繫的平等；（2）尊重的平等。後者才是自由主義平等觀的根本原則。在平等觀上，自由主義哲學的深層理論是基於個人的目標的權利。個人為了自己的最大利益，就必須保障個人的權利。最好的政治綱領，是把個人的某些選擇作為基本的權利來保護，而不是把這些選擇從屬於其它的任何目標、任何義務或任何目標與義務的結合。這種權利是自然的或天賦的（神賜的），而不是法律的或習慣的。法律和習俗對個人權利尊重和保護的道義來源就是自然法意義上的「天賦人權」。換言之，法律和道義之間關係的確立，是通過法律來實施憲法權利及其保障，正是對這些個人權利的保障使法律本身變成道德的。法律之所以要確立的權利核心，就是

為了防止任何人，特別是政府和官員將制定和實施用於自私或不正當目標的法律。正如作者所言：「權利給予我們法律『正當』的信心，這樣說的含義是，法律會『正當的』公平對待他人，或使得人們遵守承諾。

與此相關，自由也有兩種含義：一是指作為社會一員的「許可的自由」——在法律的範圍內，個人可以做所欲之事的權利；一是作為獨立個人的自由——人只有作為獨立和平等的實體，而不是作為附屬和等級的實體才是人之為人的根本。獨立性是自由的深層意義，是否尊重人的獨立性，是衡量一個社會是否道德或平等的關鍵。利他行為的道德高尚性並不能作為僭越利己行為的合理性理由。一個捨己救人的道德楷模僅僅止於對社會良心的感召，而不能作為制定要求每個人都必須捨己救人的強制性法律的理由。

但是，在以特定的、壓倒一切的社會目標為根本的政治理論中，以僭越個人權利的群體權力進行資源、權利、利益和義務的分配，以最大限度地促進那個社會目標為目的，並且剝奪個人的權利，譴責任何其它方式的分配。這種社會目標可能是改善普遍的福利，或加強一個國家的權力和權威，或根據某種善的觀念創造一個烏托邦，或者訴諸於民族主義的國家強盛。中國社會的目標曾經就是烏托邦的，現在轉變為民族主義。

一個公民是否有權利違反法律，反抗國家？這一問題在民主制度中是關鍵性的。一個人做事的對錯和是否有權利做或對或錯的事完全不同。一個人無權利做對的事和一個人有權利做錯的事，這才是權利社會的政治道德！

《認真對待權利》所討論的內容遠遠超出我們的關注，如公

163

民是否具有反對政府的道德權利？善良的違法是否能夠在法律上
得到寬容？再如，自由主義的根本原則是對平等的人的平等對
待、關心、尊重。在此意義上，自由與平等之間沒有任何衝突。
自由與平等的衝突是在另一個層次上，即分配平等和個人自由何
者優先之間的衝突。更重要的是，個人權利是最硬的政治道德原
則，政府不能以任何策略性的理由侵害和剝奪人的權利。特別是
對於少數人和異己者的權利，即使百分之九十的人贊成一項社會
福利政策，但這種贊成也不能作為剝奪某人合法收入的理由。一
個罪犯的財產權利也必須給予保護。

1998 年 12 月 5 日

首發《議報》2002 年 1 月 4 日－2002 年 1 月 10 日（23 期）

一九九九年

在刀鋒上行走

——獄中讀《布拉格精神》

　　讀伊凡・克里瑪（Ivan Klíma）的文集《布拉格精神》（崔衛平譯，作家出版社，1998年版），卻感到一陣陣靈魂的寒冷和抽搐。這是一本讓人謙卑、莊重、如在刀鋒上行走的書。

　　克里瑪生於猶太人家庭。1941年克里瑪十歲，弟弟三歲，卻不得不隨同父母被關進泰里茨集中營，一關就是四年，直到蘇軍把納粹趕出捷克。集中營給他幼小的心靈以一種刻骨銘心的極端經驗，因爲，他的所有朋友（男孩和女孩）全都被趕進了毒氣室。他回憶說：「成批地死掉，屍體的搬運貫穿了我的童年，靈車上面高高地堆著那些額外的、尚未油漆的棺木，人們推著和拖著它們，許多人自己也很快在這樣的車子上面告終。每天在大門口，我讀著那些不能再活著看到早晨的長長的人們的名單……從那些凹陷的、灰黃的臉上，一動不動的眼睛經常盯著我看，這些眼睛從來沒有人將它們合上。僵硬的胳臂和腿，裸露的頭皮突出地朝向天空。」

　　克里瑪大學畢業後擔任出版社的編輯，1960年開始發表小說和戲劇。在蘇聯坦克輾碎「布拉格之春」的佔領中，他表現得相當活躍。之後，克里瑪去了美國一所大學做了一年訪問學者。一

年後，他不聽朋友的勸告，執意回到捷克。但在國內等待他的是失去工作。為了生計，他做過短期的救護員、送信員和勘測員助手，在謀生的間隙，他繼續寫作。而這樣遭遇，幾乎是有良知的捷克知識分子在當時的普遍遭遇。在將近二十年時間裡，他的作品與哈維爾、昆德拉等人的作品一樣，在捷克國內是禁品，只能以「地下文學」的形式流傳民間。

捷克首都布拉格，一座品味優雅的著名城市，也是一座悲情城市。在將近三百年的歷史中，它積累了自己的人文底蘊，也輪迴在被佔領和解放之間。其中，最具悲劇性的佔領和解放發生在第二次世界大戰，先是在慕尼黑，英、法兩大國把布拉格拱手送給了希特勒；接著是史達林的紅軍趕走了納粹，解放了捷克。但這種「解放」很快變成另一種奴役，它變成了蘇聯紅色帝國的傀儡。而當捷克人想要自己作主時，蘇聯的坦克再次開進布拉格。

「1955年，共產主義者豎立了一座巨大的史達林紀念碑，七年以後，他們自己又把它推翻了。」

對於克里瑪來說，布拉格的精神是「忍耐和不屈不撓」。因為「對布拉格的精神和面貌最具影響力的不是自由，而是不自由，是生活的奴役，許多恥辱的失敗和野蠻的軍事佔領。世紀之交的布拉格已不再存在，那些記得這個時期的人也不再存在。猶太人被殺害，德國人被流放，許多偉大人物被驅逐後散居在世界各地，小店鋪和咖啡館關閉；這就是布拉格帶給新世紀的遺產。」「布拉格人用『卡夫卡式的』這個詞來形容生活的荒謬，而把自己能夠藐視這種荒謬和以幽默來面對暴力及整個兒是消極的抵抗稱之為『哈謝克式的』。」

儘管，我早就讀過哈謝克（Jaroslav Hašek）的作品，但在談論捷克知識分子時，我的視野中似乎只有卡夫卡和哈維爾（Václav Havel）。感謝克里瑪，向我展示了布拉格悖論，也就是現代捷克知識分子的靈魂悖論，那種根植於卡夫卡式絕望和哈謝克式豁達的悖論。在我看來，這種悖論的深層是反抗獨裁的掙扎，即便是在卡夫卡的絕望感和無力感，和在哈謝克的玩笑和幽默之中，也有不屈的反抗存在。所以，當前蘇聯的坦克開進布拉格之後，才會有堅持活在真實中的哈維爾和愛開玩笑的米蘭昆德拉（Milan Kundera），二者以不同的方式拒絕遺忘。可以說，拒絕遺忘，不僅是捷克知識分子進行創作的內在動力，也是他們進行整體反抗的內在動力。

　　據克里瑪的介紹，在前蘇東極權下的捷克知識分子群體中，不僅出現了哈維爾這樣的道義示範，而且有百分之九十五以上的人為了自由和良知而進行著各種形式的拒絕，只有不到百分之五的人甘願墮落為賣身投靠者。這當然是讓中國知識分子自覺羞愧的表現。我們沒有捷克人那種清醒和堅韌，僅僅十年的時間，六四的傷口便被遺忘，這不光是因為官方的強制，也是民族靈魂的冷漠。知識分子群體不能以言行來洗刷恥辱，既源於外在的政治恐怖，更源於他們生命中洗刷恥辱的衝動已經死亡。

　　這本書的最後一篇是〈刀劍在逼近——卡夫卡靈感的源泉〉。剛拿到這本書，翻開目錄時，最想讀的就是這篇對卡夫卡的評論，因為卡夫卡是我看重的作家。但我還克制住自己，生怕讀完這篇，這本書也就讀完了。等等，再等等，儘量延長一本好書中最好的篇章對精神的誘惑，以及可能帶來的心靈震撼和生命滋養，大概也是一種獄中的精神享受。在中國幾乎停止了思想的時

代，說話和寫作要麼是媚俗幫閒，要麼娛樂消遣；它們只不過
是發出的聲音、印出的文字和拍出的影像而已，全無任何精神意
義。故而，我更應該珍惜罕見的、有意義的聲音與文字。

　　在克里瑪看來，卡夫卡筆下的世界是荒謬的，但他的靈感卻
來自最爲樸實的本能：對個人的捍衛。他說：「當這個世界陷入
戰爭狂熱或革命狂熱的時候，當那些自稱是作家的人受惑於這樣
的幻覺，認爲歷史比人更偉大、革命理想比人類生活更重要的時
候，卡夫卡描繪和捍衛了人類空間中最個人和內部的東西；而當
另外一些人認爲建立地上的人間天堂是理所當然的時候，卡夫卡
表達了這樣的擔憂：人可能會失去他個人的最後憑藉，失去和平
和他自己一張安靜的床。」

　　當舊制度的全面崩潰無聲地降臨時，捷克人不是以興高采
烈的歡呼，而是以心不在焉的玩笑爲它送終。這是哈謝克的遺
產──天鵝絨革命。在暗無天日的時期，生存下去與反抗到底的
姿態相互激盪，不僅需要勇氣、耐心、韌性，更需要一種豁達而
智慧的幽默感。在苦難深淵中微笑的人，需要的恰恰是卡夫卡式
的冷靜與哈謝克式的幽默。

　　克里瑪告訴我，極權制度的崩潰帶給反抗者的，不一定全是
自由的福音，還有突然自由了的失重和無所適從。生活在極權制
度壓抑下的反抗者，儘管他的聲音被封殺，他的身體被囚禁，但
他的靈魂從未空白過，他的筆從未失語過，他的生活從未失去方
向。壓抑是恐怖，也是反抗的動力，正義的光環給壓抑下的生命
賦予內在的充實，不僅可以給反抗者帶來自我成就感，而且也能
爲反抗者帶來道義聲譽。而如果反抗者對獨裁制度的坍塌不做好
充分的心理準備，那麼，一旦這種外在的壓抑消失了，代之以自

由寬容的氣氛，面對失去明確反抗物件的眾聲喧嘩，也面對自由
人追求享樂的新時尚，曾經在極權制度下目標明確的反抗，很可
能變成昆德拉所言的「不能承受之輕」，那種找不到反抗的支撐
點的無所適從，很可能將帶來大腦一片空白，以前的所有儲備似
乎在瞬間統統失效，處於一種迷茫的或找不到方向的失語狀態。
蘇東劇變後的東歐異見人士已經如此了，將來的中國異見人士肯
定更為悽惶。

中國文化從來都是極端世俗化的，沒有為知識人提供過獨立
於官方意識形態的價值支撐，信仰的空白必然導致靈魂的膚淺，
到處都是人格化的神，孔廟、道觀、佛寺裡供奉著數不清的偶
像，帝王大禹是神，智者諸葛亮是神，武夫張飛是神，貞女烈婦
也是神。流傳至今的儒、道和佛三大宗教，也被世俗的功利欲求
所滲透。西方人進教堂，手中一本《聖經》，足矣！他們求的是
自我懺悔和上帝啟示；中國人進廟宇求神拜佛，為的都是極為具
體的功利目標（如求神保佑好收成、多子多孫、發財致富等等），
所以大都要帶上供品，實質上是在賄賂或收買神靈。

現在的大陸，遠不到獨裁坍塌的時候，僅僅是獨裁的殘暴
和壓抑稍有放鬆，個人逐漸有了經濟上和非政治領域的私人空
間，商品化、消費化、享樂化的浪潮也剛剛湧起，文化人們便陷
入普遍失語的狀態中。市場經濟的假象似乎為他們逃離意識形態
的壓抑闢出了一塊更自由、更輕鬆的田園，他們又有了權力之外
的獻媚物件，不但可以媚權且可以媚錢。在他們顧左右而言他的
表達遊戲中，聲音中除了金屬的清脆悅耳外，再沒有令人震撼的
調子；他們的文字中除了追趕時尚的字跡外，再沒有惶恐和謙卑
的任何痕跡，理想主義者面對極權主義時的堅強，卻在後極權商

品化的腐蝕下不堪一擊，自動投降，還美其名曰爲自由化寫作。極權者沒有能夠埋葬的東西，卻被畸形的市場化和大眾娛樂所埋葬。盲目發展經濟和超前消費所製造的物質垃圾，導致了環境污染，大眾文化所製造的精神垃圾則導致靈魂的污染，其增長之迅速遠非高速膨脹的經濟增長所能媲美。

想想吧，如果獨裁的大廈頃刻坍塌，叛逆性的知識分子頭上不再有道義光環，中國還會有所謂的良知知識分子嗎？舞臺突然消失，那束明亮的追光失去了方向和目標，演員失去了角色，臺詞失去了意義，所有反抗都被消解爲沒有物件的虛無。

後極權體制對靈魂的腐蝕遠甚於對肉體的摧殘，道德敗血症的流行是後極權時代的鮮明特徵，對於不信神的民族尤其如此。金庸武俠中，歐陽鋒以密藏劇毒而聞名，那毒藥「黑如漆，濃如墨」，只一滴入大海，成千上萬頭鯊魚頓時斃命。小說中的劇毒是想像，毛澤東極權的劇毒卻是不爭的事實。毛時代，國人對權力和鬥爭的崇拜是赤裸裸的劇毒，不光毒死了幾千萬人的肉體，也毒化了幾億國人的精神，讓中國陷於全民性的愚昧、狂熱、仇恨和個人崇拜之中；鄧時代，國人對金錢的膜拜是裹了糖衣的劇毒，讓國人普遍地屈從於利益收買而出賣尊嚴，活在口是心非、唯利是圖、不擇手段的厚黑之中。正如克里瑪所言：「每個個人，不管他內心如何，都必須仿效官方的樣板。他個性的發展受到限制，人類頭腦和精神的空間變得越來越狹窄。」

這讓我想起愛因斯坦的警告：「……今天我們不得不驚恐地承認，文明社會中人類存在的支柱已經失去了其穩固性。一些曾經優秀的民族屈服於竟敢如此宣稱的暴君：能爲我所用的正義才是正義！爲眞理而尋求眞理已不再是正當的理由，更不會被容

忍。專橫的統治、壓迫，對個人、信仰和公眾的迫害在那些國家裡公然施行，並被當作是正當的和不可避免的加以接受。世界上其它國家已經逐漸習慣於這些道德衰敗的症狀。人們失去了反對非正義和支持正義的基本反應——這種反應歸根結底代表了人類反對墮落至野蠻狀態的唯一保障。」

我還要警告自己，有六四冤魂在天上的注視，有六四難屬在地上的哭泣，有自己在秦城監獄中違心的悔罪，我曾堅守的做人底線，早在寫下悔罪書之時就被自己所踐踏。意識到自己的孤獨、軟弱、自戀，意識到自私的處世方式和僞裝的生存策略，這種內在的恐懼和憂患遠甚於監獄強加給我的恐懼和孤獨；人的有限和人性的弱點太需要敬畏和謙卑，通過自我靈魂的拷問來自我救贖和自我解放。這與其說是面對鐵窗的考驗，不如說是審視自己靈魂荒野的考驗。

在集中營中度過少年時代的克里瑪，經歷過極端的殘忍和苦難，但在他看來，僅僅局限於苦難來看待這個世界或基於反抗壓迫的革命，並不一定能把受難者引向正義和自由。如果只有單一的苦難視角，「我們會被導向致命的錯誤，它們不是把我們引向我們想得到的自由和正義的境地，而是把我們引向相反的方向。對這些人來說，極端的經歷並不打開通向智慧的道路。」而很可能將他們引向歧途：「原先的無權者的權力經常比他們所推翻的前任更加殘暴。」

我現在的坐牢並非什麼英雄主義的壯舉，而只是一種自我懺悔和贖罪的極端方式，牢獄之災並不能給予我高於他人的道義優勢，何況，回顧八九運動以血腥的大悲劇收場，官權的野蠻當然是主要原因，但運動的積極參與者們也難辭其咎，起碼作為倖存

者的風雲人物要負上一份道義責任。在我看來，嚴格的講，八九運動的失敗，不是學生及廣大民眾的失敗，而是黨內開明派和自由知識界的整體失敗。因為，學生和市民已經提供了足以改變歷史進程的民意基礎，他們做的最多、付出的鮮血也最多，而政治精英和知識精英並沒有珍惜和利用這寶貴的民間資源。特別是自由知識界的失敗最為慘重，他們與黨內開明派的聯盟破碎了，與學生們之間的精神紐帶斷裂了，與民眾之間本來就極為脆弱的關係更是蕩然無存。極少數仍然堅持自由主義信念的知識分子，也只能處在自說自話的單打獨鬥之中，根本無法形成像樣的民間壓力。

在獄中的任何反省，首先是針對自己的，而且，不能把自我懺悔變成盧梭式的自我賣弄，或另一種方式的自我推銷。精英情結很容易演化為唯我獨尊的知識狂妄，知識狂妄又將自動墮入道德狂妄的泥潭，而一旦把英雄主義的道德高調用於指導現實的社會變革，就將變成猙獰而暴虐的殺人道德。精英式狂妄一旦轉化為對社會具有支配力的政治權力，也就意味著大災難的降臨。盧梭在其《懺悔錄》的開篇就大聲質問：「誰敢說比這個人強？」當這種道德狂妄的姿態成為法國大革命的偶像時，以抽象自由為根據的絞刑架必然沾滿無辜者的鮮血，自由便走向了它的反面──不寬容的強制性暴力。

克里瑪說：在極權暴力的威逼或世俗利益的誘惑之下，「寫作是一個人可能仍然成為個人的最後場所。許多有創造性的人實際上僅僅因為這個原因成為作家。」

這就是卡夫卡式的寫作。無論如何，我都不能放棄獨立寫作，哪怕只為了給自己看。假如有一天我們無法以寫作維持起碼

的生計，我就去找份體力活幹，以一種最原始也最簡樸的方式養
活自己。

1999 年 2 月 9 日於大連教養院

2006 年 11 月 16 日整理於北京家中

首發《觀察》2006 年 12 月 5 日

1999 年 2 月 9 日

（整理自己在獄中的讀書筆記，首先想到的是那些在獄中連書都
無法讀的良心犯。與他們相比，我的三年牢獄真是「監獄貴族」，
大部分時間用於讀書和寫作。儘管在出獄時被監獄當局扣下了大
部分手稿，但我仍然是幸運的。──作者）

誰能寬恕不可寬恕之罪？
——獄中讀西蒙・威森塔爾《寬恕？！》

　　也許是因為身在高牆之內，讀西蒙・威森塔爾（又譯為西蒙・維森塔爾 Simon Wiesenthal）的《寬恕？！》，心靈被某種說不清的尖利刺痛，也被某種慢性的折磨所煎熬。作者西蒙是猶太倖存者，有八十九個親屬死於希特勒的種族滅絕，他自己也在納粹集中營中度過了最寶貴的青春歲月。但他卻提出了一個讓受害者難以承受的問題：是否應該寬恕那些不可饒恕的罪行？如果應該，誰有資格給予饒恕？

　　西蒙的問題自然讓我想到了六四，我也試著向自己提出問題：八九運動的正義性不容置疑，無辜者的血必將成為中國社會全面轉型的重要道義資源。但是，當八九運動得到公正評價的那一天降臨之時，八四大屠殺的劊子手應該得到怎樣的對待？

　　這既是歷史罪惡及其寬恕的道德問題，也是靈魂之罪能否得到道德拯救的問題，中國人似乎從未思考過。中共政權在執政若干年之後對戰犯的大赦，僅僅是實用的政治行為，而與真正的寬恕和靈魂的悔罪無關。恰恰相反，中共特赦日本戰犯和國民黨戰犯，而對那些本國的「階級敵人」，卻一個也不特赦。同時，中共為了政治需要而犯下一系列的人迫害人的罪惡，其駭人聽聞

實為舉世罕見，罪惡的製造者及參與者至今也沒有真正的懺悔，自然談不上靈魂的寬恕。在此意義上，中國人作為一個民族，在道德上是渺小的、醜陋的。也正因為這種巨大的道德空白，就更有必要瞭解德國人與猶太人之間的衝突，不僅是大屠殺的殘酷事實，而且是由此引申出的靈魂問題。

《寬恕？！》記述了一個臨終前的悔罪，以寬恕來拯救靈魂的故事，發生在被關進集中營的猶太人西蒙和屠殺過猶太人的德國士兵卡爾之間。儘管請求寬恕者劊子手將不久於人世，寬恕與否對他的肉體已經沒有絲毫療救之效，但對於一個臨終之人渴望得到受害者的幫助、以獲得靈魂安寧的請求，受害者難道不應該祈求上帝給予請求者以滿足嗎？拯救一個在墳墓入口處的劊子手的靈魂，對於那些無辜的受害者公正嗎？對於活著的人還有意義嗎？

在講完這個真實的故事之後，是四十四位知名人物對寬恕的討論。主要集中於兩個問題：1、如果一個兇手悔悟了，我們應該寬恕他嗎？2、除了受害者本身之外，其他的人有資格寬恕針對別人犯下的罪行嗎？這兩個問題涉及到正義、同情、憐憫、拯救、良知和責任。

讓一個受害者去憐憫一個迫害者，讓隨時可能被處決的囚犯以寬容的情懷去聆聽劊子手的懺悔，僅僅是為了拯救劊子手的靈魂，使之沒有罪惡感地安然辭世，這是正義嗎？

這種拯救者與懺悔者的關係，可以在道義上給了受害者以珍貴的安慰：擁有正義的人，雖然極可能因實力弱小而備受迫害，但邪惡的力量再強大，也只能得逞於一時，不可能永遠是勝利者，作惡者終將被釘上道義的恥辱柱。

同時，劊子手請求受害者的寬恕，使強弱關係發生改變，劊子手變成乞求者，而受害者變成拯救者，這種發生在集中營中的突然顛倒，的確又是對拯救者的嚴峻考驗，特別是要求猶太倖存者寬恕垂死的納粹，無疑是要求那些無辜死者的亡靈在墳墓中寬恕劊子手，需要具有類似聖者耶穌的襟懷——「寬恕你的敵人」，但耶穌是神子而西蒙是凡人。

有人說，寬恕不是為了有利於寬恕者，而是為了自由。但是，如果死者不能、事實上也無法寬恕，活著的人就更不能，甚至上帝都無法赦免。我依稀的記得在某本記述大屠殺的書的扉頁上，有這樣的引自《聖經》的題詞：「不，要求寬恕，這不可能。我決心報仇，直到墳墓，一個也不寬恕。」這話真的出自《聖經》嗎？

年輕的猶太人西蒙，在接到年輕的納粹士兵卡爾的請求時，處在一種無法抉擇的兩難境況之中，特別是當他面對的是一個犯下不可寬恕罪行的劊子手的真誠悔悟之時，他就更難以作出令自己滿意的抉擇。選擇寬恕和拯救，這對於那些無辜的死者是不公平的。他無權代表那些受害者對劊子手施以寬恕。而選擇拒絕傾聽劊子手的懺悔，又是對人性向善和靈魂自省的拒絕，既根絕了身負罪錯者自願改過的機會，更有違於上帝的寬容律令。

在這種近似於二律背反的倫理窘境之中，西蒙最後選擇了一種折衷的方式：只是沉默地不動聲色地傾聽劊子手的懺悔，絕不用有聲言詞或明確的表情來表示寬恕。只有這樣沉默不動聲色的傾聽，才能使西蒙擺脫倫理悖論：既沒有見死不救，也沒有愧對無辜的亡靈。傾聽使懺悔者的靈魂得到拯救，沉默使傾聽者保持著問心無愧的良知。在結束懺悔之前，卡爾還請求西蒙在戰爭結

束後，去代他看一眼德國的老母，因爲他是獨生子，一直是母親的唯一驕傲。西蒙依然面無表情地沉默，但他把卡爾的臨終託付記在了心裡，並在二戰後踐行了他在沉默中的承諾。

然而，他的沉默和傾聽所帶來的良知與拯救，對那些無辜的亡靈眞的就是公正嗎？他有權利代表一個幾乎被滅絕的民族傾聽劊子手的懺悔（哪怕是極爲眞誠，發自內心深處的），以使罪犯的靈魂得到拯救嗎？冰冷的同情或無情的寬恕，這是西蒙能給予那個悔罪的德國士兵的極限，沉默地傾聽，使劊子手在奄奄一息之際，與他的罪惡以及對罪惡進行懺悔的良心一起沉入黑暗之中，與他的受害者一起去見上帝，在受害者的見證面前，接受神的審判。那一刻，沉默就是無言的正義，無言的判決。

作爲迫害者和劊子手的卡爾找到了最好的傾聽者：不是神父或牧師，而是一位隨時可能死於納粹手中的猶太人。卡爾知道，就自己曾經犯下的罪過而言，如果請某個牧師或神父來傾聽自己的懺悔，即便得到寬容，也是廉價的恩典。或者說，除了正在受難的猶太人西蒙之外，他向任何其他人的懺悔都不會得到眞正的寬恕，因爲除了受害者之外，其他人沒有資格接受他的悔罪並對他表示寬容。

直到懺悔的最後，西蒙才握住了卡爾的手，但仍然沒有言詞。這沉默的一握，是受害者給予迫害者的最好禮物或臨終禱告，握手驅逐了糾纏著卡爾靈魂的罪惡之手，在隨時可能被處決的猶太人與劊子手之間，創造了一種只有上帝才有資格施予的神秘和解或寬恕。

通過傾聽，沉默的傾聽，一個罪惡累累的靈魂安然入土，他的臨終懺悔所留下的眞相，促使西蒙在戰後把見證納粹的罪惡作

為終生的事業：讓世界記住罪惡的歷史，否則正義就會死亡；讓人類拒絕對災難的遺忘，否則真理就會腐爛。從某種意義上講，西蒙的傾聽才使真理與正義得以保存和伸張，才使苦難和罪惡成為人類永遠的記憶。讓人流淚的寬恕和懺悔。能流出來的淚已經不是真正的痛，倒流向心裡的淚才會使人銘記終生。

對於西蒙而言，他太清楚自己選擇的方式，絕不是可以化解倫理上的二律背反的兩全之策，只是在一種極端情景中面對極端倫理考驗時的個人抉擇。西蒙，這個身陷集中營、被納粹奪去八十九個直系親屬的猶太倖存者（注意：是八十九個親人的生命！！！），所講述的就是這樣一個震驚靈魂、挑戰常識倫理的故事。

對於我，寬容對手和寬恕敵人，的確是道德的奢侈品，因為我自身的罪惡已經使我喪失了傾聽他人懺悔、寬恕他人罪惡的權利。同樣，沒有一種來自最高律令的倫理自覺，沒有對超世俗的神聖價值的誠信和嚮往，貧困者、低賤者和受害者基於受歧視、受迫害而提出的要求，並不一定就是正義的同義語，一無所有者也並不是天然就傾向於正義。有時恰恰相反，無產者天然地具有魔鬼的靈魂和破壞力。

西蒙的故事不是文學的象徵，而是活生生的現實啟示，以六百多萬猶太人無辜的生命為代價所換來的啟示。或者，也可以稱之為人類歷史上絕無僅有的永恆啟蒙，它的深度與長度遠遠超過人類歷史上任何一次啟蒙（蘇格拉底自願赴死、基督被釘在十字架上、宗教改革、文藝復興、啟蒙運動、法國大革命、美國獨立戰爭……）。它與歷史上其它啟蒙的最大不同在於：它所啟示的不是人類的理性和信仰之善，而是人類的理性和信仰之惡。這

種理性之惡的規模之大、性質之殘酷，是人類的任何理性善舉所無法平衡的。如果說，工業革命作為理性之善，不可避免地夾雜有惡的附屬物（比如羊吃人的血淚），那麼，種族滅絕就是純粹的惡，沒有一線縫隙的黑暗。它告訴以理性的擁有者為自豪的人類：除了上帝，世界上沒有絕對的善（甚至上帝在大屠殺中也缺席了）；但是，除了撒旦，世界上還有絕對的惡。一項正義事業的完成，需要太多的鮮血；而一樁邪惡之舉的完成，卻曾經幾乎毫無阻力地實施。喜歡華格納、貝多芬和尼采的希特勒，更喜歡在殺人之舉中達到德國藝術的完美境界：用人皮製作的藝術品，其精緻完美可以比擬於華格納的歌劇、貝多芬的交響曲、歌德的詩歌、黑格爾的哲學、尼采的散文……如此理性有計劃的大屠殺，甚至是追求技術性完美的大屠殺。

作為倖存者的西蒙，在戰後兌現了自己對卡爾的承諾，他代替卡爾去看望了這位孤身母親。在失去了唯一兒子的母親面前，西蒙再次以沉默隱瞞了真相。他不忍心用真實罪惡累累的兒子，來粉碎母親心目中清白無辜的虛假兒子——那個在照片上滿頭金髮的少年。從道理上講，西蒙對這位母親的同情，在超越了仇恨和正義的同時，也阻礙著正義的伸張。二戰結束後很長一段時間內，全世界的德國人，特別是在戰時留在國內的納粹軍人的家屬們，大都否認奧斯維辛和達豪等集中營的存在。他們不相信有過種族滅絕，不相信大屠殺，因為他們不相信自己的親人會犯下過這種前所未有的滔天大罪——卡爾的母親怎麼能夠相信滿頭金髮的少年變成集中營裡的劊子手，而且殺害絕非具有反抗能力的對手，而是徒手的平民、婦女、老人和孩子。

這種懷疑和否認構成了納粹的反人類罪被揭露後的道義之

罪，或者稱之為替反人類罪進行辯護的罪後之罪。即便沒有參與
犯罪，但無視罪惡的事實（無論出於何種動機：諸如不相信人性
會如此黑暗），也是一種道德罪惡。人類對罪惡的悔悟與承擔，
不是一、二個人的良知發現，甚至不是一個民族的集體懺悔，而
是整個人類作為每一個個體對罪惡的反省。既然種族滅絕構成反
人類罪，那麼相應的贖罪行為只能是人類性的。由此類推，既然
某些國家對人權的踐踏，構成了對人類正義的挑戰，那麼普世人
權高於一國主權的人類倫理，就應該成為，必須成為未來世紀人
類正義的優先法則，國際社會的其它法律和道義規則都必須建立
在這一優先道義要求之上。

　　對於這段經歷，西蒙稱之為「我生命中那段憂傷的故事」，
但是，任何看完這個故事的人，都會覺得「憂傷」這個詞根本不
足以為這樣的故事定性，因為它給人的，不僅是悲憫，而且是震
撼是醒悟。

　　一個猶太作曲家，在集中營中被迫為納粹的娛樂而創作了一
曲「死亡探戈」，這種創作甚至比直接被投進焚屍爐還可怕。難
道僅僅為了活下去，作為人的屈辱或尊嚴就無足輕重了嗎？

　　這本書中的另一個細節也讓我難忘。講故事的猶太小夥子西
蒙羨慕死去的德國士兵，因為他們每個人的墳頭都有一株向日葵
迎著太陽，有成群的小鳥和蝴蝶圍著向日葵飛翔。而那些猶太人
呢？他們只是沒有墳墓、沒有碑文、沒有姓名的死者，是無名
氏。所以，即便同為地下亡靈，猶太人也有權嫉妒一個有單獨的
墳墓和碑文的死者，有權仇恨那些被種植了向日葵的墳墓，甚至
有權扒開那些被小鳥和蝴蝶環繞的墳墓。死者與向日葵與小鳥與
蝴蝶的默默交流，就是亡靈與世界與親人與所有為其悲傷過，與

至今仍然懷念著的人們的聯繫。

　　而那些被投進焚屍爐的猶太人呢？他們沒有時間向親人告別、沒有時間懺悔甚至沒有任何準備地死去，就被成批成群趕進了焚屍爐，像驅趕走向屠宰場的牲口一樣。在那個時代，猶太人這個稱呼就意味著死亡，早在每個猶太人出生時，就開始做突然死亡的準備了。當一個人意識到必死的命運已經步步逼近時，就會羨慕那些死得從容、體面、無痛苦的人，那些被人懷念的死者。

　　多殘酷！

　　德國人把被處死的猶太人吊在公共場合，一個德國人自作聰明地在每個屍體上繫了小紙條，上面寫著「猶太肉」，旁觀者報以瘋狂的大笑。這是比人吃人更可怕更邪惡的人性。此刻，人與獸的區別僅僅在於：人比獸更狡猾，因而也就更殘忍。人可以用理性和智慧精心設計殘忍暴行的實施，使之具有娛樂的、消遣的功能。理性甚至能夠使人對人的虐待和殺戮像商品生產一樣，技術化、程式化、批量化地大規模進行。這就是尼采所謂的「人性、太人性」吧！

　　像獸一樣的人，肯定比人更仁慈；而像人一樣的獸，絕對比獸更兇殘。

　　死亡，以及血淋淋的廝殺，作為一種公共性的節慶和娛樂而使暴力儀式化，把人的好鬥天性引向對鮮血、死亡和屍體的迷戀甚至讚美，特別是男人力量的最高標誌就是在暴力角鬥中獲勝。這種儀式化在每一個民族中都曾存在過，比如巴里人的鬥雞、西班牙人的鬥牛、古羅馬人的奴隸角鬥；當這種暴力崇拜被執政者納入政治秩序之後，就變成了暴力強權的司法儀式，如法國人的

斷頭臺奇觀、中國人梟首示眾以及遊街……一方面，以對殘忍而邪惡的血祭的公開展示，來達到殺一儆百的效果，製造令人馴順的恐怖秩序和凸顯著王權的威嚴；另一方面，以一種類似廣場群體讚美詩的殺人表演來製造的狂歡氣氛，達到寓教於樂和寓教於懼的統治效力。

「假如納粹德國贏得了這場戰爭，那個悔罪的德國士兵還會有覺悟和勇氣向全世界公開黨衛軍的罪惡嗎？他還會懺悔嗎？人類還會把大屠殺視為最野蠻的暴行嗎？」

這是一個孩子讀過西蒙故事後的提問。這並非一個完全虛構的問題。德國人的懺悔抵消不了其罪惡的九牛一毛。而日本人呢？他們對中國人、對整個亞洲及全世界犯下了幾乎同樣的罪行，但他們到現在仍然不思懺悔。更不公平的是，人類似乎已經忘記了日本的罪惡以及不思悔罪的態度。這比對罪惡的寬恕本身更能說明人類的禽獸不如。

沒有比上帝更可敬畏的存在物，卻有太多比撒旦更邪惡的存在物，那就是人。上帝會寬恕犯下任何罪惡的凡人，但當罪惡正在發生時，上帝為什麼不去拯救無辜的被殺者，一個也沒有拯救過！為什麼在某些時代，只有神職人員才有權傾聽懺悔和給予寬恕？劊子手的罪是對普通人犯下的，而制度或信仰卻只允許犯罪者到拉比或牧師那裡請求寬恕；而事實上，拉比或牧師無權代替普通受害者去寬恕罪犯。寬恕的基本道義要求應該是對等原則：只有受害者有資格寬恕正在懺悔的迫害者。

在大屠殺中，上帝怎麼可能缺席？怎麼可能把主宰生命的權力交給劊子手？！作為一個最虔誠的宗教民族的一員，西蒙發出如此絕望的置疑。這類質問在世俗的意義上具有充分的正義性，

所以，兩次世界大戰動搖了許多西方人的信仰。然而，對於具有宗教傳統的民族而言，除了這種世俗化的追問之外，始終存在著另一個維度的追問，所以，西蒙沒有因此而放棄自己的信仰。

如果從宗教或超越性的神聖價值的角度看，自省和懺悔的靈魂力量，正是上帝引人向善的力量。寬恕只是針對不可寬恕之罪行才有意義，可寬恕的行為便談不上寬恕。換言之，只有對不可寬恕者的寬恕，才是來自上帝的神性——耶穌式的、激進的、無條件的愛、憐憫和寬容，包括愛敵人、寬恕劊子手，這才是人之所以為人的似神性所在。而其他的一切愛和寬恕都是世俗的利益交換，以懺悔、請求原諒來交換受害者對迫害者的寬恕。

正如人的自由和尊嚴，有著遠比世俗的統治權力、民族國家或生活福祉更神聖的來源——上帝或神。人是上帝的造物，而主權國家或統治權力乃是世俗人類的造物。這種神聖價值不僅高於統治權力、主權國家或民族利益，甚至在極端的考驗面前高於人之生命本身。當人作為神的造物所具有的神聖價值——自由與尊嚴——受到強制奴役的威脅時，反抗國家權力以及任何其他勢力，對這種價值的貶損，就具有充分的正義性和合法性；為捍衛這種價值而放棄世俗福祉甚至生命本身，就使人具有了神性。

這就是耶穌殉難的神聖價值，唯其如此，十字架才具有了永恆的象徵意義。

1999 年 2 月 18 日於大連市勞動教養院

2001 年 7 月整理於北京家中

首發《觀察》

恐怖對人性的摧殘

——獄中讀《1957 年的夏季》

讀朱正所著《1957 年的夏季》，其惶恐讓人有點無所適從。感觸最深的不是反右鬥爭的殘酷與陰險，也不是毛澤東的霸道和流氓，因爲這些我早已耳熟能詳，而是中國知識分子在災難面前的進退失據，特別是那些有地位、有威嚴的社會名流們，在毛澤東突然變臉之後的自相殘殺和尊嚴掃地。毛澤東實施的恐怖政治固然是最邪惡的外在原因，但是，知識人本身的懦弱和喪失起碼的做人底線，則是主要的內在原因。

在毛澤東號召大鳴大放時，知識人團結一致地宣洩不滿，而壓力一來，便紛紛反戈一擊，矛頭所向不再是執政黨，而是自己的同類。受迫害者不僅被全社會當作敵人口誅筆伐，而且他們之間也進行瘋狂的相互攻擊，落井下石成爲社會名流之間的慣用手法，有太多的所謂「罪證」都是幾個人，甚至兩個人之間的私人談話，被其中某人揭發出來，就成了罪證，很多右派的帽子是知識人扣在知識人頭上的。這些落井下石的自相殘殺，儘管大都出於被迫無奈，出於自保的本能，但造成的迫害在結果上卻是一樣的。

歷史不能假設，但我還是忍不住自問：如果沒有這樣的相互

揭發、背後告密和打小報告，沒有藉誣陷他人來洗刷自己，沒有藉批判他人來證明自己的革命和效忠，肯定不會有那麼多人在一夜之間都變成敵人，中國知識分子的命運也許就會有另一番景觀。而且，鳴放時期的言論涉及現實的深度與廣度，遠遠超過七〇年代末改革開放的思想解放時期，右派平反時為什麼沒有出版一本右派言論集。批判、檢討和表態是中國千年帝制文化最醜陋的組成部分之一，這種被迫自閹靈魂的醜陋文化，在中共執政後發展到極致：在全黨共誅之，全民共討之的強大壓力下，頻繁的整人運動伴隨著人人過關的表態。在恐懼、欺騙和收買的三重作用下，幸運者可以通過檢討和表態而過關，但是有太多人的檢討卻成為其罪證的自供，再掏心、再自殘的表態也救不了自己，而只能造成精神殘廢。清代的康熙皇帝，在製造錢名世的《名教罪人》的文字獄時，曾經動員了 385 名官員表態，聲討同類錢名世。他們的內心並不認為錢的詩文多麼大逆不道，卻必須表態以示對康熙的忠誠，而皇帝對官員們表忠心的承認，又是進行當下自保和未來高升的最佳手段。但是，康熙搞一個文字獄，只動員了區區 385 人加入大批判的行列，那些官員們的批判和表態，也多少還顧及一點點士大夫的顏面，寫得並不那麼露骨。與中共執政後最小規模的文字獄相比，與當代名流們的刻毒囂張和肆無忌憚相比，已經不是小巫見大巫的差別了，而實在是九牛一毛的懸殊。

全民動員的大批判，必然伴隨著大檢討和大表態，從四〇年代的延安整風到世紀末的鎮壓法輪功，中共統治下的中國人，就是在由獨裁者發動一次次大批判、大檢討、大表態中度過的。發動者從來就是有陰謀、有組織、有計劃的，而被整肅者往往在毫

無準備的情況下就成為眾矢之的，一下子就亂了方寸，免不了窘
態百出，反右時期的社會名流們就是如此。本來是毛澤東號召百
家爭鳴，突然就變成毛澤東發動反擊右派分子對黨的猖狂進攻，
以至於反右鬥爭已經開始，一些知識分子還沒有反應過來，仍然
處在鳴放狀態中，仍然繼續提意見幫助黨整風，揭露官僚主義的
弊端。而等到他們看清了局勢，一切皆為時已晚，他們在鳴放中
的言論，已經為自己準備了充足的罪證。陷於這樣陰謀之中的
人們，怎麼可能不完全亂了方寸。而能夠在這樣的陰謀中一絲不
亂、堅定不移的人，方為人世罕見之俊傑，甚至比在戰爭中陷於
敵人埋伏而能保持鎮靜自若的指揮官更傑出。

　　我熟悉年輕的林昭在反右中的寧死不屈，當時，她只是一個
不知名的北大女學生；我也知道馬寅初的拒絕檢討，他當時是北
大校長、社會名流。不知名的學生和知名的校長的不同身分，卻
由於各自的拒絕檢討而在做人上回歸於同一種高貴：堅守人的尊
嚴和捍衛真理的勇氣。我想，肯定還會有不知名的平民在當時堅
持過，但是歷史的不公正使他們至今仍然默默無聞，如 1957 年
的西南農業學院有四個學生，皆為農家子弟，深知農民的悲慘處
境，他們用「真理塔」的筆名，寫出了《請黨中央毛主席重新估
計農民的革命性》，為農民的苦難大聲疾呼。而現在，又有幾個
人知道他們的名字！他們是為真理而殉難的名單上的失蹤者！

　　在極端恐怖和全民動員的年代，林昭式的剛烈、清醒和風骨
類似生命的奇蹟。無論是那時還是今天，要求出現很多個林昭和
馬寅初，固然既不現實又有強人所難之嫌，但是，即便不能像她
那樣公開反抗，做到起碼不誣陷他人，也不算是對人性的太高要
求。在這本關於反右的書中，我看到唯一一位堅持自己觀點，在

聲討、批判面前不肯低頭的，僅章乃器一人。

還有一些人在反右時是打擊他人的積極分子，八○年代卻一變而成為開明人士、民主人士和持不同政見者（比如千家駒這樣有影響的經濟學家，阮銘這樣後來成為高級幕僚的政客，再後來又變成了流亡海外的異己分子），當時他們對右派的揭發與批判，其語言之惡毒和態度之激烈，讀之令人髮指。他們後來的轉變與反思毛澤東時代息息相關，無論對他們本人還是對中國知識分子，當然都是好事。但願這種反思不是只針對宏觀的大歷史，也有對微觀的個人歷史的反省。如果只有前者而無後者，這種反思就是不徹底甚至就是不誠實的。

再比如像大右派的代表章伯鈞與羅隆基，民國時代兩個人之間就有個人恩怨，在鳴放中卻走到了一起，而一旦他倆被置於受批判的境地，非但不能在共同的受難中化解恩怨、相互扶持，反而開始相互攻訐，並以兩人長期的個人恩怨為理由，洗脫反黨集團的罪名。毛澤東的邪惡已經讓這些社會名流尊嚴掃地，把他們逼到了最陰暗的人性角落，讓他們用最齷齪的手段相互陷害。這讓我想起批胡風時的情景，幾乎所有著名知識分子全部發言，包括那些在後人的印象中較有良知的名流，如巴金、趙丹、夏衍、曹禺、侯外廬、郭小川等等……而今天仍然被尊稱為「敬愛的總理」周恩來，幾乎參加了毛澤東發動的每一次對其同志的整肅，從高崗到彭德懷再到劉少奇。因為毛澤東這個絕對的獨裁者給別人指出的只有非此即彼的選擇：要麼做我的廷杖手打別人，要麼做我的敵人被別人廷杖。

想想看，假如所有鳴放過的人都堅持自己的觀點，或者有捷克知識分子的那種團結——只有百分之五的人公開向獨裁者效

忠，反右能進行下去嗎？再假如，即便公開會議上的鳴放是逃不脫的「罪證」，那麼私下的朋友聊天不被大量向組織揭露，起碼可以縮小迫害的範圍和減輕災難的程度。

這本書讓人們看到一幅荒謬而可怕的畫面：毛澤東煽風點火之後，就可以悠然地作壁上觀了，看著被他控制的名流們進行狗咬狗的自相廝殺。有一些堅決擁護共產黨的左派知識分子，在鳴放時的言論平淡無奇，而反右時批判別人的言論卻尖銳激烈，但是最後也難逃右派這頂帽子，像費孝通、黃藥眠、陶大鏞等人皆如此。我大學畢業時報考北京師範大學中文系文藝學的研究生，看重的就是導師黃藥眠的六大右派教授之一的身分，沒想到他這個大右派一向是極左的，他當上一級教授的資本，只有兩篇文章，一篇是批判胡風的，題目叫「約瑟夫的外套」，另一篇是批朱光潛的，叫「食利者的美學」。他在反右開始時也非常積極且兇狠，比如他批判章伯鈞是不學無術的「流氓知識分子。」

不過，八〇年代我曾是他的研究生，在反自由化運動中，黃先生頂著教委的壓力保護過我。另一位在當時也保護過我的童慶炳老師，在六四過後受到了我很深的牽連，童老師不僅被撤了北師大研究生院院長的職務，原定高升到國家教委的機會也被取消，而且博導資格也拖了幾年才得到。整他的人皆是教研室中業務水準最差的一群，還有教委和學校領導層中想繼續向上爬的人。

改革開放後，民主黨派中能夠坐高位的，大都是在反右中的積極分子，即便當時被冤屈打成右派，其立場也一直是官方的，如王光英、孫起孟、費孝通等，所以中共一旦需要社會名流出來裝潢門面時，他們肯定具有被視為「諍友」的優先權。回頭看歷

史更清楚了，苦難和荒謬的出現，恰恰是知識界與執政黨的共謀。

上海復旦大學有個教授叫孫大雨，在五○年代初肅反時受到了冤屈，56 年一開始鳴放，他居然向上級提出如此苛刻的要求：不僅要爲他平反並給予補償，而且凡是打擊過他的人都應該作爲反革命分子下大獄。他多次向黨組織提出反革命分子的名單，累計達六十多人。可想而知，孫大雨爲此付出了遠比肅反挨整更沉重的代價，被他控告爲反革命的六十多人中，有十六個人聯名向法院和檢察院起訴孫大雨，指控他從「解放以來，處心積慮，多次捏造事實，一再肆意誣指、公開控訴他人爲反革命，陷害成罪。」結果，1958 年 6 月 2 日他被判六年徒刑，再沒有機會爲自己的蒙冤挨整而復仇了。

孫大雨的命運固然令人同情，但是，如果像孫大雨這樣的人真的在平反後掌權，就會是凡有個人恩怨者一個也不放過。平反了一個人的冤獄，卻同時製造了幾十人的新冤獄，其後果不堪設想。更有諷刺性的是，孫大雨居然還是一位莎士比亞專家，翻譯過許多名著，講的也是英美文學。難道西方的經典對他的觀念及人格就毫無影響嗎？被迫害者成爲迫害狂，形成迫害的惡性循環，這也是中共發動政治運動的不變特色之一。但願有一天「六四」得到公正的評價之時，不會重蹈歷史的覆轍。

現在流亡美國的阮銘，在 1957 年時，正值仕途的如日中天，他年紀輕輕的就是團中央候補委員、清華大學團委書記，他發表於《人民日報》的批判錢偉長的文章，指控錢的罪名之一居然是「宣揚個人主義和自由主義」。他號召人們提高警惕，防止右派們對青年一代的思想腐蝕，絕不允許右派們把無產階級事業的接班人變成「資產階級的金童玉女！」由於阮銘的積極態度，

他在反右的早期還受到了右派分子的反擊，他們貼出大字報，要求撤銷阮銘的團委書記職務。眞不知道他現在對自己當年的作爲是否有所反省。

　　文革後期，曾有一首順口溜在民間悄悄流傳，準確地概括了中共執政後的整人史：「挖不完的敵人，清不完的隊；做不完的檢討，請不完的罪。」而對整人文化的覺悟，被夏衍後來的一首打油詩絕妙地概括出來：「聞道人需整，如今盡整人。試看整人者，人亦整其人。」

　　對人性的摧殘莫過於恐怖統治，反右時知識界的普遍懦弱，與「六・四」後知識界的大逃亡，是同一種恐怖統治造就的同一種人格。這些人（包括民主牆時期的老資格持不同政見者）之間在自由之後的相互攻訐，也與反右的批判會相似。無怪乎我的妻子對中國的持不同政見運動，對我的政治選擇持懷疑態度，對我們未來的前途缺少信心。她的灰色情緒我也會有，但我不會由此懷疑我們之間的愛，不會把對現實的絕望加於我與她之間的愛之上。

　　讀到反右中那些被打成右派的人在大會上做檢討，自我虐待，自己往自己的心中扎刀子，我眞是無以言對，也沒有任何事後明白的優越感，反而對他們有一種同情的理解。因爲我想起89年自己在秦城的內心經歷：最後的悔罪。如果說，在57年那種大環境之下，那些右派的自我作賤還可以理解和可以原諒的話，那麼我在90年的懺罪就是不可自我原諒和自我赦免之罪。它是我生命中永遠的恥辱，永恆的罪責，縱令我以全部生命去洗刷，也無法乾淨了。雖然我的妻子從未問起過這件事，也未對此事有過任何表示，但我似乎看到了我的悔罪在她心中留下的陰影。她

從不提及此事，也許是深恐傷我，因為這是我一生中最下賤的行為，那傷口永遠不會癒合，永遠新鮮，稍一碰就會血光四濺。她怎麼可能去觸碰呢？

雖然現在我身陷囹圄，但是每每想及此，都自覺無地自容。我有什麼理由去譴責57年反右中知識分子的整體表現呢？更沒有理由對別人提出過多的要求。如果說我的其它弱點都是可容忍、可原諒甚至是可接受的，那麼悔罪這件事所標示出的人格缺陷，則是無法容忍、無法原諒、無法接受的。有一次背叛就可能有無數次，正如為了圓第一個謊言就要撒無數的謊一樣。

特別是在妻子面前，像她這樣正義感極強，對做人的原則及徹底性極為敏感的女人，真的能夠忍受我的悔罪嗎？她如果接受了、寬容了這種卑鄙的背叛行為，她就等於是同謀，與恥辱共舞。

為什麼這麼久了，到今天我才意識到這個問題對妻子的可能影響？這說明我對此的恐怖之深，不但別人，就連自己對自己也不願重提。但是，它在那兒，已經是銘刻在生命中抹不去的恥辱。要說做人的失敗，這才是致命的。秦城之後的兩次被捕，雖然可以在一定程度上緩解我的罪惡感和自責，然而，即便我坐一輩子牢，也洗刷不掉這恥辱，它將永遠跟著我，直到有一天刻在墓碑上（假如有墓碑的話）。這件事對妻子一定有潛在的影響，她也許還未明確意識到，但在她一個人與夜晚相伴時，肯定無數次地想過我這個人，想過嫁給我以後的生活，她怎麼能對我如此卑劣的行為無動於衷呢？如果她因此做過什麼傷害我的事，我沒有任何理由責怪她，即便為了這件事（雖然已經過去了十年）而離開我，我也無話可說，因為這種恥辱對一個人的尊嚴是毀滅性

的。

　　嚴格地講，自己為自己烙下這恥辱之後，就再無法過真正意義上有尊嚴的、問心無愧的生活了。（1999 年 3 月 14 日）

偉大的教皇革命

　　基督教信仰及其教會在古羅馬的普及和日漸擴張，對西方社會而言，不僅提供了精神領域的終極信仰，而且改變了西方社會的整體結構。神權的確立及其教會財產的合法化，在使羅馬人的宗教信仰由多神教變成一神教的同時，也使古羅馬的社會結構逐漸由一元化變成二元化，古希臘遺留下來的一元社會結構也隨之退出歷史舞臺。神權與王權、教會與政府、僧侶與俗人、宗教法與世俗法……的並存，構成了古羅馬社會結構的二元化：一方面是政教分離、僧俗並存的社會結構，另一方面是自上而下的封建和自下而上的自治的制度並存。正是在兩種不相上下的社會力量及其制度的相互對抗中，達到一種相互制約的社會均衡。

　　如上所述，基督教被君士坦丁大帝（Flavius Valerius Aurelius Constantinus）確立為宗教的正統之後，造就了羅馬民眾的雙重身分——信徒和臣民，也造成兩種權威、兩套法律、兩種責任之間的衝突：作為信徒對上帝的責任、對教會權威及其法律的服從與作為臣民對國家的責任、對國王權威及其法律的服從之間的衝突，落實到現實中的權力及其義務的分配上，既是教權與王權之間的衝突，也是信徒與臣民的雙重身分之間的衝突。雙重身分的衝突存在於包括王公貴族在內的所有基督徒身上，當然，最受這

一身分衝突煎熬的個人肯定是國王。作為國王，他要維護和擴張
自己的世俗權力，而作為基督徒，他對國家的統治，如果得不到
教廷的認可，幾乎就是不可能。所以，他在登基時不得不接受教
廷權威的加冕，也就不得不傾聽教廷的建議和指導，有時還要容
忍教廷對國家事務的強制干預。

一、教徒良知高於國王命令

（一）高於王權之城的上帝之城

信仰至上的效忠原則和基督教普世主義的合而為一，實際
地推動著現實中的政教分離。在西元五世紀的聖·奧古斯丁神學
中，前者被表述為「基督徒的良知權利」，後者被表述為「天上
之城」高於「地上之城」。

聖·奧古斯丁的神學建立在沉思世俗國家與教會帝國之間的
關係之上。他視基督教為「天啓的信仰」，寫出基督教的《上帝
之城》來凸顯塵世王國的敗壞，正如柏拉圖鑒於雅典城邦的衰敗
而設計出「理想國」一樣。奧古斯丁貶低世俗國家的思想，直接
繼承了柏拉圖對地上城邦的蔑視。他筆下的上帝之城，也與柏拉
圖的「烏托邦」一脈相承，是照出塵世王國的衰敗的上天之鏡。
在奧古斯丁看來，塵世國家只是畸形人類為了對付人性邪惡所帶
來的畸形後果，如果不是亞當和夏娃的墮落，國家就完全是多餘
之物。所以，人類如果意欲立足於不朽，就只有進入天上之城。
而在地上之城中，人類除了忍受惡法秩序之外，再無其他途徑能
夠限制人性惡的極端膨脹。

在這種對立中，既有來自古希臘的形而上學與反形而上學之
間的對立，又有當時的教皇與國王、僧侶與俗人的對立。也就是

說，在基督教時代的魔鬼與上帝、地獄與天堂之間的對立中，也能看到古希臘時代的柏拉圖哲學中的二元對立——肉與靈、人世與天國。讀聖・奧古斯丁的《上帝之城》，會讓熟悉古希臘哲學的人，首先想到柏拉圖關於「理想國」與「次等城邦」的區分，即超驗理念所規劃的天上秩序與經驗現實中實際運行的人間秩序之間，始終存在著「原型」與「模仿」之間的差別及其對立。也許，在人類的始祖亞當夏娃偷吃禁果之前，不存在這種對立，但是二人卻偏偏在蛇的引誘下偷吃了，從此，人類的墮落與原罪便作為遺傳留給了世世代代，從此也就出現了二個城——地上之城與天上之城。地上之城就是苦難、罪惡的別名，而天上之城是幸福、至善的別名。

為了證實二者之間的根本對立，《上帝之城》以大量篇幅敘述了塵世的苦難和罪惡，從羅馬遭劫到特洛伊受掠，從處女被強姦到占星術的邪惡。而且，書中有好幾章專門講述羅馬帝國的罪惡：羅馬人的原罪始於強姦薩賓族的婦女，證明了這個民族的十惡不赦；羅馬帝國的原罪始於其創始人羅慕路斯（Romulus）弒兄的血腥，註定了人世王國的敗落。這種深重的罪惡，不是人的一時糊塗，而是人類的原罪，它為人類帶來了永恆的懲罰、永恆的死。

在奧古斯丁的神學中，這種天上之城與地上之城的差別，不是相對的而是絕對的，不是權宜的而是永恆的，不是數量上而是本質性的：再優秀的國王也是人，不可能與上帝平起平坐，也不可能實施完美的統治，好帝王和壞帝王皆是劊子手。因為，上帝之城由天使建立，而地上之城受撒旦統治；天國的統治原則源於上帝的法律，是超驗的「正義治國」，而塵世的統治原則源於人

的塵世欲望，是功利的「幸福治國」。塵世統治的王國與上帝統治的天國相比，即便是最好的君王治理下的最好的王國，也是最差的統治；再好的塵世正義，也不過是「盜亦有道」。或者說，在上帝之國的對比下，塵世間的最好王國和最壞王國之間，事實上沒有任何差別。壞王國是禮崩樂壞、天下大亂，好王國不過是保持罪惡人世的穩定秩序而已。二者的罪惡，只有數量上的差別，而沒有本質上的不同。如興盛一時的羅馬帝國，起源於血泊而終結於衰亡。基督徒與異教徒的區別在於：基督徒知道帝王們是上帝實現其神聖意志的塵世工具，而異教徒則愚昧地把帝王當作人世救主。

只有上帝知道何人得救，何人下地獄，上帝之城是個選民的社會，即能夠進入該城的人都是被上帝選中的。上帝把一切都安排得井井有條，凡被上帝祝福的一切在這裡都是永恆的。同樣，凡被上帝詛咒的一切都是罪惡的，只能墮入人間之城——跟隨魔鬼撒旦的人，必下地獄。他認為：在我們現世的鬥爭中，不是痛苦取得勝利，然後由死亡來驅盡它的感覺，就是天性取得勝利，並由這勝利來驅盡痛苦。在人世間，痛苦將永遠作難，天性將永遠受苦，二者都將忍受持續的懲罰。地上之城是上帝建立的國家，並不能從根本上消除苦難和罪惡，而僅僅是為了使痛苦可以忍受。從哲學上看，奧古斯丁很有赫拉克利特的精神，他把這種天堂與地獄的二元對立做宇宙論的解釋，即宇宙的對稱在本質上包含著矛盾雙方的相互鬥爭，人類社會必然形成地上與天上之爭，《上帝之城》就是這種哲學思想的體現。

正是在此意義上，奧古斯丁才是深刻的。二元對立的人生及社會法則，儘管充滿了罪惡、悲劇的緊張，但他不是要放棄人

生，而只是想呈現人生眞相，進而使人從對上帝的信仰中汲取勇氣，在正視眞相和靈魂淨化之中，使有罪之人得以不斷地接近上帝救贖的標準。除了人的世界之外，其他生物界的生存法則無論多麼殘酷，也談不上倫理法則，自然就不會有「罪感」。人與其他動物的最大區別就是人有靈魂，因而有行爲的倫理法則。唯有屬靈之生物才會有敬畏和謙卑，也才會有罪感和懺悔的欲望。如果說，孟子的箴言「人皆有惻隱之心」，是從正面界定了人具有的行善本能，那麼，巴斯卡（又譯爲帕斯卡，Blaise Pascal）的箴言「離開了上帝，人的墮落便毫無意義」，就是從反面凸顯了人具有的贖罪意識。在西方，人類心中的最高倫理尺度是上帝，上帝的俯視爲人世秩序和人的行爲提供最高標準。正因爲在上帝面前我們皆是罪人，所以就必須通過懺悔和行善來贖罪。這一上帝法則，不僅對所有人皆有效，而且對所有人皆一視同仁，無分貴與賤、富與貧、健康與疾病、權勢者與無權者。

既然在現世的人永遠是罪惡的，既然罪惡終將導向死亡（不止是肉體意義上的消失），那人類還有救嗎？奧古斯丁回答說：有救，復活就是拯救。復活有兩種形式，一種是死後的靈魂復活，一種是在接受最後審判時的肉體復活。對靈魂的復活他沒作過多的論述，而對最後審判和肉體復活則給了不少篇幅。有人認爲，上帝之所以給人類定罪，是因爲人類不信眞理而聽信謊言，奧古斯丁不同意這種說法。他認爲，正因爲人類被定了罪，所以人才受騙、才迷惑，是上帝的秘密而公正的裁判使他們受騙。肉體在最後審判時的復活，並不能使人的肉體完全解脫，被定罪者的肉體將永無止境地受到烈火的焚燒，但它並不因此而消亡。焚燒不是毀滅而是淨化，這就是所謂的「煉獄」，即通過地獄之火

的冶煉而達到生命的淨化和昇華。最後，《上帝之城》在敘述奧古斯丁見到的上帝形象和上帝之城的永恆光明中結束。

（二）基督徒良知：高於王權忠誠的信仰至上

自從羅馬進入了基督教時代，作為基督徒的個人就具有雙重身分，既是教徒又是臣民，相應於塵世王國與宗教教會之間的緊張，臣民責任與教徒責任之間也存在著緊張。奧古斯丁認為：既然上帝之國高於國王之國，那麼教徒身分也就高於臣民身分，對上帝的虔敬和服從是絕對的、優先的，而對帝王的效忠和服從則是相對的、次要的。儘管，奧古斯丁是世俗秩序的維護者，但他並不是所有秩序的絕對維護者，而是有選擇地服從好秩序而反抗壞秩序，他認為「不公道的秩序和法律就不配得到服從。」特別是當天國秩序與王國秩序之間發生衝突時，凡人服從上帝和塵世服從天國，猶如肉體服從靈魂。所以，作為教徒的個人只能選擇站在上帝的天國秩序一邊來反抗君主的國家秩序。

同時，作為基督徒的人性也具有雙重性：人既是理性的存在，也是意志及其激情的存在。意志及其激情指向對上帝的信仰，信仰是無條件的。理性指向對上帝的認識及其證明，是構成真正的信仰而不是盲目的迷信的前提。奧古斯丁認為，只認識和證明上帝而不相信上帝的信徒是不存在的，只相信而不認識上帝的真理的信徒也是不存在的。唯有意志及其情感上的相信，才會使教徒產生去認識信仰的動力；唯有理性對信仰的認識，才能使教徒的信仰避免盲目迷信。理性與意志及其激情缺一不可，二者之間的相互平衡，才是構成教徒良知的人性前提。基督徒對信仰的捍衛，不僅要有意志上的決斷和情感上的沉浸，還要有知識上的雄辯。但在信仰與知識之間的排序關係上，奧古斯丁更傾向於

「意志高於理性」、「信仰高於知識」、「啓示高於眞理」。

奧古斯丁還相信，在理性和意志及激情的雙重性之外，作爲具有道德感的動物，上帝又賦予了每個人以善惡雙重性：向善的天性和作惡的本能。向善者是那些自知「原罪」的人，也就是上帝的信徒；而作惡者是那些道德上的蒙昧主義者，不知道人的「原罪」而陷於更深的罪惡——狂妄——之中，也就是撒旦的追隨者。然而，上帝的目光卻具有直逼每個人靈魂的穿透力，在上帝的注視下，沒有不作噩夢的作惡者，也沒有不獲得靈魂安頓的向善者；上帝通過信徒的甘願受難而表現絕對的寬容，直到這寬容讓作惡者自覺羞愧。所以，向善者對苦難的承受是對作惡者靈魂的最大考驗，考驗其靈魂是否還有獲救的可能和希望，也就是能否被逼出道德上的恐懼和內疚；作惡者爲惡的肆意也是對向善者的良知的最大考驗，考驗其良知能否在任何險境中堅守信仰而不背叛。

在天國秩序與王國秩序之間，教徒的良知反抗所遵循的原則：

1，堅守對天國秩序的信仰是教徒的良知，服從王國秩序是臣民的責任，但是，當王國的要求與教徒良知發生衝突之時，即，當塵世國家要求教徒違背上帝意志之時，教徒唯一的選擇便是不服從，寧可違反塵世法律，甚至被宣判爲死刑，也絕不放棄信仰。

2，反抗的非暴力原則。基督徒的良知反抗，不是武裝暴動，而是消極抵抗，也就是以基督徒的謙卑情懷，在堅守對上帝的效忠的同時，寧願接受法律的審判和懲罰，甚至不向上帝提出懲罰劊子手的要求。

3，反抗的持久堅韌和始終如一。基督徒甘願承受苦難的良知，通過殉難的持續累積（接力式反抗）和極端形式（被釘十字架），將對施害者的靈魂構成巨大壓力。作惡者施暴的強度與受難者抗暴的韌性成正比，作惡者越殘酷越瘋狂，為善者就越堅定越平靜；而為善者越堅定越平靜，作惡者越恐懼越不安，直到作惡者的夜晚被下地獄的噩夢充滿。正如馬丁‧路德‧金恩後來所言：「我們將以自己忍受苦難的能力，來較量你們製造苦難的能力。我們將用我們靈魂的力量，來抵禦你們物質的暴力。我們不會對你們訴諸仇恨，但是我們也不會屈服於你們不公正的法律。你們可以繼續幹你們想對我們幹的暴行，然而我們仍然愛你們。……不久以後，我們忍受苦難的能力就會耗盡你們的仇恨。在我們獲取自由的時候，我們將喚醒你們的良知，把你們贏過來。」

堅信非暴力反抗的正義和力量，就是堅信上帝所啟示的「天道和良心」，相信有上帝的世界必有普世正義的存在，相信歷史的發展必然以普世正義為道德方向，相信普世正義對人的靈魂的感召具有無往而不勝的精神力量。既對上帝所昭示的普世正義懷有樂觀的堅定信心，也對撒旦所代表的邪惡勢力具有足夠的清醒。在這種來自信仰的精神力量的面前，任何物質性的威逼利誘都終將失效，並現出渺小、鄙俗和怯懦的原型。與其對施暴者發出怒吼，不如給他們輕蔑的一瞥；與其對著惡貫滿盈的現實徒然悲歎，不如樂觀地向邪惡說「不」！

樂觀不是糖衣，悲觀不是放棄。

二、教皇格列高利七世的宗教革命

由於「上帝的歸上帝，凱撒的歸凱撒」的宗教觀念的普及，兩種權威、法律、責任之間的衝突日益激烈，王權與神權之間的界線也隨之變得日益清晰。基督徒大都承認：國家政權是處理世俗事務的權威，教會是處理屬靈事務的權威。然而，分權的觀念並不意味著分權的現實，觀念要落實到現實層面，還必須經過長時間的權力博弈。因為，在權力的現實擁有及其行使上，任何權力都本能地趨向於壟斷和無限擴張，神權與王權當然也不例外。在古羅馬，二者為擴張各自的權力而進行了長期的爭鬥，時而神權佔優，時而王權佔優，惡鬥與妥協並存，也時有二者的狼狽為奸，比如，在對外擴張和鎮壓異己等方面，二者往往相互支持。因為這類問題直接涉及到自身權力的擴張，二者的共同利益必然大於其分歧。特別是在對外擴張上，刀劍和信仰常常相互支持，基督教的東擴與殖民主義的侵略同步進行。很難想像，沒有世俗王權的鼎力支持，基督教僅憑自身的信仰號召力就能發動十字軍東征。

教權與王權之爭，終於在十一世紀有了制度化的政教分離的結果，促成這個決定性轉變的偉大人物，首先要歸功於教皇格列高利七世（又譯為額我略七世，Gregory VII），他在 1075 年發動了西方歷史上第一次著名的教皇革命。儘管他的初衷僅僅是為了擴張教會權力，在整個歐洲建立起羅馬教廷的一元化權威，但這一擴權改革卻帶來了政教分離的無意識後果。

教皇格列高利七世希爾德布蘭德於 1073 年就任，一上任就宣稱：教皇在法律上凌駕於所有基督徒之上，也凌駕於所有世俗

權威之上，教皇有權廢黜皇帝，並開始著手廢黜日爾曼皇帝亨利四世（又譯爲海因里希四世，Heinrich IV）。教皇發佈的《教皇赦令》歸納起來，提出具體的改革措施主要有四個方面：1，完成前任開始的神職人員的道德革新；2，收回世俗王權任命教職的權力，所有主教必須由教皇來任命，並最終服從於教皇的權威；3，把全歐洲統一在由教皇統領的一個單一的教會組織之下；4，領導基督徒的十字軍東征，把聖地從土耳其人手中奪回。其中，對西方社會具有重大意義的改革，無疑是四項改革中的第二、三項。它向世俗國家要求更大的教權：「教皇革命的開端，就是羅馬教皇企圖把神聖的、至高無上的基督教皇帝——幾個世紀以來，他一直在教會中扮演主角——降至低微的俗人的地位，甚至比層次最低的教士還要不如。」（《法律與革命》p.133）在此意義上，宗教改革在讓國王回歸俗人地位的同時，也等於在加速國家的世俗化過程。

格列高利七世認爲，教權和俗權的二元化是褻瀆神聖的、混亂的歪理邪說，正統的秩序必須是一元化的，即精神必須支配物質，神權必須支配俗權，地上的人世之城必須聽命於天上的上帝之城。這就如同大自然運行中的太陽支配月亮。1075年12月，格列高利七世給亨利四世（Heinrich IV）寫信，告誡他如果繼續漠視羅馬宗教會議的訓令，教皇將革除他的教職。信中還要求皇帝和帝國內的所有主教服從羅馬教廷。這封著名的信件被後人稱爲《教皇宣言》。

然而，世俗王權並不會輕易放棄自己的領地，日爾曼皇帝針鋒相對地要剝奪格列高利七世的教權。1076年1月，亨利四世也召開日爾曼主教會議，並於24日回信給教皇，劈頭便是：「亨

利，上帝神授而非篡取的國王，致信至此不再是教皇而是冒充僧侶的希爾德布蘭德。」信的結尾是「我，亨利，受上帝恩賜的國王，同我們全體主教一道對你說：下臺，下臺，你將永遠被詛咒。」他控告格列高利七世的種種瀆神罪行，並通過決議把格列高利七世驅除出教壇。亨利四世萬萬沒想到，他向教皇挑戰的這一行動震動了整個歐洲，也激怒了絕大多數教徒，在遍佈著基督徒的歐洲，人們的宗教虔誠，不僅壓倒了臣民責任，也戰勝了民族效忠，人民中的多數支持教皇而擯棄國王。為了反對亨利四世的決議，薩克遜人甚至發動了對皇帝的叛亂。

因此，亨利四世一下被置於極為狼狽的境地。為了保住皇位而不得不做出謙卑之狀，1077 年 1 月，亨利以悔罪之身到了教皇駐足的卡諾薩，恭候三天乞求教皇的赦罪，並在雪地裡赤腳覲見教皇，承認自己有罪，宣示自己的悔悟。格列高利七世也見好就收，寬恕了亨利四世，收回了開除教籍和廢除王位的決定。之後，教皇迫於貴族和教徒的壓力，又於 1078 年再次向亨利挑起「授職權之爭」，亨利四世也就只能對抗下去，爭鬥也由口頭爭論升級為暴力衝突，雙方又經過一段拉鋸戰，亨利四世率軍隊攻入羅馬，把格列高利七世革職並逐出教會。之後，格列高利七世在顛沛流離中於 1085 年 3 月 25 日逝世於沙萊諾。

雖然，發動改革的教皇格列高利七世並沒有完全看到自己改革的成果，但他的改革已經開啟了政教分離的二元權力格局：四十多年後的 1122 年，世俗王權與教會權威的爭鬥，以雙方皆放棄各自最激進的要求，並達成新舊勢力的妥協而告終：二者在相互妥協後簽訂了《沃爾姆斯協議》。德國皇帝承諾：承認教會獨自經過自由選舉而產生的主教和修道院院長，放棄皇帝向主教

們授予標誌著教權的權杖和牧杖的權力。羅馬教皇承諾：承認皇帝有權參與選舉，也有權在選舉出現爭議時加以干涉。再過四十多年的 1170 年，英格蘭國王亨利一世（Henry I）在教職授予問題上做出實質性讓步，終於放棄了自己對英格蘭僧侶的最高統治權。之後，第四次十字軍東征的發動者教皇英諾森三世（Pope Innocent III，1198-1216 在位）實現了格列高利七世的大部分夢想，因而被稱為「教皇國」的奠基者。這位奠基者，不但要完全掌管屬靈世界的權力，而且還要把上帝之手伸向世俗國家，甚至要求教會在皇帝的選任中的參與權利。他於 1215 年 11 月主持召開的拉特蘭公會議（Fourth Council of the Lateran），是羅馬教廷有史以來的盛況空前的普世性會議，歐洲各地的四百多名主教和八百多名修道院院長出席會議，可謂中世紀教皇權力的鼎盛象徵。

　　政教分離的實質性爭鬥，主要集中於兩個相互聯繫的方面：一是神職人員的選任，一是歐洲各地的教會與羅馬教廷的關係。以前，教皇對各地的主教們和修道院長們的控制力量還很微弱，有效控制只及義大利和法國南部，其他地方的高級神職人員及其教會都受制於國王。然而，自格列高利七世的改革以來，羅馬教會的權力迅速擴張，從國王手中接過了任命各地高級神職人員的權力，各地教會也必須接受羅馬教廷的權威。同時，擁有了「授職權」的羅馬教廷，也就等於擴大了自己的控制範圍，實際而有效的控制力量已經伸展到西班牙、英國、德國和波蘭等廣大的地區，逐漸形成了以羅馬教廷為核心的整個西歐教會的單一組織系統。而唯有這樣具有統一權威的單一教會組織，才能夠有效抗衡國王世俗權威統治下的單一的國家組織。

三、教皇革命的偉大意義

教皇革命，作為西方歷史上第一次自上而下持續了幾代人的改革運動，儘管期間出現過暴力衝突，但最終還是通過王權和教權之間的妥協、談判而達成了關鍵性的制度成果，它對於西方的社會發展和制度演進而言，可謂居功至偉。

（一）教皇革命的最偉大意義就在於「政教分離的自覺」。

在格列高利七世的改革之前，各國的世俗皇室具有任命本國的各地神職人員的權力，也就等於世俗權力架空了羅馬教會的權威，在本國範圍內壟斷了屬靈世界的控制權。這種以王權為核心的政教合一體制，不僅導致了世俗統治的絕對權力，而且致使教會系統處在四分五裂的狀態，導致聖職買賣等教會腐敗。格列高利七世的改革，通過一系列教諭宣佈教會獨立的原則：1，教會財產是不可分割的，世俗權力無權徵用教會財產。2，教皇權力獨立於帝國的世俗王權，對屬靈事務和教會擁有至高無上的權威。世俗權力對於靈魂及其價值觀方面的事務應該持中立立場，無資格指導教徒們的信仰。3，國王及其世俗政權無權干預教會事務，羅馬教廷的最高權力來自教會內部的獨立選舉（教皇選舉），各地神職人員的任命只能來自羅馬教廷。4，教會具有獨立於世俗法律的教會法，所有的神職人員和信徒皆要受到教會法的約束。當兩種法律發生衝突之時，教會法高於世俗法。也就是說，這一宗教革命所宣示的財產權獨立、信仰權獨立、司法權獨立和人事權獨立，促成了僧侶社團的獨立意識和自治意識的覺醒——不僅是精神上或信仰上獨立於世俗價值的宗教統一性意識，而且是組織上和法律上，獨立於世俗的國家組織和法律權威

的教會統一性意識。

因為，這種靈俗衝突不僅是教權與俗權的衝突，也是古羅馬帝國的統一傳統與北方蠻族的分離勢力之間的衝突。在世俗意義上的民族國家思潮日益高漲的大勢下，教權之下的信仰及教會的統一，在另類意義上延續著昔日的羅馬帝國統一。儘管，近代以來，歐洲各地紛紛脫離羅馬帝國而取得了獨立民族國家的地位，但那僅僅是世俗政權意義上的獨立，而在屬靈的信仰世界，教權對人的靈魂仍然具有無遠弗屆的征服力量，羅馬教廷在宗教上的世界性權威，代表著帝國式統一傳統的延續。基督教的這種世界性的教權統一，直到今天仍然保留下來。所以，有人戲稱：「梵蒂岡的世界性權威就是宗教領域的『聯合國總部』。」然而，梵蒂岡對世界各地的天主教會的權威之有效，遠非紐約聯合國總部對各成員國的權威所能比擬。因為，梵蒂岡的統一權威具有悠久的傳統，而聯合國的權威僅僅是二戰後產物。

與教權的統一原則同樣重要的是，正是通過這次宗教改革，政教分離才變成了難以遏制的趨勢，政教分離原則也才逐步落實為現實制度，從而奠定了西方社會的二元化結構。起碼，直到十五世紀，教皇在與世俗國王的鬥爭中，大都能佔有優勢。教權對世俗權力的制衡是催生現代文明的最有力的助產婆。英國著名歷史學家愛德華・吉本（又譯為愛德華・吉朋，Edward Gibbon）在其著名的《羅馬帝國衰亡史》一書中，曾用了大量篇幅論及基督教的歷史，並專門寫就「精神權力和世俗權力的劃分」一節，他認為：在古羅馬歷史上，「從羅馬時期直至奧古斯都時期，最高祭司的職務總是由最傑出的元老擔任，最後更和帝國的高級官員混在一起了。國家的最高行政官出於迷信或政策需要，一般總

親自行使祭司的職能。」而在基督教逐漸興盛之後,「對希臘和羅馬的自由精神,從未產生過影響的這種精神和世俗權力,相互區分的觀念卻被合法建立的基督教會所接受並加以肯定了。……在聖壇前的祭奠活動永遠由專職教士負責的基督教會中,君王的精神地位卻比最大一級的祭司還要低,所以只能坐在教堂內殿的圍柱以外,與普通教徒混在一起。皇帝可以作爲人民的父親受到叩拜,但他對教堂的神父卻必須表示兒子般的恭順和尊敬,……」吉本還詳細論述了基督教會的各項獨立權力:1,教會內部的自由選舉;2,主教在屬靈世界的特權,他是傳播上帝福音的權威佈道者,也是教民品德的監督者;3,教會在經濟和財政上的獨立;4,教會擁有獨立於世俗國家的司法權力(教會法及其宗教法庭);5,羅馬教廷對所有國家和地區的天主教教會統一而獨立的管轄權(參見:《羅馬帝國衰亡史》上冊,商務印書館 1997 年版 p.458-472)。

然而,絕對權力導致絕對腐敗這一黃金戒律,適應於任何獨斷權力,教會權力當然也不例外。隨著教會權力對世俗權力的優勢的不斷強化,教權的壟斷性也日趨強化。這不僅導致了教會內部的分裂,更導致了神職人員的普遍腐敗。到了十五世紀,教會及教權已經變成了專斷、虛僞、不寬容和腐敗的代名詞,致使羅馬天主教會的權威不斷下降,終於釀成了世俗王權對教權的公開挑戰,和新教改革運動在整個歐洲爆發。從路德到加爾文的新教教義向羅馬教廷發出最嚴峻的挑戰:教徒個人可以直接面對上帝而無需教會的壟斷中介的代理,突破了教會對信仰解釋權的壟斷所帶來的壓抑,使新教信徒在信仰上得到解放;新教提倡的清教徒戒律和以勤勉勞作來榮耀上帝的天職觀,凸顯了傳統教會的腐

化奢靡和好逸惡勞，最終在十六世紀導致了一個正在崛起的新帝
國宣佈脫離天主教教會：1534 年，英王亨利八世（Henry VIII）
宣佈與羅馬教廷決裂，自行通過了以新教立國的「至尊法」（Act
of Supremacy）。由此開始，歐洲分裂爲一個新教的歐洲和一個天
主教的歐洲，既標誌著民族國家爭取獨立運動的開始，也標誌著
一個代替羅馬帝國的新帝國──大英帝國──的崛起。隨著新教
英國實力的強大和對外擴張，老歐洲的殖民地也分裂爲新教立國
的北美和天主教立國的南美，並逐漸形成了迅速崛起的新教殖民
地和發展嚴重滯後的天主教殖民地。北美的發展繁榮和南美的停
滯落後之間的強烈對比，證明了只有適應了不可阻擋的現代化世
俗取向的信仰，才會成爲促進人類福祉的精神力量。最後，新教
北美的崛起成爲影響十八至二十世紀世界進程的最重要的歷史事
件。

（二）教皇革命還賦予人民反抗暴政的合法權利

在教皇與國王的爭鬥中，民眾起義便成爲支持教皇的重要力
量，其合法性來自反抗暴政的權利。這一權利集中表現在作爲新
舊參半的矛盾混合體的十三世紀政治思想之中，其奇妙之處尤其
集中在經院神學的權威阿奎那的政治思想中。現實中的教皇和國
王的合法性之爭，也必然在神學理論中得到反應，阿奎那就因應
二者之爭而提出了統治和服從的合法性問題：在什麼情況下，被
統治者必須服從這個權威或那個權威？

一方面，在世俗的實證法與教會的上帝法之間，他尋找一種
統一的統治合法性解釋：服從實證法在某種意義上就是服從上帝
法，因爲實證法的基礎是自然法，自然法則來自上帝法，符合上
帝法的實證法就是好的法律，而不符合的就是惡法。他說：大多

數實證法是好的，自然對基督徒的良心和行為具有約束力，但也不能排除某些實證法是有違《聖經》教義的惡法。無論是善法還是惡法，只要是以維持社會秩序的穩定為目標，就完全有理由構成良心服從的義務，也就是基督徒的良心具有服從有違於教義的世俗法律的義務。

另一方面，在阿奎那的理論中，又有著「人民主權論」和憲政的限權思想的明確表述，而且是遠比其他神學家更為激進的表述，甚至已經很類似自由主義的思想先驅洛克的政治學——如果國王違背了與人民的契約，人民就有權力推翻他。阿奎那說：「一位國王如果不忠於其職守，他便放棄了要求服從的權利，廢黜他便不是叛亂，因為他本人才是叛亂分子，人民有權予以鎮壓。不過，最好是剝奪他的權力，這樣他就沒有能力濫用權力了。為了達到這一目的，全體人民都應該參與管理自己；憲法應該將一種受節制和選舉的君主制，與賢明的貴族制，以及允許所有階級經民眾選舉擔任公職的民主制結合起來。任何政府都無權超出人民所決定的界限徵收稅賦。一切政治權力都來源於民眾的選舉，一切法律都必須由人民或其代表制定。只要我們依賴於另一個人的意志，我們就不會有任何保障。」（參見《湯瑪斯·阿奎那政治思想著作選》）。

（三）教皇革命的偉大意義更在於開啟了解放奴隸的自由運動

古代的奴隸制度下，奴隸與一切屬人的權利和品質無關，不僅與政治權利無關，也與宗教信仰無關。而發源於底層的基督教則俯身關顧所有人，特別是關顧那些弱勢者、失敗者、被拋棄者、被壓迫者，「所有人皆為上帝的子民」觀念的日益普及，導致奴隸的非人地位開始有所改變，及至教皇革命時期，觀念的

改變變成了現實的解放過程。正如法國著名史學家 F‧基佐（F. Guizot）所言：「在人民的身上，封建領主的重壓是很可怕的。只有僧侶代表全體社會得到一點點理智、公道和人道待遇。在封建統治體內無一席地位的人，除了教會以外就找不到庇護，除了教會之外也找不到保護人。」（參見《一六四○年英國革命史》，伍光建譯，商務印書館 1985 年版 p.6）

1，從道義的角度講，訴諸具有普世品格的神聖道義來擴展其權力合法性，正如基佐所言：「在上帝的法律之下，一視同仁地聚集了大人物和小百姓，窮人和富人，弱者和強者；」（同上書 p.4）根據「在上帝面前人人平等」和「所有人皆為上帝的子民」的教義，教皇認為：如果一個基督徒擁有的奴隸也是一個基督徒，那就是一項不可饒恕的罪孽。由此，奴隸制的事實存在本身並不能證明其在道義上是合法的，或者說現實存在的奴隸制不符合上帝法，而把奴隸作為「人」來對待和釋放奴隸，則是一種虔敬和愉悅上帝的行為，理應得到上帝的贊許。

2，在現實層面，教皇為了與世俗王權爭奪民意支持，以政治和經濟的雙重誘惑來爭取民意。一方面，在政治上教皇通過向農奴授予聖職，也通過讓農奴自願參加十字軍東征的聖戰，來為奴隸們提供獲得解放的機會：凡是被教皇授了聖職和參與聖戰的奴隸，皆可以獲得解放。另一方面，在經濟上教會在歐洲具有最大份額的土地財產（占歐洲當時的全部土地的百分之二十五以上），可以為農奴提供更好的生活及勞作條件，並出面保護從世俗莊園逃到教會莊園的農奴，這就對其他封建莊園的農奴產生了巨大的吸引力，也就等於對其他領主施加改善農奴處境的壓力。正如伯爾曼（Harold J. Berman）所言：「十一至十二世紀，歐洲

的農奴第一次強大到這樣的程度：即能夠冒險非法地逃離他們的領主而逃到為他們提供更好工作條件的其他領主那裡。」

3，教皇革命對解放奴隸的巨大作用，也喚起了奴隸自身擺脫奴役的意識，所以，中世紀的歐洲各地不斷爆發農奴起義，也是迫使莊園主不得不解放奴隸的壓力。截至十三世紀，在教會權力強大的英格蘭，農奴已經不復存在了。義大利、法國、德意志、西班牙等國也不斷發生農奴起義，逼迫領主們授予農奴以「自由特許權」。

人，作為具有尊嚴的個體，是否享有平等的天賦權利和相同的自由，實為區分古代政體與現代政體的主要分野。基督教時代由教皇發動的解放奴隸運動，無疑是近、現代以保障人權為宗旨的憲政政體的先驅。在基督教的自由觀念的感召下，也在其解放農奴運動的壓力下，世俗國王也紛紛對臣民做出給予自由的承諾。比如，法蘭西國王路易十世（Louis X le Hutin）於 1315 年宣佈釋放某些王室的農奴時，其言詞已經很接近現代的自由宣言了：「根據自然法，人皆生而自由，但因本王國所保存的偉大時代的慣例和習慣……也可能因為他們前輩的不端行為，我們普通人中的許多人已經陷入奴役的枷鎖之中，並處於頗令我們不快的各種狀態中，鑒於本王國稱作自由人的王國……我們已經命令……應恢復這些受奴役者的自由，對於生而受奴役、長期受奴役和最近由於婚姻和居住或諸如此類而淪為奴役狀態的人們，應以良好和方便的條件賦予他們以自由。」（轉引自《法律與革命》p.404）

（四）權力來源的轉變：由上帝授權到人民主權

教皇革命的偉大意義還在於：在統治權力的合法性來源上，

逐漸廢棄了「一切權力來自上帝」的傳統合法性解釋，而開創了
「人民主權論」的合法性解釋，也就是將統治權力的合法性由天
上下降到人間。對此，西塞羅（Marcus Tullius Cicero）早在《論
共和國》中就有所闡發：「國家是全體國民的事情。但一國之民
不是以隨便的集合而成的隨便的人群，而是根據一致同意的正義
原則結成的大量的人的集合體，是以公益為目的的合作關係。」
（轉引自《政治哲學史》上，李天然等譯，河北人民出版社 1998
年版 p.173）。其中，我們也能看到平民力量對精英政治的挑戰。
比如，遠在凱撒大帝崛起的時代，他的獨裁權力的建立，不僅在
於他擴張的武功，更在於他統治時期的平民主義傾向。而這樣的
歷史經驗對中世紀的權力者具有明顯的啟示意義。在教皇與國王
之間的爭鬥中，雙方最有力的武器居然是相同的——「我的權力
來自民眾」。二者同時運用相同的合法性為各自的權力作辯護，
是因為存在著兩種相互制衡又相互競爭的權力。比較而言，教皇
處於主動，而國王居於被動，國王之承認「人民主權論」，來自
對教皇援引「人民主權論」來加強其權力獨立性的壓力的應對。
換言之，教皇用「人民主權論」的合法性，逼迫國王也不得不用
「人民主權論」來為自己的權力合法性作辯護。

　　教皇認為，自己的權力來自有信奉上帝的普通教徒，實際上
就是所謂的「民眾」，民眾在信仰上的信與不信，不但可以把權
力授予教皇，也可以收回他們的贈與。國王為了應對教皇的挑
戰，也以「一切權力來自人民」為自己的權力辯護。兩種權力之
爭所產生的社會結果，是相互對立的雙方皆始料未及的：當教皇
和國王都反對對方的無限權力和至上地位之時，傳統的合法性理
論顯然無法滿足各自的需要。因為，宣稱自己的權力來自上帝，

僅僅是一種主觀意志的自我加冕，無法得到社會性的客觀認同，
即被統治者的同意。這種單方面的主觀的自我加冕，在沒有碰到
旗鼓相當的社會力量挑戰時，還勉強可以作爲具有勸誘力的合法
性來源，但是當一種強大力量的政治挑戰直逼而來之時，被挑戰
的權力就只能通過改變合法性解釋來擴張其權力基礎。在教權和
皇權之間的力量對比不相上下時，二者都通過尋求民衆的支持來
加強自己的權力，也就不值得大驚小怪了。於是，爭鬥的雙方在
反對對方之時，同時擯棄了傳統的權力合法性理論──一切權力
來自上帝；而同時採用了新的權力合法性理論──一切權力來自
人民。一方面，這種雙方同時訴諸於「人民主權論」的爭鬥，其
實際的社會結果，就等於加強了民衆授權觀念的普及和民主制的
社會基礎的擴展；另一方面，實際發生的兩權之間的相互制衡，
相互競爭，又爲制度化憲政的誕生準備了基礎的社會結構，因爲
憲政的特質之一，便是以權力制衡來限制權力的壟斷和濫用。後
來西方的自由民主式憲政就是「人民主權論」與「憲政制衡論」
之結合。

　　在中世紀，「人民主權論」的原則，不僅被應用於對君權和
教權之合法性來源的論證，甚至被應用於對法律權威的解釋。
如吉伯林派的作家馬西利烏斯（Marsilius）說：「法律的權威來
自人民；沒有人民的同意，它便沒有效力。既然整體大於部分，
部分爲整體立法便是不公正的；既然人人平等，一個人就不應受
制於另一個人的立法。但是所有的人在遵守他們自己皆已同意的
法律時，實際上是自我統治。立法機構爲實施其意志而設立的君
主，應當被賦予這樣一種強制力：足以強制個別人，但不足以控
制大多數人民。他對人民負責，受法律約束。人民任命他，賦予

責任，同時必須監督他遵守憲法，在他違反時必須撤換他。公民的權利不受他們所持信仰的影響；任何人不因爲其宗教觀點受到懲罰。」（轉引自阿克頓：《自由與權力》，侯健、范亞峰譯，馮克利校，商務印書館 2001 年版 p.62）

結束語

　　由此，靈與俗的分立共存所構成的二元社會觀、法治觀念和封建契約、城邦及莊園自治、解放農奴、議會雛形、有限選舉……共同塑造出獨特的西方文明。正如阿克頓勳爵（Lord Acton）在論及西方政治文明的發展時所言：西方近現代的憲政民主制的偉大復興，直接源於基督教時代的政教分離，它既不能只歸功於神權，也不能只歸功於王權，而要歸功於二者之間的共生共存，特別要歸功於二者之間的爭權奪利所導致的權力制衡。他在評價基督教對西方的自由憲政的貢獻時才會說：「當基督在臨終前三日最後一次訪問耶路撒冷聖殿時說：「凱撒的歸給凱撒，上帝的歸給上帝，他是以保護良知的名義，賦予世俗權力它從未擁有過的神聖，也給它加上了它從未承認過的束縛；這是對專制的否定，是自由的新紀元的開始。」（轉引自阿克頓：《自由與權力》p.55）

　　難怪美國著名學者伯爾曼以「歐洲歷史上的第一次偉大革命」來評價格列高利七世的宗教改革，他認爲：這場教皇革命乃是西方的一系列具有轉折意義的革命的肇始，其意義絕不次於其後的五次偉大革命（新教改革運動、英國光榮革命、美國革命、法國革命和俄國革命）。（參見《法律與革命》，賀衛方等譯，中國大百科全書出版社 1993 年版 p.27）這一革命的最重要的意義

有二:一是促成政教分離,「把神職人員從皇帝、國王和封建領主的控制下解放出來,並使作為政治和法律實體的教會和世俗的政治體鮮明地區分開來。」(《法律與革命》p.2)。二是在普及基督教信仰的意義上完成了由區域性向普世性轉換。由於基督教本身的普世性品格,教皇革命便成為確立基督教的普世地位的助產婆,這一革命超越了其他革命的民族主義或國家主義的界限而變成整個歐洲的革命,進而隨著西方文明的殖民主義擴張而傳遍全世界。所以,基督教及資本主義文明具有強烈的擴張性,在「資本」為了利潤而進行的無遠弗屆的擴張中,基督教為西方文明的擴張意識注入了「傳播上帝的普世福音」的動力,虔誠而賦予獻身精神的傳教士,也不惜歷盡千難萬險地傳播福音,甚至於只要有人的地方就有西方傳教士的足跡。正是這種擴張,先後造就了羅馬帝國、大英帝國和二戰後的美利堅新帝國,並由征服和佔領的擴張,演變為資本的擴張和福音的擴張(道義擴張),其世俗化進程表現為經濟全球化和全球民主化。在進入二十世紀之後,人類歷史富於戲劇性的發展卻證明:自發形成於特定地區的市場經濟和基督教的擴張性,具有與人性的內在適應性,遂使西方文明逐漸顯露出其普世性品質,被越來越多的其他地區和其他文明所接受,甚至演變成難以抗拒的歷史大勢,順之者昌而逆之者亡。

1999 年 3 月於大連教養院

和灰塵一起等我
——給終日等待的妻

我在獄中
你在獄外
我有你送來的書
你卻一無所有

你只能
和家裡的灰塵一起等我
它們一層層
積滿了所有角落
你不願拉開窗簾
怕陽光驚擾它們的安寧

書架上的字跡被灰塵掩埋
地毯的圖案吸滿了灰塵
你喜歡在給我寫信時
筆尖吸住幾粒灰塵
讓我的眼睛刺痛

你終日端坐

不想隨意走動

生怕自己的腳踩痛了灰塵

你儘量平穩地呼吸

用沉默編寫一個故事

在令人窒息的歲月

灰塵們獻出僅有的忠誠

灰塵浸滿了

你的目光、呼吸、時間

在你的靈魂深處

日復一日的修築墳墓

從腳底一寸寸堆積

直到胸口直到喉嚨

你知道，墳墓

是你最好的歸宿

在那裡等我

不會有任何驚擾

你就是對灰塵情有獨鍾

在黑暗中在安靜中在窒息中

等我等我

和灰塵一起等我

拒絕陽光和空氣的流動

讓灰塵徹底埋葬自己

讓自己在灰塵中睡去

直到我回來

你才甦醒

揩淨皮膚和靈魂的灰塵

如同死而復活的奇蹟

1999 年 4 月 9 日

理性的荒謬及其殺人

——獄中重讀《地下室手記》

一

在我看來，文學的第一審美屬性就是悲劇性，凡是偉大作家，無一不傾心關注人類的苦難。我在北師大講授文藝學時，拋開教育部指定的「文學概論」，專門講「文學的悲劇性」。某次授課的內容，我以俄羅斯最偉大的作家杜斯妥也夫斯基的創作為例，向學生講述了「苦難是文學之母，牢獄是作家的搖籃」。因為，杜斯妥也夫斯基的創作以十年苦役生活為轉捩點，他的早期創作《窮人》、《雙重人格》（1846）、《女房東》（1847）、《脆弱的心》（1848）等作品，儘管已經表現出關注底層苦難、探討人物心理和神秘色彩，但他的主要代表作《被欺凌和被侮辱的》、《死屋手記》、《地下室手記》、《罪與罰》、《白癡》、《卡拉馬助夫兄弟》，全部是十年苦役生涯（1849 年－1859 年）結束後的產物，標誌著他對人性、苦難、時代、世界和上帝的獨特的體驗、理解和表達。

在這些代表作中，我最偏愛《死屋手記》和《地下室手記》。現在，自己身在獄中，重讀這兩部作品，更有一番別樣的感受。

　　《死屋手記》和《地下室手記》是杜斯妥也夫斯基後期創作的開端之作，最鮮明地表現出杜氏對人性惡的深刻洞察和擅長心理分析的特點。更爲重要的是，這兩部作品標識出杜氏後期創作的主題：對苦難的關注、對人性惡、上帝和理性局限的思考。

　　杜斯妥也夫斯基本人是貴族，但在流放地，他必須和形形色色的罪犯在一起，恐懼下的苦難和人性敗壞，赤裸裸展現在他的面前，在刺痛著他那顆敏感的心的同時，也激發出他對底層、苦難、邪惡的思考，也使他重新找回對上帝的信仰。

　　《死屋手記》記述了他的流放生活。在流放地的監獄高牆內，到處是骯髒和恐怖、人性之殘忍和無恥，人在嚴酷環境中的失控、變態乃至瘋狂。然而，身處人間地獄中的杜斯妥也夫斯基，卻在沉思中仰望看不見的天國，堅定的信仰矗立在他的靈魂深處，上帝給了他樂觀的確信：「從監獄高牆也能看得見的天堂，引起他對未來，已非遙遠的未來的嚮往。這樣的時刻會到來──監獄，打著烙印的面孔，非人的辱罵，永恆的毆打，野獸般的長官，臭氣，污濁，自己和他人不停作響的鐐銬──這一切都將結束成爲過去，新的高尚的生活將要開始。」

　　在鐵窗外的廣闊與高牆內的狹窄之間，也就是在自由與鐐銬、尊嚴與羞辱、清新與渾濁之間，只要保持堅定的信仰，上帝的祝福終將降臨。正是對上帝的虔誠，對信仰的堅定，給了杜氏在絕境中的希望：或者說信仰拯救靈魂，絕望給人以希望，監禁肉體的牢籠讓精神得以自由翱翔。

二

　　與《死屋手記》相比，我更喜歡杜氏的《地下室手記》，那

個生活在地下室中的小人物，既自負虛榮又怯懦自卑，在重重疑慮和高度警惕中，活得誠惶誠恐。他自然讓我想起卡夫卡的小說《地洞》中那個小麗鼠的生活狀態，也是毫無安全感，時刻警惕著每一點兒聲響，怕聲、怕光、怕地洞外的一切。區別只在於他是一個人，那是一隻麗鼠，但兩者之間卻有著驚人的相似之處：面對生活和自己，惶惶不可終日。

在杜氏筆下的人物形象中，經常出現這種變態的小人物，有評論把杜氏的小人物與卡夫卡的小人物進行過對比，指出二者具有驚人的相似性——「防守型的弱者」。他們是被拋入世界的弱者，雖然善良，也怨恨社會不公，但他們的致命弱點是沒有自主性，在外來的打擊面前缺乏自衛能力，對強者的蠻橫大都採取屈辱退讓，逆來順受的態度。面對外部壓力，杜氏的小人物往往走向內心分裂，精神變態，卡夫卡的人物則變形為小動物。

杜氏的地下室人和卡夫卡的麗鼠，其生存方式以及心理狀態完全相同——肉體的自由變成靈魂的牢籠。可以隨便走動的主人公，其靈魂空間卻僅僅局限於那間狹小的地下室，終日不見陽光的陰暗，散發著潮濕黴爛的氣息。

杜氏的深刻之處在於，地下室人集受虐與施虐於一身，既是極權者又是奴隸，既是受虐者也是施虐者。他的懦弱時時被虛榮所激勵，越是受辱，虛榮心就越膨脹。所以，每一次當他在強者那裡備受羞辱之後，他一定要找到更弱者來發洩自己的仇恨和屈辱。

地下室人主動參加同學聚會，但被同學們晾在一旁，他壓抑、屈辱，但他不敢發作。當他忍無可忍之時，也只能使勁喝酒，借著酒勁耍瘋，羞辱其他同學。但他招來的是同學們對他的

更大侮辱。他很窮，但很虛榮，酒後，其他同學去妓院消遣，他也要一起去，爲此不惜忍受開口向別人借六個盧布的恥辱，但他能意識到自己的下賤和卑污。爲了擺脫自卑和顯示尊嚴，在去妓院的途中，他暗暗下定決心：「一進去我就給他一耳光。」

地下室人牙疼，睡不著，他就一定要在半夜三更大聲呻吟，讓其他屋子裡的人也睡不好，他要別人聽到他的呻吟，感受到他的牙疼。他之所以如此折磨別人，並不是爲了減輕自己的牙疼，而是爲了讓別人對他感到厭惡。

他很想施虐於人，但每次都是受虐和自虐。在《卡拉馬助夫兄弟們》中，杜氏也塑造了受虐狂麗莎，她宣告：「我願意有人折磨我，娶了我，然後就折磨我，騙我，離開我，拋棄我。我不願意成爲幸福的人！」

地下室人很自私，爲了一己安寧，寧願讓世界毀滅：「我需要安靜。爲了使我能夠得到安寧，我會立時用一戈比把整個世界賣掉。是讓世界崩潰，還是讓我喝不上茶？我要說，世界可以崩潰，但要讓我隨時有茶喝。」

在高貴的哲學思考與低賤的地下室生活之間，幾乎沒有什麼界線。那是卑賤者的精神哲學，形而上學的癌症成了個人的真實命運。地下室人的人腦擅於在黑暗中苦苦思索，但一遇到陽光就變成肉體的顫抖。現代主義從杜氏的地下室開始，陰暗潮濕的地下室是藏汙納垢的地方，隱藏著存在主義的、後現代的種種精神垃圾，現代人的焦慮與迷失，既沒有傳統形而上學的統一，也沒有頹廢化、虛無化的對統一的反抗。

杜氏的地下室人，也讓我想起法國著名作家卡繆筆下的《局外人》（臺灣譯爲《異鄉人》）。這部小說的主人公莫爾索，具有

現代性的極端冷漠，那種近於非人的冷漠貫穿於局外人的一切言行，對死去母親的冷漠，對熱戀情人的毫無激情，對被殺的阿拉伯人的無動於衷，最後是對自己生命的毫不在乎，可視爲人性冷漠的抽象化、極致化。

在令人目眩的明亮陽光下，莫爾索失手殺了阿拉伯人。過於強烈的陽光使海灘幻化爲起伏的波浪，沙礫的錯覺和人的幻覺交織在一粒子彈的閃爍中。當他在錯覺中變成殺人犯之後，他卻拒絕律師的辯護，拒絕一切好心的救援，甚至拒絕法庭上的陳述和自辯。他對自己生命的冷漠猶如旁觀者在旁聽審判。在此意義上，不是法官宣告莫爾索的死刑，而是莫爾索宣判法律的死刑。局外人的冷漠具有了形而上學的殺傷力，同時宣判人性本身的死刑。泯滅一切人間的熱情和欲望，如同醫生的手術刀割除一個腫瘤。

這一切與卡夫卡的《審判》恰成鮮明的對比。對卡繆而言，所有的一切——包括放棄爲自己的生命進行辯護——都基於一種自主的選擇。莫爾索完全主動，一步步把自己帶向死亡，每一步都是由他自己設計的、實施的，最後執行死刑的，與其說是劊子手，不如說是他自己。而在卡夫卡呢，K 所遭遇的一連串毫無緣由的荒謬審判及死刑，皆爲某只神秘之手所強加，K 只能無可奈何地接受罷了。K 沒有任何自主性，如同機器上的某個零件，只要有一隻手按下開關，它就只能隨整個機器運動，甚至在絕望中，K 連自殺的勇氣都喪失了，一切都要由那只看不見的手來幫他完成。

然而，自主地把握命運和宿命般地任由擺佈，其結果竟完全一樣——死亡。那麼，存在主義肯定的「向死而生」的本眞存在

之勇氣，與卡夫卡式的無力逃脫更無力反抗的懦夫行爲，不過是存在的荒謬性這枚硬幣的兩面，二者以截然對立的方式共赴杜氏的地下室。

三

小小的地下室裡，住著猥瑣的小人物，以他卑賤的生活和發黴的問題，向現代的理性主義和科學主義發起了一次毀滅性的衝鋒。他懷疑任何確定的、自明的結論，不相信類似 2+2=4 就是眞理。「天哪，如果由於某種原因我不喜歡大自然規律和二二得四，那麼這些規律和算術於我又有何相干呢？」

執著於如此極端的懷疑的人，他的生命中一定有某種更堅強更硬朗的內在支撐。但是，他不懷疑生命的極限，因爲他自知無力超越這一界限。他想尋找到一點燭光，洞照陰鬱、潮濕和黴爛的靈魂空間。

在腐朽的邊緣小心翼翼行走的地下室人，居然預示了二十世紀人類的命運——在 2＋2＝4 的眞理主宰人類的思維之時，種族大屠殺和共產極權橫行於世，而閃光的眞理或良知卻對此無動於衷。信仰在哪裡？上帝在哪裡？如果把二十世紀的各類大屠殺解釋爲上帝對人類的考驗，這樣的考驗豈不是過於殘忍了嗎？

形而上學的渴望愈高舉，猥瑣的行爲愈卑下，堅實的土地上爬滿了以頭行走的顛倒人物；人們在信念的沼澤中陷得愈深，現代人的形象就越清晰越豐滿。自由帶來的不是恆定的幸福，而是飄泊的苦旅；個人主義帶來的不是尊嚴，而是殘酷競爭中的攀比、羨慕、嫉妒及其背後的怨恨。英國王室的貴族傲氣，被兩個平民女子攪得醜態百出（溫莎公爵的未婚妻和王妃戴安娜），皇

家的威嚴成了大衆文化中一齣笑料迭出的肥皂劇。

孤獨的個人反抗全體，成功的自我感覺必然伴隨著現實的失敗，幽默被自身的毒汁所反諷，個人主義的野心被整合到理性主義的秩序之中，非理性主義的吶喊更近似於理性主義的悲鳴。西西弗斯推石上山的徒勞，固然表現著悲劇英雄的永不放棄，但永不放棄被徒勞變成了命運的荒謬。這種荒謬源於地下室人的漫畫臉譜。一些偉大的知識分子在高倡平等和公正的同時，卻恭恭敬敬地接受獨裁者款待（比如羅曼・羅蘭、沙特等）；最具顛覆性的思想怪傑在批判知識——話語權力的同時，爲爭奪體制化的學術榮譽而心懷嫉恨（比如傅柯競爭法蘭西學院院士的頭銜）；啓蒙時代的良知之神，只是在極權主義國家才顯出固有的神聖，而自由世界的左派知識分子所頂禮膜拜的，不是《我控訴》中的左拉良知，而是東方共產極權的虛幻光環；啓蒙運動對正義的召喚恰好否定了召喚本身；高高刺向等級制的匕首，由於用力過猛，在洞穿貴族心肺的同時，露出的刀尖正中資產階級暴發戶的心臟。結果，爲黑格爾掘墓的叔本華，也把智慧的骨灰撒向虛榮。現代人的死亡遠不如昔日的貴族來得體面。

四

尼采說：上帝死了——死於一切價值的重估中。

傅柯說：人死了——死於權力和知識的共謀中。

利奧塔（又譯爲李歐塔，Jean-François Lyotard）說：知識死了——死於後現代的解構中。

三位傳統價值的顛覆者的結論，早就蘊含在杜氏的地下室中，蘊含在小人物的卑微欲望中。小人物的自我反思，比杜氏其

他作品中的所有議論都冷靜。他的反思是反理性的。但杜氏的現代性不同於尼采的現代性，他探討人殺人的外在環境和主觀動機，並不是爲了替人的邪惡和犯罪辯護，而是爲了敦促人類仰望超越理性的上帝，原罪之人只有仰望被釘死在十字架上的耶穌基督，因爲他的受難背負著人類的罪惡。正如《罪與罰》中的索尼婭對拉斯柯尼科夫的態度：「我們將一同去受難，一同背十字架！」

從美學形式上看，《地下室手記》的敘述之混亂，打破了杜氏慣用的複調手法，小人物本身的卑微，也一反其他人物的佈道者角色，無法用上帝的眞理拯救他人，而只能靠靈魂自虐來自我拯救。所以，在美學上，杜氏的《地下室手記》具有鮮明反風格的顛覆性。

貫穿杜氏全部敘述的，是一種膽怯而卑微的瘋狂，但這種瘋狂，絕不針對任何外在的逼迫或危險，而是一種內向的語無倫次，一種自戕的歇斯底里。在此意義上，卑微者的瘋狂恰恰是反癲狂的。因爲，在傳統的美學譜系中，癲狂似乎是貴族階層的特權──那種衣食無憂、地位尊貴之階層的靈魂困境；是哈姆雷特式的「生存或毀滅」的精神憂鬱，也是李爾王式的大夢初醒後的歇斯底里；是盧梭式的自然狂野，也是維特式的絕望愛情；是平民子弟在貴婦人沙龍裡的膽大妄爲，也是貴婦人投入平民懷抱的錯亂激情。表面上看，在貴族式的癲狂中，似乎顯露出存在的根基和意義，似乎頭戴假髮僅僅是爲了凸顯眞實的面部表情，但高貴與卑微之間的二元對立，始終是不可逾越的界限。

在杜氏的卑微者的癲狂中，沒有高貴背景的烘托，沒有強烈的貴賤對比，也沒有反叛的浪漫、悲情和絕望──無論是平民反抗等級還是貴族的自我叛逆──而僅僅是卑微的生存本身。如此

卑微的癲狂反而釋放出罕見的清醒——對人類處境的清醒。

在人類征服自然的能力得到空前發展的世紀，也是人對人的征服空前慘烈的世紀，理性主義的真理和科學技術的飛躍所導致的恰恰是道德的徹底墮落。德意志民族是理性的、嚴謹的，但當上萬名聯邦法官高舉手臂向希特勒宣誓效忠時，這個民族已經癲狂。希特勒的種族滅絕是瘋狂的，全德國緊跟希特勒就更是瘋狂，但制定種族滅絕的法律和計畫，實施種族滅絕的每一項措施乃至每個殺人的細節，卻是高度理性化、技術化的。

再看杜氏的故鄉俄羅斯，東正教教義被共產教義所吞沒，人們生活在瘋狂的革命和極端的恐怖之下，帶來的是人性尊嚴的徹底掃地，甚至連地下室人的卑微也被掃蕩一光。當布哈林（Николай Иванович Бухарин）等列寧黨的元老不得不低頭認罪之時，當高爾基（Maksim Gorky）等大作家自覺為勞改營辯護時，當羅曼・羅蘭等西方良心當面向史達林獻媚時，杜氏的地下室人也有資格蔑視之。

然而這一切，杜氏似乎早有預言，他的地下室人說：在龐大的體系和抽象的真理大行其道之時，「請環顧一下四周：鮮血如同河水一般流淌，而且還是那樣歡快，就好像香檳酒一樣。」《罪與罰》中的大學生拉斯柯尼科夫也說，理性把人分為兩類——「不平凡的人」和「平凡的人」。不平凡的人自以為能夠推動世界進步，為了這個崇高的目的，就可以不擇手段、為所欲為，就可以隨便殺人：「在世界上，大家都殺人，現在殺人，過去也殺人，血像瀑布一樣地流，像香檳酒一樣地流，為了這，有人在神殿裡被戴上桂冠，以後又被稱作人類的恩主。」

中國，東方最古老的帝國，自我陶醉地悠閒了幾千年，突然

被一隻強有力的鋼鐵之手擊醒，但它依然昏昏沉沉，只是模擬了一下西方人的手勢，便重新回到自己的閹割文化之中，繼續閉上眼睛自吹自擂。沒有上帝的土地，才會豎起「至聖先師」、「偉大、光榮、正確」之類的牌坊。地下室人再猥瑣，卻保持著對榮譽的病態敏感，而住在土谷祠的阿 Q 則連這種猥瑣都無從企及。他也虛榮，卻麻木不仁，他臨終前一定要劃得圓的虛榮，被發抖的肉體之手所粉碎。除了對死的恐懼，曾經極度虛榮的他，再沒有屬於自己的真實意識和情感。阿 Q 是一無所有的赤貧，沒有物質世界，也沒有精神世界，只有自欺卻欺不了別人的幻覺。

阿 Q 的命運是一個民族的寓言，用自欺欺人的謊言寫成的寓言，連他的死也被整體的謊言所吞沒。當過處決人犯的熱心看客的阿 Q，終於成了被其他看客們觀賞的物件，如同幫助毛澤東弄死了高崗和彭德懷的劉少奇，最後也在幾億看客的注視下成為權力鬥爭的犧牲品。這與其說吃人與被吃之間沒有固定的界線，毋寧說吃人者被吃和被吃者吃人是所有中國人的雙重命運，無一人能倖免。

杜斯妥也夫斯基和卡夫卡的小說，以深刻地揭示人和世界的荒謬而不朽，但在中國，杜氏的地下室和卡夫卡的城堡就是生活本身。中國式荒謬無法產生偉大的作品，大概是因為中國式荒謬，是任何文學荒謬無法比擬的。當荒謬在中國變成人們的日常生活之時，中國人必然喪失對荒謬的敏感，也就談不上以美學的形式表現荒謬了。

> 1999 年 4 月 12 日於大連勞動教養院
> 2007 年 12 月 3 日整理於北京家中
> 首發《觀察》

走出騙人的古史系統

——讀顧頡剛《漢代學術史略》

　　顧頡剛的這本書是「五‧四」那一代人留下的經典之一。我喜歡上顧頡剛的文字是在讀研究生時，看過《古史辨》，受到極大的啓示，奠定了我對史書的懷疑態度。以實證的方法重新探問中國歷史的眞僞，《古史辨》對傳統正史的瞞與騙的揭露，對中國傳統史學及價值觀的動搖和摧毀，遠比《新青年》上的吶喊更致命。可惜後人大都熱衷《新青年》發出的吶喊，而對這類枯燥的考證文字沒有什麼興趣。曾有一段時間，我也想做一本考證方面的書，因爲最喜歡的是莊子，就找來所有關於莊子的古書看，收集了大量資料。之所以沒有完成，大概是由於心態亢奮而浮躁的緣故吧。

　　我把「五‧四」一代疑古派學人的著作，作爲對魯迅提出的「瞞與騙的歷史」的注釋來讀，讀著讀著不禁絕望。中國以文字發達特別是史書浩瀚、史學興盛爲自傲的資本，但是，文字中的歷史沒有多少面對眞實的直書，而欺瞞的歷史還不如無歷史。有些史家甚至宣稱：除了全國各地留下的古跡和地下文物之外，中國的文字中找不到眞實的歷史。這種所謂的危言聳聽之論，卻在《古史辨》中得到實證上的支持。洋洋灑灑的二十四史，又有幾

卷是實錄呢？散落民間的野史，又有多少真正的史實，而非道聽塗說的口頭演繹呢？特別是有關歷史人物的一些生活的個性化細節，幾乎就是空白。

孔子極力維護的「殷周之盛」就很可疑，照我看，那不過是用虛構和剪裁來做他本人政治主張的註腳罷了。從孔子編魯國史《春秋》開始，血緣倫理中的「子為父隱，直在其中」向社會、向史學的推廣，就是「臣為君隱，忠在其中」的史學觀。著名史家中，寫過《史通》的劉知幾，明確指出中國史書中的「曲筆」之惡習，就源於孔子的「隱說」和《春秋》中的「不諭」與「虛美」，他說：「觀孔子修《春秋》也，多為賢者諱。」中國號稱歷史意識最發達的民族，但是歷代史家並沒有為後代提供真實的歷史，中國人的記憶沒有連續的積累，每一代之間都有難以填補的斷層，特別是對災難的記憶和罪惡的記憶，更是大片空白。這種任意剪裁和編造歷史的傳統，在中共執政後達到了登峰造極的程度。

如果自由反抗獨裁的鬥爭就是記憶對遺忘的抗拒，那麼中國獨裁制度的幾千年延續，就是得力於民族記憶的空白。這空白要麼製造遺忘，要麼扭曲記憶，我們幾乎無法從過去的歷史中積累誠實的經驗。這種對民族記憶的大清洗與一次次改朝換代對財富的大掠奪相配合，遂使同樣的歷史悲劇一次次重演——每一代新的獨裁者不得不從物質和精神的雙重廢墟上開始。

正如顧頡剛所言：「這古史系統的改造，把人們欺騙了近二千年。一班有學識的人固然感覺其離奇，但至多是不提而已，總想不出它是怎樣來的。」（p.94）從某種意義上說，中國歷代的御用史官，是隨政治需要而偽造歷史，但是我們對此的嚴謹揭露

並不普及，中國人心中的歷史常識仍然是這套編造的東西。清末小學的考據成果以及五四一代史學家的眞僞之辨，只局限於極少數人的學術圈子內。故而，本來應該變成公眾常識的歷史知識，卻連大學生甚至於文科的大學生都不甚了了。「古史辨」的學術成果的普及化和常識化工作亟待進行，從大學到中小學的歷史課本皆應重新編寫。否則的話，中國人對自己的歷史和祖先的瞭解全部陷於僞造古史的泥潭。

怪誕而健忘的中國人，把御用文人僞造的歷史一直視爲正統，史官是皇權的僕從，只能討主子歡心，其顛倒黑白和混淆眞僞的能力堪稱一流。唐堯虞舜夏商周的千古一緣的上古血緣傳承，各夷族之血緣皆歸於中原，居然完全是史家帝國主義式的智慧之編造。無怪乎胡適當年感歎到：歷史就是一妓女，隨你怎麼打扮。這感歎來自他對中國古史的研究心得。秦始皇的暴力強權用焚書坑儒來統一思想和歷史編撰，而漢代吸取其教訓，從武帝的立五經博士到王莽廣招讀書人重編古代經典，是用利祿誘惑來統一思想和竄改歷史，或者叫先強制後收買，以後的歷朝歷代的開國者皆如此。而強制和收買的效果是一樣的，顧頡剛用「毒辣」二字形容之，絕不爲過。這就是中國人的歷史故事。

中國的史書中，大都是帝王將相才子佳人的角色，卻少有眞實活生生的個人存在。司馬遷作爲刑餘之人，還寫過一些帝王將相的生活細節與個性特徵，而愈往後就愈空愈大，愈大愈空。難怪魯迅讀古書喜讀野史、小說、筆記之類不入流的東西，因爲只有這些不受正統史觀約束的文字，才有一、二眞率直言在。

在中國，所謂革命並非外來觀念，而是古已有之，就是一代英明天子「受命」造反，革前一代「逆天」王朝之命。後來又融

入了「五行說」，以五行之間的相克來解釋朝代更迭。如大禹以「木德」剋了皇帝的「土德」，商湯以「金德」剋了禹的「夏木之德」，周文王以「火德」剋了商湯的「商金之德」……而後來的孔子看到這種代代相剋，無法建立永久的基業，就在五行之外提出無色的「素王」之說。再後來是漢代的武帝借助封禪和求仙，以圖長生不老和基業永存，開始了改元、立年號的紀年制度。天子衣為黃色也始於漢武帝。

看古書，中國帝王們的行為真的匪夷所思，他們只為了一種不朽和長生的欲望，就相信子虛烏有之言，做出許多近於白癡的蠢事，既勞民傷財又引發宮廷內鬥。一方面是發達的世俗禮儀文化，另一方面是昌盛的巫術迷信的愚昧。這種愚昧不能僅僅用人智未開來解釋，更重要的原因是制度化的愚昧。如果制度不保障皇權本身的絕對至上，而有某種制度性的限制，皇帝就不能隨心所欲、為所欲為，把純個人的好惡加諸於民眾和國家，不會為一個人的長生不老而傾全國之力，即便做不了多少善事和聰明事，也不至於做那麼多惡事和蠢事。

一個好制度的關鍵，還不在於鼓勵人們多麼積極地向善，而在於有效地防止人們特別是權勢者們隨心所欲地為惡，即把做惡的機會和可能減至最低。反而，一個壞的制度才在道德上一味高調提倡人們為善，結果越是大的為善者就越是做大惡。自由制度之所以能善待人性並普遍地開掘出人的創造力，恰恰是由於這一制度在道德上是低調的，不以殘酷犧牲為手段，不以造就聖徒為目的，而是最最珍視無價的生命，充分尊重人的平凡的世俗欲望，以遵紀守法為做人的常識標準。

現在的學界一談起先秦的「楊朱學派」，大都只記得「拔一

毛以利天下而不爲」的一面，而很少提及「以天下爲己用亦不爲
也」的一面。如果把兩方面結合起來，楊朱式的「爲己」就接近
於健全的個人主義。

　　又及：寫下這個日期，方想起今天是「五‧四」運動八十周
年紀念日。執政黨已把「科學、民主」的「五‧四精神」竄改爲
類似意識形態陰謀的單純「愛國」，這樣的「五‧四」還有何意
義？由上到下組織各種青年活動，與其說是紀念，不如說是恐怖
秩序下又一次強行意識形態灌輸。

1999 年 5 月 4 日於大連教養院

民粹的浪漫和專制的蠻橫

——獄中讀陶行知《中國教育改造》

陶行知一向被尊爲中國傑出的現代教育家，他的《中國教育改造》也被奉爲中國現代教育理論的經典之一。我不知道，那些尊陶行知爲中國現代教育先驅的當代人中，到底有多少人眞的讀過《中國教育改造》這本書；我只知道，自己讀過之後的感覺：直到今天還把陶行知作爲傑出的教育理論家，實在是中國教育的悲哀。同時也從一個微觀的角度揭示出，爲什麼中國如此盛行審查式的灌輸式的奴化教育，陶行知恰恰爲奴化教育提供了思想資源。

現在看來，民國時期的確已經稱得上中國知識人的黃金歲月，無論是前清的士子還是新學堂出來的學子，自以爲背負著天降大任於斯人的民族重擔，無不一逞救國救民之志，在各種救民興國的方略中，教育救國也是一時之尙。知識人賦予了教育、特別是基層教育以重大的歷史責任，鄉村建設是當時知識人熱衷的話題和事業，梁漱溟在山東搞過鄉村建設試驗。具有開拓性的鄉村小學教育更是民粹主義的浪漫情懷之獨鍾。陶行知在教育上最廣爲人知的實踐，就是在鄉村辦過曉莊師範。這些具有強烈民粹主義情懷的知識分子，他們的可愛之處在於浪漫的理想主義：對

畢其功於一役的烏托邦懷有一腔熱血。

陶行知反對中國式的狹隘的血緣之愛，提倡普世的博愛，他認為中國要站起來，必須等到「人命貴於一切」——貴於財富、機器、安樂、名譽、權位——的時候。他尤其關懷弱勢群體即「中華民族中最多數而最不幸之農人。」而解救農人要從孩子開始，「在我的世界裡，小孩和青年是最大，比什麼偉人還大。」為此他放棄了優裕的教授職位和城市生活（月薪五百元大洋），到農村辦學，穿草鞋，戴斗笠，住牛棚，想用同甘共苦的精神來普及鄉村教育，進而用普及鄉村教育來改造農村，最後用改造農村來再造中國。陶行知筆下的鄉村學校，散發著淳樸的誘人的鄉土氣息，「貧而樂」的精神甚至具有某種清教徒的色彩。他在大上海街頭用樹枝教報童識字；他節衣縮食，自己只吃麵條或燒餅，卻讓孩子們的食物得到調節和改進；他自己的破衣服無錢更換時，卻想辦法讓孩子們每人有一套「出客之衣」。他想把種地和教學融為一體，讓謀食和講課相得益彰。當這一切用之於教育救國的理想時，與毛澤東的教育思想有著內在的相通之處。

美妙動人的理想，固然給人浪漫遐想；身體力行的教學實踐，也讓人為其獻身而肅然起敬。然而，陶行知教育的思想和實踐的民粹色彩，只是烏托邦主義者的激情所致；他以鄉村教育改造社會的實踐和苦行僧般的身體力行，也只是精英式居高臨下的姿態中混雜著城裡知識者的心血來潮，只能搞一搞短期的試驗，卻很難真的長期在教育中踐行，其理想也大都是難以操作的空想。而他提出的實現其理想的手段，也就是他的教育主張的實質性部分，讀來令我頓生毛骨悚然之感，把他尊為中國的現代教育思想家，確有些「現代」味道，但糟蹋了「思想」二字。

陶行知是熱情甚至狂熱的教育救國論者，他所設計的教育方案既幼稚又可怕，浸滿了專制教育的毒素。在他提出的教育方案中，居然有這樣的原則「強迫興學，強迫教人，強迫求知……」；他實踐的教育之目標，是培養「最高學術人才，以統制全國智慧而為國民生計謀解決」。他提出的著名的「教育信條十八條」中，就是沒有談及怎樣培養人對人的平等尊重、怎樣把人當人來對待，而中國的國民素質中最缺乏的就是對人的尊重，即把別人當作與自己具有同等尊嚴的人來對待。陶行知雖留學美國，其思想中浸滿了精英意識，恍惚讓我聽到了納粹時期的海德格就任弗萊堡大學校長時提出的教育方針：「德國高校教育培養主宰德國人民命運前途的導師及衛士。」由此，在陶行知的民粹主義的外表之下，深植著精英主義的牧民欲望的內核。

同時，他把建立分配結果絕對平等的社會作為民族復興的前提，並對此懷有狂熱的信仰，而他對現代社會之自由卻不甚了了。和當時中國的大多數知識人一樣，他的文字中時時流露出對英美價值的厭惡，而浸透了日本式和德國式的國家主義觀念。由此便不難理解基於個人權利的英美自由主義為什麼在中國失敗，而基於國家主義、民族主義的社會主義為什麼在中國勝利之原因。他反對西方的「少數人民土」和「拜金的教育」，認為中國不是缺少自由而是自由得「實在是太過了。」他並不理解個人權利意義上的自由與無政府的放任主義之間的區別，而只把「自由」（特別是個人權利意義上的自由）理解為放任、自私和一盤散沙，類似毛澤東式的自由主義——事不關己，高高掛起，明知不對，少說為佳。全不知自由主義的題中應有之義，就是公民的法律意識和責任意識，前者反對無政府的放任主義，後者反對沒

有公益意識和自律責任感的自私。換言之，他不知道自由主義中的個人權利與自私自利的道德品質是兩回事。中國式的「人不為己，天誅地滅」的人生信條與西方式的「人，生而自由平等」的自立觀念之間，實在是毫無共同之處。

陶行知還有一句話，讀之令我這個獄中人目瞪口呆，簡直就是精神憲兵的行為：「檢查他們的頭腦如同檢查行李一樣。」而這正是對一切極權制度進行靈魂操控和思想審查的經典概括，也在毛澤東時代的思想專制中得到了最好的踐行。不幸的是，1949年之後，被像「檢查行李一樣檢查頭腦」的主要對象，恰恰是包括陶行知在內的知識人。只是不知道陶老先生在讓毛澤東檢查其頭腦和被迫寫出違心檢討之時，能否想起他自己的這句名言。

這種為了崇高的目的就可以不擇手段的蠻橫，來自那種絕對真理在握的精英心態和專制遺傳，來自非我族類、格殺勿論的強權倫理，來自「老子天下第一，老子絕對正確永遠正確」的狂妄。現代極權主義的最大特徵就是自以為擁有絕對真理，可以為他人、為社會甚至為人類提供完美的未來。救世主可以毫無限制地強迫被拯救者剔除頭腦中的所有雜念，接受他所灌輸和安排的一切，甚至包括做什麼樣的夢都要服從救世主的安排。

由此可以引伸出有關中國知識分子的話題。「五‧四」一代人中，能夠理解自由主義價值觀及制度安排的啟蒙者寥寥無幾，反而對絕對平等之烏托邦的狂熱卻是壓倒一切的優先選擇。連胡適這樣堅定的自由主義者，也傾向於經濟上的社會主義（計劃經濟），甚至是看透了中共獨裁本質的儲安平，1949年後也經不住中共的統戰誘惑，仍然抱著對新政權的希望從香港回到北京。而當「黨天下」的蠻橫再一次讓他失望之時，一切皆為時已晚，他

說話的自由隨著他人身自由被強行剝奪而失去。激進左傾思潮之所以在中國知識分子中極有市場，既有內憂外患的動盪和西方知識界的普遍左傾的外在原因，更有中國知識人本身的局限，他們接受的傳統中根本沒有個人權利的觀念，其中的優秀者，也只是繼承了傳統士大夫的憂患意識和獨善其身的風骨。

現在，有許多人都把陳寅恪奉爲堅持人格獨立和學術自由的楷模，其實，自由對陳寅恪而言，更多是古代士大夫或讀書人的傲骨，而絕非現代意義上的「自由」。儘管他留學西方，但他的文字中從未有對現代自由的精確闡發。從他晚年對柳如是的癡迷中，便可以發現他對傳統人格的敬慕之深。我不否認，在中共執政的嚴酷環境之下，在中國讀書人整體的儒弱和愚昧的映襯之下，陳寅恪的人格在中國知識界確屬鳳毛麟角，已經非常難能可貴了。但是，同樣無需諱言的是，陳寅恪式的「自由」，與其說是現代公民人格的標誌，不如說是傳統士大夫的風骨之遺跡，類似陶淵明的「不爲五斗米折腰」，或李白的「安能摧眉折腰事權貴，使我不得開心顏」。他固然能夠放棄官位而堅持學術，堅拒中共請他北上出任所長之邀，但也僅止於守住獨善其身的傲骨和資本，很難運用於人與人之間的關係，更不要說制度設計了。同時，他也不會拒絕中共高官的探望和種種物質待遇上的優惠。

類似的楷模人格在改革開放後仍然大量存在，如巴金，一邊寫出帶有懺悔性質的《隨想錄》，頗有克制地說了些眞話，一邊享受著中共政權特惠給他的所有待遇和榮譽；再如錢鍾書，一邊被奉爲蔑視功利的清高學術泰斗，一邊接受著官方高規格的生日慰問和盛大捧場。

我的這種評價，既不是否定這些知識名流的學術及文學成

就，也不是蔑視他們的道德人格，反而對他們在嚴酷環境下的這一點點堅守，特別是陳寅恪式的堅守，懷有始終的敬意。我僅僅是想指出：獨裁社會中的傳統士大夫人格，最剛烈者甚至可以達致「朝聞道，夕可死」的人格極致，卻與自由社會的獨立人格絕不類同。產生過無數寧死不屈的烈士的中共，一旦大權在握便成為最善於進行閹割靈魂的思想屠夫。（1999 年 5 月 7 日）

雙重錯位的反西方思潮

——獄中讀薩伊德《東方主義》

在此之前，愛德華·W·薩伊德（Edward Wadie Said）的文字只讀過零星的片斷，他的大名是從九〇年代中期鵲起於大陸的，看評論和介紹他的文字遠遠多於他的著作。他的「東方主義」，曾經為六四後大陸知識界的民族主義提供了學理合法性，一種外來的（西方的）卻近於權威性的理論資源。如同當年的馬克思主義為中國式社會主義提供意識形態合法性一樣。

薩伊德作為阿拉伯裔美國人的身分，在大陸知識界的眼中具有雙重的認同：他來自第三世界的巴勒斯坦，與大陸知識分子似乎具有同類的身分認同；他又是美國大學中的著名教授，對大陸知識分子具有學術上的權威性。他以第三世界的弱者姿態和對強勢西方文化進行尖銳批評的挑戰者姿態，以被歧視的弱勢文化代言人的訴苦方式以及怨婦腔調和經過強勢西方文化訓練的學術方法，對西方霸權提出指控，而這正是大陸知識分子也在做的。最近，以反西方霸權和全球化而走紅大陸的新左派，大都有著與薩伊德類似的經歷，受過西方學術訓練的弱勢民族的知識分子，其新左理論也與薩伊德類似：用西方左派的思想資源對本土化反西方的道義立場進行學術包裝。

現在這個譯本，據譯者說是第一個完整的中譯本，但早在四五年前，東方主義已經成為大陸知識界的熱門話題，是抗拒西方文化霸權非常方便的實用工具。這裡有兩組時間上的錯位具有自嘲的荒誕性：第一個錯位是，《東方主義》在西方於 1977 年出版，卻在近二十年後的九〇年代的中國火爆起來。為什麼開放後十多年的引進熱潮中，早就聞名於西方世界的「東方主義」居然被完全忽略了。這對喜歡跟潮流趨時尚，賣弄西方最新概念的大陸知識界來說，確實令人匪夷所思；第二個錯位是，《東方主義》的全譯本 99 年 5 月才在大陸出版，薩伊德及其東方主義卻在四、五年前就成了知識界人人談論的話題，當時熱衷於談論此話題的學人中，又有幾人真的讀過這本書？如果沒有，那就是大多數談薩伊德的人，只是憑著一知半解和道聽塗說跟著起鬨而已。但是，這不是聽搖滾音樂會，而是學術。學術起鬨的確是中國當代知識界的強項，已經與搖滾式起鬨極為相似了。

　　現在，這本原著的全譯本擺在了面前，我不禁要問，這落後近二十年和提前四、五年的時間錯位說明了什麼？大陸知識界在談論「東方主義」時，究竟對此瞭解多少？結論只能是，我們只不過是九〇年代的民族主義浪潮中的隨波逐流者，凡是對民族主義，特別是東方處境中的民族主義有實用價值的東西，無論瞭解與否，我們都會滿心歡喜地加以接受、傳播、利用。只要是時尚，就一定要趕，末班車更要趕，否則就來不及了。還是魯迅曾批判過的急功近利的心態的延續。而且我更相信，即使這本書的全譯本出來了，由於東方主義漸趨式微，在新時尚不斷更替之中，很快就會是明日黃花。所以現在這個全譯本，也就未必有幾個參與過東方主義大爭論的人，肯從頭至尾地讀一遍，更不要說

精讀了。

　　九○年代的民族主義，在政治上表現為反對美國的武力霸權，在文化上表現為對西方的話語霸權（或文化霸權）的抗拒。正是在此背景下，中國知識人幾乎不加任何懷疑和批判地接受了薩伊德的言說，即西方與東方之間的關係，就是簡單的欺壓和被欺壓、表述與被表述、虛構和被虛構的關係，也就是強勢與弱勢之間的完全不對等關係。這種關係代替了現代與傳統、文明與愚昧、自由與專制之間的對抗關係。薩伊德，這個生活在美國享受著自由制度所有恩惠的阿拉伯人，他批判西方的話語全部來自西方。

　　《東方主義》寫得的確漂亮，但其中從頭至尾的怨恨，毒化了作者的清明理智。實際上，他完全是借用西方人的方法來抨擊西方對伊斯蘭世界的主觀建構和支配，力圖揭示隱匿於武力征服後面深層的文化霸權、話語專制。作者的理論來自傅柯，來自左派的平等優先的社會民主主義理論，來自當代西方的文本分析和話語理論，更來自反殖民主義的世界潮流，真應了中國那句老話：「師夷之長技以制夷」。不過，以薩伊德在西方大學廝混三十年的積累，他對西方之長技的確爛熟於心，運用自如，所以制夷的效果也非常高明。而中國人，與西方也打了一百多年的交道，飄揚過海的學子也不少，卻至今還未寫出過一部這種水準的「師夷制夷」的著作。

　　薩伊德是一個雙重人，伊斯蘭教的心血，基督教的頭腦，而他在西方訓練成熟的智慧和寫作技巧，完全服務於他的伊斯蘭心靈。這種分裂使他在批判西方霸權的同時，其視野和理論預設也有一種先入為主的霸道。這是一本以東方人的偏見批判西方

人偏見的書，只因爲東方人在整體上處於弱勢地位，才使得這種批判似乎具有了道義上的正當性。實際上，貧弱並不天然等於正義，而富強也絕非天然就邪惡。眞實和眞理最終是靠本身的力量說服人的，不會因爲它們來自強者而更加有力、更加眞實或更加虛僞、更加霸道；也不會因爲它們來自弱者而更具有眞實性和道義之善。東方人對西方人的指責中，總是潛含著一種自卑者的怨恨和變相的乞求，通過憤怒控訴來乞求恭順所達不到的憐憫和資助，是一種要脅和敲詐的窮橫。正如一個被富親戚拒之於門外的窮人，一定要站在深宅大院的門前破口大罵或私下裡詛咒一樣。

人與人之間有著天生的差異以及在自由競爭中產生的不平等，這是一種在道義上可以辯護的秩序。個體與個體之間的差別所導致的不平等是必然的，不同的群體之間、不同的民族之間就能完全平等嗎？只要差異來自權利平等的自由競爭，競爭結果的不平等就具有道義正當性。因此，薩伊德式的控訴文字中充滿了社會主義式的平等優先的嫉恨。

但從我們中國人的處境看，薩伊德是幸運的，他畢竟可以在言論自由制度的保護下，以一個阿拉伯血緣的美國教授身分，毫無顧忌地批判西方霸權對東方世界的「妖魔化」，而不必顧慮政府的干涉和恐怖分子的襲擊。正是在美國的自由制度中，他的個人化述說才能轉化爲專業性的權威述說。他從西方學到的知識和得到的個人收益，要遠遠多於他從本民族得到的，甚至包括對種族歧視和殖民主義的批判態度，對文化或話語霸權對學術研究的支配和操控、表述和被表述、看與被看的描述。所以，他既批判西方又不願意離開，不願把自己的家安置在巴勒斯坦。

把薩伊德對西方的批判放在西方知識界自我反思思潮的大背

景下考察，這也是西方人自己正在進行的自我批判、自我反省的一部分，也是一種學術時尚——反西方中心論和白種人優越論首先來自西方，而且為東方知識人的反西方提供了思想資源，故而薩伊德才能在東西方都產生影響。

在強與弱之間，蔑視和居高臨下的憐憫皆不可能達到真正的溝通，只有批判性的挑戰才能成為共同的起點。為了應對這種挑戰所採取的理論姿態，應該是客觀的而不是先入為主的、冷靜的而不是充滿仇恨或傲慢的、內在的而不是觀光客式的。

現在，我的這種與世隔絕的處境，從另一種意義上講也是一種幸運，可以冷眼旁觀國內學術界和文化界的各種表演，更深切地體驗這些熱鬧一時的轟動性表演，大都是喜劇性或小丑性的，投入進去，也就是個供人一哂的丑角而已。以後，即使有一天我又可以公開說話了，也能夠把握住自己的半斤八兩，該沉默就沉默，經得起任何熱鬧一時的時尚誘惑。只有看準的、了然於心的東西，才能作為自己說話的資格與依據。杜絕輕浮，才會真的有力量。

1999 年 7 月 18 日於大連市教養院

知識分子的瞞與騙
——羅曼・羅蘭與高爾基

　　有些自稱爲社會良心的大作家，在最需要發出誠實聲音的時刻，卻保持沉默，這肯定是有違良知的。特別是面對極權主義肆意踐踏人權的現實，如果還保持沉默，就已經是可恥了。這種沉默在本質上與公開的瞞和騙只是五十步笑百步而已。羅曼・羅蘭和高爾基就是這種可恥的、自稱爲社會良心的大知識分子的典型。

一、羅曼・羅蘭的沉默

　　羅曼・羅蘭不是有一本五十年之後才重見天日的《莫斯科日記》（或稱《訪蘇日記》）嗎？作爲極權體制極少數的幾個外來見證人，在史達林大開殺戒和西方知識界的思想一片混亂之時，居然隱瞞眞相，一瞞就是半個多世紀。年輕時，我不止一遍地讀過《約翰・克利斯朵夫》，那種激動和這部作品影響了一代中國青年的美好記憶，至今猶在。但一看了他那本五十年後才見天日的日記，這個人在我心中就被徹底 pass 掉了，他死了，不僅是肉體的，更是精神的。他的東西我不會再看一眼，因爲他做人已經沒有底線了。

　　羅曼・羅蘭生前訪問蘇聯，就看到了史達林極權主義的眞相，卻礙於自己的信仰和自己的聲譽以及黨派利益而把它打入冷宮，不僅在他活著的時候沒有公開發表，更讓人不能原諒的，是他在臨終前的遺囑中，要求《莫斯科日記》五十年以後才能公開發表，好像他已經意識到五十年後蘇聯的解體。蘇聯解體後，極權體制的眞相用不著羅曼・羅蘭來揭露，也會大白於天下。事實上，如果從三〇年代羅曼・羅蘭訪蘇算起，他對眞相的隱瞞不僅是他死後的五十年，而且是七十年。在人們最需要瞭解史達林時代眞相的三〇年代和冷戰時期，他作爲史達林的座上賓，看到那麼多殘忍的眞相，並在日記中記下了一切，但是他卻沉默，把極權體制的眞相保護起來，不讓人看，這不但是對那個體制下的受害者、也是對全人類的良心犯罪。

　　羅曼・羅蘭身爲法國人，世界知名作家和人道主義者，以他當時的身分，完全可以沒有任何人身風險地揭露眞相，至多是不能再以史達林的座上賓身分訪問蘇聯了。但他沉默！「說假話，及以保持沉默的方式說謊，似乎是合適宜的。」同是法國作家的紀德（André Paul Guillaume Gide）訪問蘇聯回來後如是說。第一次世界大戰和 1929 年的經濟危機，使西方的許多知識分子對資本主義制度失望，走向左傾，到蘇聯尋找理想的新社會，形成了西方的「紅色的三〇年代」。

　　當時，紀德和羅曼・羅蘭都是蘇聯的熱烈擁護者，他們憑著自己的知名度，到處演講、做報告、主持左派的大會。他們倆都接到過從世界各地寄來成堆的信件，全球的無產階級把他們作爲共產主義的代表作家。史達林充分利用了整個世界向左轉的國際形勢，爭取國際輿論的同情和支援，以擺脫孤立的處境。所

以，蘇聯經常以特殊的厚待，邀請各國著名的左派知識分子訪問蘇聯，讓他們為蘇聯唱讚歌。但是對於一個真正有良知的知識分子來說，當他親眼看到蘇聯體制的反人性現實之後，他一定會拒絕利益收買和不屈從強權恐怖，公開真相。不惜冒犯史達林和西方的左派、發表了《從蘇聯歸來》的紀德，就是這樣的良知者。他對史達林體制真相的揭露，起到了巨大而不可替代的作用。從此，他由蘇聯受到特權式接待的好朋友變成了蘇聯的敵人，不僅受到史達林和蘇聯人的忌恨，而且遭遇西方左派的瘋狂攻擊，當然，史達林再不會邀請他去蘇聯了。

在對紀德的指責中，有許多近於人身攻擊的謾罵，其中就有羅曼‧羅蘭。我認為，他對紀德的指責絕不僅僅是出於信念之爭，因為羅曼‧羅蘭非常清楚自己的日記記載的某些事實，正是紀德所公開的。他已經意識到了自稱代表全體人民利益的蘇共，正面臨著「變成享有特權的階級」的危險，史達林式的專政是反人性的。從理智上講，兩位作家對史達林體制下的一些事實的認識，沒有根本的分歧；兩人在蘇聯所經歷和所瞭解的真相，也不會有實質的不同。我認為，兩人之間的分歧最根本的原因在於人格：同樣是支持蘇聯的左派作家，紀德是誠實無私的，在意識到自己的錯誤之後，能夠勇敢地面對自己的過去，儘早地承認錯誤，知識分子的道義良知使紀德意識到：「在這種情況下，是沒有自尊心可言的；」因為「人類，人類的命運，人類的文化」比一個著名作家的自尊心、比蘇聯更重要。另外，紀德之所以能公開真相，還在於他能夠超越狹隘的黨派利益，保持住知識分子基於誠實的獨立、超然和公正。他說：「沒有一個政黨能拉住我，能讓我把黨置於真理之上。只要一聽到謊言，我就很不自在，我

的作用就是要揭露它。我執著於真理，如果黨離開了真理，我就立即離開黨。」

羅曼・羅蘭則是虛榮自私的，他把一己名譽看的比道義、良知和人類正義更重要，僅僅爲了自己作爲一個著名作家的自尊心，而不惜隱瞞事實，在真相已經證明了他以往信念的錯誤後，卻不敢承認錯誤和承擔責任。當時的法國及西方，正是右傾的自由主義知識分子與左傾的社會主義知識分子大論戰的時候，羅曼・羅蘭的日記所記錄的事實，如果公開，肯定有助於澄清思想混亂，但是顯然不利於他所屬的左派陣營。爲了派別的利益，也爲了自己頭上左派知識分子的革命光環，他居然隱瞞了那麼殘酷的東西，包括與史達林的談話，這太自私了。最莫名其妙的是，五十年後的大陸中國在出版這本日記時，極盡讚美之能事，那種誇法，完全不負責任。與紀德相比，羅曼・羅蘭不是個東西。正如紀德在看到羅曼・羅蘭對他的指責後所感歎的：「我難過的是，在有生之年充分展示其偉大的人多麼稀少。」羅曼・羅蘭自我標榜爲人道主義者和良知的代表，那麼最低的自我期許至少應該是做人的誠實，不論其理想或信念是什麼，不論所屬的黨派傾向怎樣，只要事實與理想相左，就必須把親歷的事實和真相公之於眾，這是起碼的責任。早一天公開真相，就會使人們從對極權主義的迷戀中早一天覺悟，早一點兒認清史達林制度的反人性本質。在此意義上，沉默就是隱瞞，隱瞞就是欺騙，欺騙就是良心犯罪。

羅曼・羅蘭的巨大人格缺陷，在他與史達林談話時表現得淋漓盡致。他對史達林的姿態之謙卑和口氣之諂媚，已近於寵物向主人撒嬌了。他對史達林說：你們的某些行爲（指大清洗和集

中營）人民要瞭解，我相信您和蘇共的解釋。他還談到了未成年人犯罪、少年犯問題，詢問史達林為什麼要把未成年的人也判了刑。他說：我們很理解蘇聯政府在這個問題上面臨的環境和困難。我問您這個問題，是想聽你們的解釋，是怕別人對你們產生誤解，我知道你們這樣做肯定有你們的原因，但是如果您不講清楚，一任傳聞四起、流言飛濺，不知真相的人就不明白，就會跟著惡意的流言走，使謠傳變成人們心目中的事實，疑惑的彷徨就會變成明確的反對，這是對蘇聯國際形象的嚴重損害。您跟我講清楚了，我就會到國際上替你們跟那些不明真相的人去解釋解釋，別讓他們老蒙在鼓裡，老那麼糊塗，跟著別有用心的反蘇勢力走。

羅曼‧羅蘭的這種態度，有一個絕對的前提，那就是史達林主義在原則上是正確的，這個制度的殘忍即使有過分之處，也是不得已而為之，是可以為之進行辯護的，至少是能夠通過第三者的解釋，澄清誤解和得到諒解。他等於先替史達林這個暴君、替極權主義暴政、替劊子手想好了殺人的理由，他要向史達林瞭解事實真相，只是為了幫助蘇聯把這些理由解釋得更充分，更有說服力（欺騙性）。他這種態度中不僅充滿了對擁有絕對權力的劊子手的諂媚，更有助紂為虐的殘忍。

二、高爾基的幫兇角色

再看高爾基。大陸出了一本俄羅斯人瓦季姆‧巴拉諾夫（Вадим баранов）寫的《高爾基傳——去掉偽飾的高爾基及作家死亡之謎》，作者自稱要剝去兩種偽飾：前蘇聯時期的「海燕——奠基人——天才」和「解體後賣身投靠的看家犬」，還高爾基以

本來面目，但是，全書替高爾基辯護的味道很濃。他認為，高爾基的許多思想和行為在當時的蘇聯是不合適宜的，和許多同時代的知識分子相比，高爾基已經在史達林時代做了他所能做的。然而，無論是高爾基在前蘇聯被極權政治所誇張所利用的偉大，還是在解體後的俄羅斯被清算的狂熱所強加的惡名，高爾基絕不是無辜的受害者，因為他的筆在絕對權力的寵幸中，曾經對人類精神施加過殘暴的閹割。假如沒有索忍尼辛這樣為堅守人的尊嚴而反抗極權體制的文學家，我也許還能夠更寬容地評價高爾基。但是有了索忍尼辛，我就無法原諒他。正如有了紀德，方凸顯出羅曼・羅蘭的偽善和自私一樣。

眾所周知，高爾基的「不合適宜」主要是在二○年代前期，而在蘇聯的極權統治最嚴酷最殘忍的時期，高爾基不僅「合適宜」，而且「太合適宜」了。蘇聯的三○年代是屬於史達林的，特別是三○年代前期，個人崇拜的形成，餓死幾百萬人的人禍大饑荒和一個也不放過的大清洗，都發生在 1936 年高爾基去世前的這短短幾年內。

首先，高爾基對史達林個人崇拜的形成起到了重要的促進作用，他是蘇聯作家中第一個在日記和私人通信中把史達林稱為「主人」的人。在公開的場合，史達林把高爾基捧為「無產階級文學的奠基人和最高代表」，高爾基把史達林稱為：「列寧的忠實的、堅強的學生」，「強有力的領袖」，是具有「鋼鐵意志」和「充滿智慧」的「更加偉大」的黨的領袖和「人民的父親」……並且號召知識分子要完全「相信史達林」。現在能看到的史達林和高爾基的合影照片，無一例外是全權主人的居高臨下和高級奴僕的謙卑仰視。

其次，在餓殍遍野的大饑荒的三〇年代，史達林爲了緩解國內不滿情緒和國際指責，請高爾基帶著衆多著名知識分子去參觀白海運河建設工程，於是，在高爾基的倡議下，一百二十名作家浩浩蕩蕩地前往運河工地，集體完成了讚美這個浩大工程的特寫集。這次行動，開了蘇聯作家對極權者進行集體禮讚的先河，之後便一發而不可收。他又接受了作爲《以史達林命名的白海——波羅的海運河·建設史》一書主編的任命，該書的作者清一色的名流，僅用了不到三個月的時間就完成了。但是，在 1929 年，高爾基去參觀集體農莊時，曾拒絕歡迎他的民衆提出的、希望他幫助他們反對專制暴政的請求。後來的事實是，運河沒有建成，卻死了許多人。這完全是獨裁者的好大喜功，而根本不拿人命當回事的邪惡所造成的。同樣是三〇年代，在全世界都懷疑蘇聯勞改制度的反人性時，高爾基又帶了三十幾個著名知識分子去了勞改營，看到的都是虛假的僞飾，只有一個少年犯向他說出了一些眞相。但是，他仍然領銜其他作家一起寫了讚美勞改營的特寫集，說勞改營如何好、如何人道，對改造舊人和塑造新人如何有效。當一個少年犯說出的眞相、勞改營的苦難和受害者的求助都無法打動高爾基時，他所要捍衛的崇高眞理就變得極爲可疑和殘酷。特別是在有著杜斯妥也夫斯基傳統的文化中——絕不會用一個孩子的苦難去交換任何眞理——高爾基的行爲就是爲了抽象的眞理而無視具體活生生的人以及人的苦難。而這，正是二十世紀極權主義的欺騙性和殘忍性之所在。

　　最後，又是三〇年代的「大清洗」剛剛開始時，高爾基寫了〈如果敵人不投降，就消滅他！〉，這是史達林時代乃至蘇聯的整個極權時代，甚至是整個共產主義極權世界的最著名的政論文，

其反人性之徹底，已經達到頂點──完全不顧及血緣親情了：「如果『同血緣』的親人是人民的敵人，那麼他已不再是親人，而只能是敵人，所以不再有任何理由饒恕他。」「……由此便得出一個自然的和必然的結論：如果敵人不投降，就消滅他。」這種語言不是人的語言，而是野獸撲向毫無反抗能力的獵物時發出的咆哮，是必置人的尊嚴和人格於死地而後快的吼叫。在共產主義極權體制下，這篇文章成了所有知識分子以筆做刀槍、參加階級鬥爭的範本，正如他的〈海燕〉成了極權意識形態的大抒情讚美詩的範本一樣。中國的劉白羽、魏巍、楊朔式的散文，賀敬之式的詩歌，都是這種高高在上，空洞的大抒情傳統的產物。先是在五○年代整人、後來在59年和文革中被整的著名詩人郭小川，曾在「反右」時期寫出過高爾基式的檄文〈射出我的第一槍〉，其惡毒遠在高爾基之上。他幾乎是在歇斯底里地咆哮：「在奸人發出第一聲獰笑的時候，我沒有舉起利劍般的筆，剖開那肥厚的肚皮，掏出那毒臭的心臟。」「今天，當右派分子還在奮力掙扎的時候，用我這由於憤怒和慚愧而發抖的筆，發出我的第一槍。而明天只要有一個頑固分子不肯投降，我們的擦得油光嶄亮的子彈就絕不會離開槍膛。」

在以人民、國家的名義實行的極權體制下，個人獨裁和多數暴政相互結合，知識上無知的大眾極可能走向對人肉體的暴虐，而那些有知識的知識分子的人格無知，所製造的恰恰是更殘忍的悲劇──對人的精神實施暴虐。這種暴虐不僅毀滅了人性，而且毒化了人類文化賴以傳承的語言，使人的語言除了虛假、粗俗、仇恨和暴力之外，再沒有一絲眞實、優雅、高貴和愛的氣息。

更重要的是，當時的高爾基並非完全不知情，除了準確的死

人數字外，大多數內幕他是知道的，他還與布哈林等受迫害者通過信。因此，以完全不知情為他的言行做辯護，顯然是站不住腳的。我認為，高爾基在史達林時代所扮演的角色，其惡毒和暴虐的程度，在客觀上絕不次於 KGB 的頭子貝利亞（Lawrenti Beria）。貝利亞滅絕人的肉體，高爾基滅絕人的精神。正如中國的大躍進年代，毛澤東在回應一些對「放衛星」的指責時，就引用著名科學家錢學森的「科學見解」為大躍進辯護，錢在當時發表文章說，利用太陽能創造畝產十幾萬斤的神話。難道這不是一種良心犯罪嗎？換言之，無論高爾基在一些細節上多麼不合適宜——比如保護了某個知識分子啦，拒絕為史達林寫傳記啦——他的罪過都是不可原諒的。一個世界知名作家，自稱「人類靈魂的工程師」，在這種大是大非的大節上一旦沒有了敢於誠實的勇氣，做人的底線也就沒有了，任何小修小補皆無濟於事。

綜觀高爾基的一生，他最徹底的時刻，就是三〇年代對希特勒的譴責，而又恰是這種對境外極權主義的徹底拒絕，反襯出他對本土史達林極權的接受、諂媚和屈從的惡劣性質。此種精心計算過的拒絕和接受，是何等懦弱而猥褻的生存策略！它讓我想起 1999 年北約誤炸中國駐南斯拉夫聯盟使館時，大陸著名作家梁曉聲的拙劣表演，不敢對中共的專制置一言，卻隔著太平洋大罵克林頓。還有「六四」後逃到美國的甘陽，一面以「新左派」的言論與中共當權者共謀，一面大罵國內有理性的自由主義學人為「賣國賊」和帝國主義霸權的洋奴。

在二十世紀的共產主義極權體制下，整個知識分子階層，既是受迫害的首要物件，又是被收買的首要目標。所以，無論是出於觀念上的糊塗，還是出於人格上的懦弱，在與極權制度的合作

上，越是大知識分子就越可能成為獨裁者的大幫兇、大幫閒、大花瓶，前蘇聯如此，毛澤東時代的中國亦如此（如郭沫若等），鄧小平時代的中國也好不到哪兒去，有些毛時代的「右派」變成了鄧時代的郭沫若（如費孝通、錢鍾書等），而錢學森則是縱貫毛、鄧、江各個時代的寵幸有加的三朝古董級花瓶。中國的人大和政協，就是執政黨用來收買社會名流的制度化機構，專門供養大幫兇、大幫閒、大花瓶。雖然鄧時代和江時代的知識分子不像毛時代的那樣馴服，但是，中國知識群體的品質還是無法與前蘇聯知識群體相媲美，人家有索忍尼辛和薩哈洛夫（又譯為沙卡洛夫，Андре́й Дми́триевич Са́харов），我們呢？最近出版的一本《顧准全傳——拆下肋骨當火把》，居然宣稱「中國有顧准」，「顧准一個人的不屈人格洗刷了整個中國知識界的恥辱。」不錯，中國是有偉大的顧准，他的倒下和長期的被遺忘（受到顧准的思想恩惠的人，早在八○年代就得到了改革理論家的聲譽，而直到九○年代中期，顧准才被重新發現），非但洗刷不了中國知識分子的整體恥辱，反而只能加深我們的恥辱。顧准作為個體的高貴恰恰反襯出，中國知識分子整體的猥瑣和下流。只有當我們能夠在顧准的墳墓和精神遺產面前長跪不起之時，我們才能在強權高壓之下挺直知識分子良知和智慧的脊柱。

三、羅曼・羅蘭和高爾基之間的終身友誼

高爾基和羅曼・羅蘭的友誼是終身的，中國的外國文學史教材稱之為「革命的友誼」，一般輿論又把這友誼變成一段頗為動人的佳話。而在我看來，他倆的友誼幾近於互媚，與巴金和冰心之間、李澤厚和劉再復之間的友誼相類似。

一本《莫斯科日記》，凡是涉及到高爾基的地方，無不充滿了讚美之詞，他甚至無視高爾基享受的種種特權，讚美高爾基是如何的善良和慷慨無私，「從沒想過什麼老爺式的生活方式。」但是，我們從被稱爲「蘇維埃王子」的高爾基的兒子馬克沁身上，卻看到了這個家庭所享有的特權。這個「王子」在莫斯科有成千的追隨者，可以隨便出國，喜歡競賽就有自行車、摩托車和汽車，迷戀飛行就有巨型八引擎的「馬克沁·高爾基」號專機，這是蘇聯第一架高空飛機，配有印刷、高頻電臺、隨機電話等先進設備，可惜，這個「王子」還沒來得及享受新的「玩具」，就染上肺炎死了。高爾基之所以成爲極權制度的同謀，與他在史達林時代所享有的巨大特權之間肯定是正相關關係。

　　也許，別人會從另外的角度，看到這種友誼的美好動人之處，我也不否認別人的角度和看法。但是，我以爲，更應該從他倆與史達林體制的關係的角度去看這種友誼。他們兩人以各自的方式享受著史達林給予的特權，又以各自的方式共同爲反人性的極權主義進行辯護和掩飾，不誠實是這種友誼的基礎。他們不可能與紀德做終身朋友，更不可能與索忍尼辛融洽相處。所以，他倆的友誼不僅是對知識分子良知的褻瀆和出賣，而且是對人性本身的背叛。對這樣的大知識分子之間的這樣的友誼，我只能用「一丘之貉」或「狼狽爲奸」來評價。而紀德和索忍尼辛的偉大之處就在於，基於做人的誠實和作爲知識分子的道義良知，一個敢於直面事實眞相，敢於公開承認和放棄自己的錯誤，把人性的尊嚴置於個人的虛榮之上。另一個在經歷了地獄般的集中營之後，仍然敢於冒著將受到更大的迫害甚至被處死的危險，揭露極權鐵幕的眞相，向世界貢獻了一個「古拉格群島」，這個詞已成

了冷戰時期極權主義恐怖政治的代名詞，如同奧斯維辛成了希特勒的種族滅絕的大屠殺的代名詞一樣。

　　注釋：三年監獄生活，我每天都要給妻子寫點什麼，其中讀書筆記和感想佔很大的比重。儘管這些信無法寄出，但是我仍然要寫，我絕不能停下來，因爲這是支撐我在獄中保持健康心態的靈魂。這篇文章就是根據我在大連市勞動教養院的兩段讀書隨想整理而成的，讀兩本書的時間跨度有一年之多。由於環境特殊，思緒跳躍，行文不夠冷靜，時有激憤之情溢於言表。本想在整理時對文字作一些冷處理，又怕這種事後的改動損害了眞實的監獄中的我，於是作罷。除了把一些不太連貫的地方作了添加外，基本的想法和文風都儘量保持原貌。

1997 年 12 月、1999 年 8 月初稿於教養院，

2000 年 6 月整理完稿於北京家中

首發《前哨》2000 年 9 月號

自由：人性、文化和制度的原點

——獄中讀哈耶克的《自由憲章》

　　看完了熊彼德（又譯為熊彼特，Joseph Alois Schumpeter）《資本主義、社會主義和民主》，打開了哈耶克（又譯為海耶克，德語：Friedrich August von Hayek）的《自由憲章》（或譯為《自由秩序原理》），有種久違的激動和恭敬。哈耶克在最嚴格的意義上不是一位學者，而是思想鬥士，為捍衛原教旨的自由主義而戰鬥的鬥士。他的名著《通往奴役之路》，早在改革前就作為內部發行的供批判用的資料翻譯過來了，但是直到九〇年代才對大陸知識界產生真正的影響。正如顧准的思想一樣，他在八〇年代初就已獲平反，但是他的意義直到九〇年代中期才被真正發現。由此也可推測出八〇年代的新啟蒙運動在理論上和思想上是多麼膚淺。就我個人的閱讀經驗而言，在八〇年代，自由主義的代表性人物的主要著作，我用力較多的大都是古典自由主義的代表人物，如洛克（John Locke）、密爾（又譯為彌爾，John Stuart Mill）、托克維爾等人，而對二十世紀的自由主義所知不多，只是認真讀過波普爾的《歷史決定論的貧困》和臺灣版的《開放社會及其敵人》，雖然也瀏覽過《通往奴役之路》，但是並沒有認真讀。九〇年代才開始詳讀米瑟斯（Ludwig Heinrich Edler von Mises）、哈耶克、

羅爾斯（John Rawls）、諾齊克（Robert Nozick,）、伯林、貢斯當、弗里德曼（又譯爲傅利曼，Milton Friedman）、布坎南（James McGill Buchanan）、熊彼德以及制度經濟學的著作。

智者的勇氣與謙卑

　　三〇年代初的全球性資本主義經濟危機，使羅斯福的「新政」和干預主義經濟學「凱恩斯主義」盛行，這種政府干預和福利經濟相混合的發展模式，一直延續到二戰結束後的很長一段時間。其中，凱恩斯（又譯爲凱因斯，John Maynard Keynes）的干預主義和各種嚮往蘇聯模式的左派理論，向古典自由主義的「放任主義」和「看不見的手」提出嚴峻的挑戰。以米瑟斯、哈耶克、波普爾、弗里德曼等人爲代表的「新自由主義」，就是自由主義應對這種挑戰的代表性理論。而七〇年代西方經濟也開始了向自由主義的回歸，「雷根－柴契爾主義」在經濟中的成功，印證了「新自由主義」的基本原理。而哈耶克作爲「新自由主義」最具代表性的人物，又爲古典自由主義開拓了更哲學更深入更廣闊的天地。他切入自由主義論證的哲學視角不是傳統的天賦人權，而是天賦有限性，即以「無知之幕」爲核心的新認識論，自由和寬容之所以可能而且必要，皆由於人類作爲個體的無知或人的有限性。他爲新自由主義理論開闢了哲學認識論的轉向，爲自由經濟中的「看不見的手」和自由秩序的「自發的漸進的形成」提供了有力的論證。對哈耶克來說，關鍵在於「強制的秩序」和「非強制的秩序」之間的選擇。

　　哈耶克的全部理論根植於由休謨（David Hume）、洛克和康德共同開拓的哲學傳統：理性的界限、經驗的界限、知識的界限

進而是人能力的界限。任何誠實地面對自身能力的理性探究，首先必須清醒地意識到這種有限性。蘇格拉底關於智慧的名言永遠有效：「人的智慧恰恰始於人對自身的無知或有限的意識。最高的智慧是能夠意識到自己的無知或知之甚少。」而在實踐領域，這種人類智慧才是人類知識能夠「爲善」的根本。人類歷史上的種種錯誤以及在實踐中造成的大災難，歸根到底是知識的狂妄、理性的狂妄、人格的狂妄的結果。對有限性具有自覺意識的智慧也可能犯錯誤，但是這種錯誤可以被很快地發現並及時加以糾正；而全知全能的狂妄智慧所犯的錯誤則得不到及時地發現和糾正，一直要膨脹到災難不可避免地發生，任何補救措施皆無濟於事之後，導致狂妄者的自我毀滅，才能停止。

雖然哈耶克的理論視野中似乎沒有神的位置，但是他謙恭的理論姿態，恰恰是基督教文明所培育出來的。再向上溯，聖·奧古斯丁的神學就要求人對神的敬畏和謙卑，因爲人是有限的；休謨自稱是無神論者和懷疑主義者，但是他對理性、經驗和自我的三重懷疑，對絕對的人性之善的不信任，也是根源於基督教傳統中人的有限和神的無限的對比之中；康德對人類的理性自負和智慧狂妄的摧毀，不僅源於自然本體的不可知，更源於上帝作爲倫理或信仰本體的不可知。可以說，沒有神的維度，人肯定要神化自己，把人當作神來崇拜。而由這種自負與狂妄所產生的形形色色的至善論，正是把人引向地獄的道路。在此意義上，哈耶克具有信徒的虔誠和襟懷。

無知之幕與自由秩序

「自發秩序」也就是自由秩序，它的哲學認識論基礎乃是經

驗主義和界限論的，即每個人的知識和資訊都是有限的，都是在無知之幕的背景下獲得知識的。關於社會秩序的整體知識要麼根本不存在，要麼只能是無數分散的個人知識的積累性進化和自發融合，任何以爲擁有全知理性能力和爲社會提供人爲建構秩序圖景的哲學，都是一種理性的或獨裁的狂妄，用哈耶克的話來說是一種「致命的自負」。理性之於人類社會的可貴，不在於它的無所不知和無所不能，而在於它能意識到自身的有限。自由秩序只能建立在經驗的、非系統性的，自發知識的漸進積累之上，而絕不能建立在思辨的、系統的，人爲建構的知識之上。正如哈耶克所說：「任何人都不可能把握指導社會行動的全部知識，從而也就需要一種並不依賴個別人士判斷的，能夠協調種種個別努力的非人格機制。」（p.5）以至於形成一種知識與無知的悖論：對於個人來說，知識越少，無知的範圍越小；而知識增長所導致的不是個人無知範圍之縮小，反而是擴大。這種增長的悖論似乎與社會常識相反，所以經常不爲社會所普遍承認。這樣就導致了增長所鼓勵的狂妄，似乎人類每增加一個新的知識，社會就向著最終擺脫無知邁進了一步，而且總有一天會徹底消滅無知。正如哈耶克所言：「陶醉於知識增長的人往往會變成自由的敵人。」（p.25）一種文明的停滯或滅亡，並不是因爲試盡了所有發展可能性而仍然找不到新的方向，而是因爲這個社會完全陶醉於現有的知識而窒息了激發探討新知識的動力。

謙卑而智慧地運用理性和知識，就是意識到理性並非萬能和知識不可窮盡。就智慧的狂妄而言，剛出生的嬰兒和自以爲全知全能的救世主處於同樣的愚昧狀態。

正是從這樣一種哲學認識論出發，哈耶克爲個人權利以及自

由競爭進行辯護。既然眞實的知識只能存在於每個人有限的經驗之中，社會秩序的形成就必須以尊重個人的經驗知識爲前提，個人的經驗及其知識在秩序形成中所發揮的創造性作用，就必須讓它們在相互的交流中進行自發的競爭，從而形成優勝劣汰的自然選擇。同時，自由競爭會自發的形成最有利於個人知識發揮和交易效率的規則。規則的優先要求就是對個人權利的尊重和保護，也就是「自由先於平等」即「權利平等先於結果平等」的秩序。這種權利是個人得以根據自己的經驗知識和理性能力而發揮創造力的基本制度前提。

人類的發展、創造和有效合作，並不需要某個握有大權權威的預先指導和刻意組織。自發的、分散的個人知識的相互交換，既是一個不斷創新和不斷淘汰的過程，也是一個漸進、不斷試錯的過程。

中國的「父母官」傳統就是建立在聖人崇拜的文化上，聖人文化就是哲學認識論上的全知主義，倫理上的全善主義，政治上的全能主義。所有極權制度和人治制度都是聖人文化的產物。

自由與人性

在自由與人性的問題上，與哈耶克的「無知之幕」認識論相勾連的，就是「人性之惡」的倫理學，也就是休謨提出的「無賴說」，即從人性的角度講，創建一個政治制度的人性前提，不是假定「人人爲君子」，而是假定「每個人都是無賴」，特別是當人性與權力發生關係時，假定人性之惡就是絕對必要的。

權力從來就是最有效的人性腐蝕劑，阿克頓勳爵所說的：權力使人腐敗，絕對的權力使人絕對腐敗。自由主義政治理論的基

石之一，就是對權力以及握有權力官員的不信任或有限的信任。
自由政府的建立，必須遵循慎防或忌妒而不是信任（傑斐遜語）
（又譯爲傑佛遜，Thomas Jefferson）。正是根據這種不信任才有
了旨在限制政治權力的憲政，以防止那些被授予了某種公共權力
的人濫用權力。在實施自由的制度安排上，必須排除道德上的信
任，而施之以法律上的不信任或有限信任。

在道德上相信掌權者的善，必然要導致現實中道德上最大的
惡；而在制度上不信任掌權者的道德之善，卻能夠確保現實中的
道德之善。或者說，自由制度對人性的假定非常低調：不求創造
多少道德之善，只求儘量減少道德之惡。

往往自由人對藏有惡意的統治者所施加的強制，大都具有高
度警醒和敏感，而對懷有救民於水火之中的善意統治者所施加的
強制，則容易放鬆警惕和麻木不仁。然而，對自由最大的威脅，
正是這種行善利民的統治。所以更要保持高度的警醒。在施加於
自由的最大災難之中，幾乎沒有一個統治者公開宣稱他要行惡而
不要行善。

在歷史上，人性善的道德高調在政治領域內喊得越響，現實
中的人性惡就發揮得越充分，甚至不可挽回地氾濫成災；而人性
惡的道德低調在政治領域內喊得越響，現實中的人性善就越能得
到發揮，以至於形成一種普遍的「市民風範」──對人的平等尊
重，不但成爲法律的他律，而且變成道德的自律。

自由與強制

自由與強制相對立，自由意味著始終存在著每個人可以按照
自己的謀劃和決定來行動的可能性，也就是獨立於他人強制或專

斷意志的可能性。自由秩序的使命就是利用規則將強制及其惡果減至最小限度。自由之所以是萬善之首，就在於它完全把人作為目的，把人作為人來尊重，相信人具有獨立的思考能力、決斷能力和行為能力，可以通過自己的謀劃和行動達到自己認為善的目標。

同時，在與他人的關係上，自由要求每個人都把別人看作是與自己有著同等尊嚴的人，不會把任何人當作達到自己目的的手段。人與人之間的合作或交易是完全出於自願的。換言之，自由之善，不僅在於可以給予個人以尊嚴、權利以及創造力的發揮，甚至更在於，如果一個人被制度允許按照自己的方式行事，那麼他更好地服務於社會和他人的概率，要遠遠高於目前人類所試驗過的任何其他的命令方式。

強制是指一個人所處的情境被別人所控制，為了避免更大的傷害或損失，他無法運用自己的知識、智慧和能力並按照自己的信仰、觀念、判斷、計畫和選擇而行事，只能被迫地服從強制者的指令，服務於強制者的目的，除了接受強加於他的所謂較小傷害的選擇之外，他別無選擇。強制之所以是萬惡之首，完全是由於它把人當作一個無思維能力和無行為能力的人，必須接受別人指導、安排、恩賜的被動之物，也就是不把人當作人來對待，在強制之下，人不是目的，而是淪為工具，為實現他人目的的工具。

強制是最大也最普遍的惡，自由是最大也是最普遍的善。

防止強制就是防止暴力，保障自由就是保障和平。

自由與政府

那麼，怎樣才能使人處於免於強制的自由狀態之中呢？因爲絕對自由和絕對無強制都不可能，起碼對於防止普遍的強制來說，就必須給予強制者以強制，強制他無法隨心所欲地進行強制。人類在長期的強制與反強制的鬥爭中，逐漸形成了一種自由社會秩序，它把防止私人強制的強制權力讓渡給政府，政府壟斷了強制權力。同時，爲了防止政府濫用這種壟斷的權力，必須設計一套規則來限制政府的強制權力，即把政府爲了達到維護個人自由的目的而必須動用的強制，限制在最小的範圍之內，以至於除了爲制止人與人之間強制的發生之外，個人永遠不會遭受強制。

這套規則就是以「自由憲政」命名的法治秩序，甚至在政府或國家形成之前，這套規則已經作爲習慣法形成了自發的秩序。英國的保守自由主義傳統就源於英國法治制度自發的累計性形成，它是一個留有充分改良空間的彈性社會；而法國的激進自由主義則源於法國專制制度的僵硬，是缺少漸進改良空間的剛性社會，故而有英國式不流血的光榮革命和法國式血腥的大革命。

對每個人的平等對待就是賦予每個人以平等的權利，賦予每個人以平等的權利就是使權利最大限度地分散，就可以避免任何形式的壟斷或獨裁。創立政府的首要原則是要求政府對每個人的平等對待，這一首要原則就是對政治權力的鐵的制約。

自由與法治

法治爲社會提供一種非個人的、超然的、至上的形式規則，

個人要依法行使其自由權利，政府要依法行使其強制權力，任何人也沒有超越法律行使任意權力的特權，總統與平民、富翁與乞丐在法律面前是平等的。但是，法治的道義基礎絕不是中立的，而是爲了保障自由的。在法治秩序中。政府是爲保障和促進個人自由而建立，政府只有服務於民眾的責任，而沒有要求個人服務於政府的權力。具體的講，法治的主要功能是保障個人免遭非法強制，限制政府的權力，防止政治權力對個人自由造成任意侵犯。法治要讓任何非法的強制行爲付出代價，無論是強姦犯、縱火犯、殺人犯，還是國家總統及其公務員濫用權力造成的強制，都要受到法律的強制性追究和懲罰。

但是，法治首先意味著權利，而不是懲罰。懲罰不過是對權利傷害的事前防範和事後追究。西方的法治與中國的法律最大區別就在於：前者以權利的實施和保障爲核心，後者以懲罰的實施爲核心，只有懲罰而沒有權利。

法治中的自由只是意味著法治爲個人自由的行使劃出了一個私域範圍，在此範圍內，個人的所作所爲並不依賴任何人或任何權威機構的批准。在此範圍外則是一個公域，在公域內政府具有強制性的權力，而政府的強制僅僅是爲了避免強制發生於私域之內。在此問題上，洛克的名言對於自由來說，至今仍然是至理名言：「法律的目的不是取消或限制自由，而是維護和擴大自由。這是因爲在所有能夠接受法律支配的人類狀態中，哪裡沒有法律，哪裡就沒有自由。這是因爲自由意味著不受他人的束縛和強暴；而這種自由在不存在法律的地方是不可能存在的：一如我們所被告知的那樣，這種自由並不是每個人爲所欲爲的自由。……在這樣的法律下，他不受其他人的專斷意志的支配，而是能夠自

由地遵循他自己的意志。」

　　人類的統治就是從意志統治到法律統治的過程。

　　美國人開創的憲政傳統的偉大意義就在於：憲法使自由原則成爲「元法律」（超然法，metalaw），並使「元法律」成文化、確定化，從而構成一切法律必須遵循的一般而抽象的規則。

自由與平等

　　法律上人人平等應該是自由秩序中的唯一平等，因爲這種平等是有助於自由的實現和保障的唯一一種平等。其他的平等在根本上與自由無關。自由秩序中的法治之所以要求政府必須給予所有人以平等對待，既不是因爲人與人之間在個人素質上是平等的，也不是因爲政府試圖把每個人都變成相同的，而是因爲無論人與人之間有多大的差別，都不能在權利上給予差別對待。人們在先天素質和後天環境之上的事實差別，並不能構成政府對他們施以權利上區別對待的理由。自由的平等是以承認差異性和多樣化爲前提，它尊重每一個個人的獨特性，尊重經過自由競爭所產生的結果不均等；或者說，正因爲自由秩序給予人們的平等對待，其實際結果的不均等或差異才是必然的。法律確定的權利平等與財富分配上的結果均等，非但不一樣而且毋寧說是對立的，人類只能選擇和實現一種平等，而不可能魚與熊掌兼得。

　　如果說，在二十世紀初，人類在兩種平等之間的選擇上還有猶豫，財富分配上的絕對平等還有足以抗衡對權利平等的魅力的話，那麼，當人類進行一場席捲大半個地球的追求財富上的絕對平等的試驗全面失敗之後，人類已經就兩種平等達成了初步共識：絕對平等不過是強制奴役的平等，其結果是權利上的絕對歧

視，是人的工具化和貧困化；而自由的平等才是自願的、解放的平等，其結果是權利上的平等對待，是人的目的化和富足化。這種富足與貧困之間的對比，不僅是物質財富上的，更是精神上、道德上、人性上的。

老子曰：損有餘而補不足。自由的公平在剝奪私有財產時，必須拿出符合社會公正的充足理由，而強制的平等則不需要任何理由。

自由與民主

自由主義價值觀在現實政治制度安排上的重要成功，就是民主制的產生、發展、成熟和日益普及。但是由於二十世紀也是平等主義和社會主義普及的時代，所以自由與民主之間出現了某種分離甚至對立。民主之深入人心的程度已經讓獨裁者們也不得不在口頭上高喊民主，極權者借助民主口號實施的多數暴政觸目驚心。於是，關於自由與民主的爭論也就成為最醒目的論戰——是自由的民主還是平等的民主？平等主義者（民主主義者）用多數原則反對自由主義者的保護少數，自由的民主被貶之為「少數富人的資產階級民主」。

在此問題上，哈耶克顯然是「自由的民主」的堅決維護者。他認為，真正的民主只能是建基於自由的民主，而其他任何方式的民主最終都將走向獨裁和奴役。民主只是保護自由和實現自由的一種政治制度，而絕不是多數人有權對少數人的自由實施強制剝奪的制度。以「人民主權」為標誌的民主理想，最初的動機是要防止一切專斷的權力，不可謂不高尚，但是當人民主權演變成不受限制的絕對權力時，一種新的專斷權力就找到了充分的辯護

理由，任何專斷權力都可以人民主權的名義來行使——既然一切權力已經歸於人民之手，那麼所有用來制約權力的制度措施，也就沒有必要了。

沒有自由作為道義權威的民主，先是多數暴政，最後是個人獨裁。大革命時代的法國、前蘇聯和毛澤東時代的中國，都充分證實了沒有自由的民主將是多大的人類災難。反而，像英國治理下的香港，沒有民主卻有經濟上和言論上的充分自由。在這種對比中，我寧可選擇沒有民主的自由，也絕不選擇沒有自由的民主。

在政制上，對民主而言，其對立面是威權政府，而對自由主義而言，其對立面是全權政府。自由主義接受多數原則是有前提的：一、多數統治只是一種決策方式，而非確定決策應當為何的權威道義根據；或者說，自由是目的，民主是手段，手段的運用應該由目的來決定，目的所欲之善就是手段運用的界限，民主是個人自由的重要保障。二、多數不能僅僅因為是多數就具有天然的合法性，就可以任意強制和剝奪少數。少數也不能僅僅是少數就不享有法律所保障的自由權利。多數智慧並不必然高於少數個人的智慧。民主不僅要尊重多數的意見和權利，更要尊重少數異見者的權利。衡量一個民主制度是否成熟的最重要標準，就是看它是否能保障少數異見者的權利和尊嚴。特別是在社會觀念的更新和發展上，那些智慧超群的思想家、藝術家、科學家絕不能受到多數的束縛。因為創新所推動的發展，在根本上是少數的遠見逐漸說服多數，直到獲得多數信服的過程。三、多數意志不能代替法律，更不能決定什麼才是法律上或道德上的善。有限的多數原則，即對多數投票的決策範圍加以明確的法律限制，多數

決策只能在法律的範圍內有效，一旦超出法律，多數原則就不再有效。同時，即時多數的權力必須接受社會長期性規則的限制。四、根據多數原則所產生的政府，一方面並不能因此而只根據任何即時多數的意見行政，而應該依法行政。另一方面多數意見對政府的指導和限制，應該是獨立於政府，以防止政治權力借助於多數進行操縱和強制。

正如哈耶克所說：「民主若要維續，就必須承認民主並不是正義的源泉，而且還必須認識到正義觀念，未必會在人們有關每個具體問題的流行觀點中得到反映。此處的真正危險在於，人們往往會把確保正義的手段誤作為正義本身。」也就是顛倒了目的與手段即自由與民主的關係。

自由與責任

自由秩序在賦予個人以非強制的自由權利的同時，也就把與其權利相應的責任賦予了個人。選擇的機會是與承受其重負和後果一致的，自由是對人的尊重，責任也是。賦予責任也就是假定了自由人具有採取理性行動的能力。這種能力是指，自由人既享受選擇成功後的收益，也能承擔選擇失敗後的損失。自由賦予個人的選擇重負，就是自由秩序讓每個有選擇能力的人為自己的命運負責。哈耶克說：「堅信個人自由的時代，始終亦是誠信個人責任的時代。」（p.84）最重要的是，在自由的社會中，自由只能是個人的，相應地，責任也只能是個人的。有效的責任和有效的自由一樣，只有作為個人來承擔時才是真實的。集體責任像集體自由一樣是虛幻的，因而也是無效的。即便經過協商後確定的責任，也要由每個個人來分擔。集體責任最終將是責任承擔者的缺

位，一旦需要負責卻找不到具體的承擔者。自由人的責任，沒有義務替任何其他自由人承擔責任。

逃避自由實質上是逃避人之所以爲人的責任。

福利制度及民族主義問題

《自由憲章》的下冊，主要是論述現代福利國家制度中的自由問題。哈耶克的邏輯是貫穿到底，沒有任何搖擺的。他對現代民主社會中所面臨的各種具體問題所給予的闡述及其解決方案，都給予了自由主義的回答。

他嚴肅地指出了現代福利國家的困境：要麼向集權社會發展，要麼因違背自由市場規則而難以爲繼，而這恰恰是進入八〇年代以後西方的福利國家必須改革的原因，也是自由經濟重回西方的動力。英國的私有化是最典型回歸自由市場的改革，美國經濟在雷根主義的引導下持續高增長，更成爲自由主義的正面示範。從西歐到北歐，從蘇東到亞洲，從拉美到非洲，一場全球性的重返市場和私有化的經濟運動，正在如火如荼地展開。中國經濟改革也在向市場化和私有化邁進，但是，由於中國的政治制度改革的嚴重滯後，遂使中國的市場化變成了權力市場化，私有化變成了權貴私有化。權力與資本的結盟造成的是張五常所說的「強盜資本主義」，其野蠻和冷酷遠遠超過西方資本主義的「每個毛孔都浸滿了血污」的原始積累階段。

哈耶克對福利社會中工會的分析最具批判的智慧。他認爲，由於「人民主權」的民主觀的影響造成對民主的濫用，多數原則的不受限制，使產業工人的權利逐漸演變爲一種工會特權或工會強制。政府爲了得到足夠的選票，在「人民主權」和「多數原則」

的要脅下，通過立法把某些區別對待的優惠給予了工會，使其免受所有人必須遵從一般規則的限制，成為社會法律之外的特權集團。而這正是忽視自由的民主政府向多數原則獻媚的實例。

即便在美國這樣的不奉行福利制度的自由國家，工會的權力也已經在一定程度上蛻變為強制性的權力。利用工資優惠和就業優惠等政策的利益槓桿，把平等對待變成差別對待，把結社自由中的自願原則變成了一種準強制性的組織原則，即不入工會者無法提高工資，就業也有困難，想找到好工作就更難。托洛斯基針對前蘇聯制度所概括的統治原則「不服從者不得食」，在某種程度上變成了西方國家中的左翼工會的基本組織原則。在工會的這種強制性權力的要脅和敲詐的干涉下，法治原則在雇傭關係或勞動關係中幾乎消失了，工會對工人擁有的控制力甚至大於雇主的權力。這樣的工會，與其說代表工人的利益向雇主和政府討還公道，不如說變成了政府控制工人的工具。換言之，一旦加入工會成為一種強制性的義務，自由社會中最重要的權利之一「結社自由」也就名存實亡了。

另外，哈耶克還論述了具有社會主義傾向的一些具體制度對自由的破壞，如過高的社會福利保障和累進稅制。任何道德原則皆無法作為實施強制的理由，除非遇到特定的時期，如戰爭或社會騷亂的時期。

哈耶克對民族主義與強制性制度之間的關係的論述，與我的一貫主張極為相契。他認為，在自由主義與其他各種主義的辯論中，對方經常以「某種理論出自某國」作為否定性論據或肯定性論據，但是宣稱一種觀念是「某國的」或「非某國的」，就拒絕或接受，這根本不是真正的辯論，而「僅僅因為一種錯誤的或邪

惡的理想出自本國一位愛國者的構想，就將它說得比其他理想都好，當然也不是真正的辯論。」（p.198）民族主義偏見不僅常常是通往集體主義的橋樑，在國家利益的名義下把所有資源置於政府的管制或命令之下。特別是當共產主義極權已經不可挽救地頹敗之時，愛國主義已經越來越淪爲政客們的工具，成爲專制者們抗拒自由民主的普及性的最後藉口。從另一個角度講，在後殖民時代的今天，愛國主義已經無助於人的自由的獲得和擴展。

　　哈耶克說：「需要強調指出的是，我珍愛並敬重自己社會的某些傳統這一事實，並不能成爲我對陌生的和不同於這些傳統的事態抱有敵意的理由。」（p.198-199）或者說，愛國主義絕不能成爲普遍正義的倫理基礎。

1998 年 8 月寫於大連市教養院

2001 年 3 月整理於北京家中

原載《中國之春》

西洋人對中國的眞知灼見

——獄中讀《晚清大變局中的思潮與人物》

中國現代化的黑色幽默

十九世紀中葉以後，中國受盡了外辱，一個個靠船堅炮利強加於清廷的不平等條約，讓昔日萬邦來朝的天下大國威嚴掃地，國人保持了幾千年君臨天下的狂妄心態被徹底顚覆，不得不放下天下第一的身段與來自蠻夷的洋人打交道。經過一段時間的交往，國人開始轉變了對洋人的偏見和蔑視，不僅在技術層面上開始向西方學習，而且對洋人委以重任，最有名的恐怕就是同治年間擔任中國海關總稅務司的英國人赫德（Robert Hart）了。

讀袁偉時所著的《思潮與人物》，這本書中令我震驚的，不是力主改革的康有爲、梁啓超等中國知識分子，也不是清廷中具有改革取向的大臣們，因爲這些人物的史跡我大都熟悉，而是一些當時在華並服務於中國的洋人，他們的歷史蹤跡對於大多數中國知識分子是陌生的。這些洋人對中國的現代化起到了不可替代的作用——主要通過影響政治精英和知識精英來推動現代化。由於這些洋人與中國精英相比，具有兩方面的優勢——來自現代化發源地的西方和清廷惹不起的列強身分——所以，他們對中國的

針砭和建議更大膽、更直率也更爲切中要害。更可貴的是，他們對中國的關注是眞誠的，他們向清廷提出的改革建議，在理論高度上和政策實施上都遠遠超過當時中國本土的先知先覺者，即便放在再次改革開放了二十年的今日中國，也沒有時過境遷的陳舊感，反而覺得既尊重國情又切中時弊。

看這些西洋人縱論中國改革的言論，體驗他們對中國腐敗之痛切，對改革遲滯之焦灼，比之於國人有過之而無不及。就本人有限的閱讀而言，他們提出的政治、經濟、外交、軍事、教育、思維方式等諸多方面的改革主張，實爲近代中國之最系統、最清晰、最明智且符合國情可操作的改革綱領，而且比之國人的改革建言尤深一層。更可貴的是，這些西洋人維護中國利益的立場與他們的力主改革立場同樣鮮明。而凡是比較順利地實現了現代化的東方國家，不僅大都有一個西化的過程，而且最初的改革無不借重於西洋人的建言，俄國彼得大帝時期的全盤西化，英國對印度的殖民統治，日本明治維新的西化和二戰後美國化，臺灣、香港、南韓也莫不如此。誰信任這些友善的老外，大膽用其知識、智慧和經驗，誰就會獲得豐厚的回報。蔣介石在抗戰以及內戰期間對美國的不信任，起碼是他敗於中共的原因之一。這些心地純正的建言之於獄中的我，除了深受感動之外，反而有種苦澀，甚至就是「黑色幽默」式的反諷：百年又一個輪迴，中國今天的現代化，在時間上退回到十九世紀晚期，儘管在經濟增長的數量上遠遠超過清末中國，但在社會整體品質的提升上甚至不如百年之前。當時「太學生請願」的戊戌變法被慈禧鎮壓，百年後的「太學生請願」的八九運動被鄧小平鎮壓，但是二者所造成的生命屠戮卻不可同日而語。這讓我想起毛澤東的「與人奮鬥，其樂無

窮」的整人哲學。作為中國歷史上的又一代獨裁者，毛澤東在無法無天的暴虐程度上，確實有理由鄙視唐宗宋祖和一代天驕成吉思汗，甚至有理由嘲笑秦始皇活埋的書生太少，因為在毛的統治下，國人付出的人權代價、生命代價、文化代價以及對知識分子的瘋狂整肅，實在是「前無古人」。

兩位西洋官員的改革建言

稍微回顧一下中共執政的歷史，再看當時的洋人對中國改革的建議，也許會更有觸動。任職於中國海關總稅務司的赫德，不僅為官兢兢業業，為清廷貢獻了大量關稅，化解了朝廷財政匱乏的燃眉之急，代表清廷與英國政府談判，其立場完全以維護中國利益為準；而且他寫出了《局外旁觀論》的改革建言，為清廷怎樣擺脫內憂外患的困境、為中國的富強而出謀劃策。當時，赫德的建言和署理英國駐華公使威妥瑪（Thomas Francis Wade）所作的《新議論略》，一起作為兩個建議性的文件於 1866 年（同治五年）二月遞交清政府的總理各國事務衙門。

二人首先指出了虛飾傳統和當下腐敗，官場、軍隊和教育諸方面的嚴重腐敗，已經使中國陷於岌岌可危的地步：「種種非是，以至萬國之內，最馴順之百姓，竟致處處不服變亂。」而這種由普遍腐敗所導致的內亂，如果得不到有效的改變，其結果要麼亡國要麼被列強瓜分：「蓋中華果致終衰亡時，……一國干預，諸國從之，試問將來中華天下，仍能一統自主，不免分屬諸邦？此不待言而可知。」（p.144）當時的中國還未陷於八國聯軍的蹂躪之下，二位西洋人的警告可謂獨具慧眼的預見。不幸的是，清廷的保守顢頇，縱容腐敗和暴民，導致了後來義和團之亂

和八國聯軍對北京的燒殺搶掠。

二人還特別提出中國應如何處理與外國的關係，因爲處理不好與列強的關係，中國的一切改革便無從談起。他們說：「居官者初視洋人以夷，待之如狗……似此各情，皆由智淺而欲輕人，力弱而欲伏人。」（p.144）在此基礎上，他們勸戒清政府放棄天下之主的虛榮，以平等理智的態度處理國際關係（如果乾隆年間的清廷在最初與西洋人接觸時，放下天朝大國只接受萬邦來朝進貢的架子，而以平等之態度開展互利互惠的貿易和交往，中國與西方列強之間的關係絕不會那麼血腥）。他們提出的改革建議是：首先是觀念之變革，跳出一治一亂一分一合的循環論，而取西方的進化論。其次是學習西方，借西法以自強，只有如此才能保住主權和強國富民。而且他們還引證站在巨人肩上的西諺來說服國人：「矮人之於長人肩上所見，必遠於長人。」（p.149）其良苦用心，於此可見一斑。他們的誠實在於，並不諱言這些建議也有利於西方諸國：「一則中取前項新法，商局未免大受其益。二則內地從此容易治平，外國民人來往通商，常行居住，易得保全，各國亦無可慮；其最爲欣悅者在此。」然而，正如二人總括改革的受益者時所言：「外國雖受其益，中國受益尤多。」（p.147）這不能不說是實事求是之言。

雖然二人的建議未被朝廷重視，卻由此在中國精英階層掀起一場大論辯，許多人認爲這些建議包藏禍心，另一些人覺得切中時弊。無論肯定還是否定，這場辯論對於當時中國的高層政壇來說，無疑是一場觀念地震，其思想啟蒙的作用直接影響到手握重權者的決策和一批有識之士，爲中國的最初現代化提供了思想資源。如李鴻章在辦洋務、處理國際關係上頗得西洋人之文明的教

益。他概括洋務運動的八個字，可以說是道出了西洋人建議的精髓：「外須和戎，內須變法。」用今天時髦的話說就是「改革開放」。再如戊戌維新四君子之一的梁啓超所言：改革是大勢所迫，變也得變，不變也得變。何不主動改革，將變革之主動權握在自己手中，達到保國、保種、保教的目的。而被動改革，就等於把變革之權交於他人之手，其後果難以想像（大意如此）。清末變革的最終失敗，就在於清廷拒絕順應歷史潮流的主動改革，拒絕將主動權操在自己手中，而是在被逼無奈之際才進行勉強的應付性改變。

再如嚴復後來回憶在十九世紀八〇年代「與總稅務司赫德談言」，赫德指出中國之強盛絕不能只求船堅炮利，不能把所有希望寄予建立強大的海軍之上，沒有社會的整體改革，再強大的海軍也無濟於事：「然必當於根本求之，徒苟於海軍，未見其益也。」這樣明智的建言出現在十九世紀，不僅是針對當時的滿清獨裁所發，對二十世紀共產極權的現代化道路亦是對症下藥。前蘇聯和毛澤東時代的中國所追求的現代化，在很大的程度上是重蹈覆轍，把現代化建立在船堅炮利之上，爲此不惜掏空國庫，不惜讓人民忍饑挨餓，最後弄得資不抵債，幾近全面破產。現在的北朝鮮、伊拉克等獨裁國家，仍然不顧人民死活和人類正義，幾乎就是傾舉國之力提升船堅炮利，可以預見的崩潰不會太遠。江澤民時代的中國，爲了威懾臺灣和抗衡美國的大國外交，似乎正在放棄鄧小平的裁軍方針和韜光養晦，重新走上高速提升軍力的老路。中國的民族主義狂熱也爲此種尚武戰略提供了民意支援，所謂「弱國無外交」的老調再次成爲主流聲音。這，肯定不是中國現代化之福，如果一意孤行，必將使中國再次遭受災難。

傳教士的思想啟蒙

　　除了這少數身居官位的西洋人的建言之外，當時對中國的民智啓蒙之貢獻最顯著的西洋人，非那些在中國創辦西式學校和報刊的西洋傳教士莫屬。他們創建的教會學校是中國近代教育的開端，他們創辦的報刊爲中國近代新聞出版業奠定了基礎。到 1899 年，這類學校已經增至二千所，學生四萬人；由嘉慶二十年中國第一份報紙誕生到咸豐十一年的四十六年間，全國的八處報館皆爲教會所辦；他們翻譯介紹西方知識的書籍占當時此類書刊百分之八十一。當時影響最大的兩家報紙《萬國公報》和《申報》，一爲美國人所辦，一爲英國人所辦。

　　傳教士們這種篳路藍縷的事業，對中國的現代化來說，實在是功莫大焉。美國傳教士林樂知（Young John Allen）在中國幾十年，辦學辦報，其宗旨不僅在於傳播上帝福音，更在於開啓愚昧的民智，以圖通過現代化而走向富強。他主辦的《萬國公報》，從 1868 年創始到 1907 年停刊，歷時四十年，曾經是中國影響最大的報紙。在 1881 年年初，一連幾期徵文，五個題目中的首題爲：一、如何能富；二、如何能強；三、如何能智；四、如何能善……另四個題目也皆與中國的改革有關。可見其用心良苦。還有李提摩太（Timothy Richard）提出向中國官紳們灌輸七十六條，其中除六條是宗教宣傳外，其它的均爲中國現代化和走向富強所必須，涉及範圍極其廣泛，幾乎囊括了現代化的主要知識領域：政治、法律、經濟、工業、交通、社會管理、鐵路、電信、輪船、礦山、醫學、電學、化學、報館、圖書館、商業股份、銀行、會計以及世界歷史知識等。他們還規劃了觀念啓蒙的先後秩

序:「首教官員,次教富紳,三教儒士,四教平民。」

更深入的是,由於這輩西洋人既有本土文化的根基又在中國生活多年,對中西文化之差異以及各自的利弊體驗頗深。通過融入了切身體驗的比較研究,他們對中西文化之差異的洞見,遠比中國本土之先覺者更清晰更深刻,且能用熟練的中文表達其建議。如虛妄與真實為中西治學之主要差別,「中之格致雖亦察物,而大抵格之於書。西之格致雖亦讀書,而大抵格之於物。中虛而西實,中無憑而西有據。」(p.156)其二,中國之思維,記憶有餘而開智不足。其三,重古而薄今。同時,他們的誠懇還表現為承認西方人,在百年以前也像現在的中國人一樣,迷信古人和盲目排外。他們在力勸中國人借鑒西方資源的同時,也警告國人這種借鑒必須在權衡了利弊之後做出,萬不可像日本人那樣一味盲目模仿西方,而應採取靈活通變之態度:「效西法,善於變通者,亦豈事事盡效夫西人,如日本人之冠西服,衣西衣,竟驅中國而西之乎。」並指出:「今中國欲辦一切弊。有利,則當仿而興之,有弊,則當舍而不學。查東方有日本國,事事摹仿泰西,其一切弊竇,亦有與泰西相若者,中國當留意謹防焉。」(p.159)特別是他們勸說中國人再不能盲目排外,其用詞其語氣,可謂苦口婆心,比之國人,有過之而無不及。

現在,這樣的洋人已再難找矣。我也認識一些「老外」,真正瞭解中國且為中國著想者恐怕很少。世界現代化也是價值觀的世俗化,理想主義的道義優先日益沒落,而實用主義的利益優先日占上風,甚至一切皆以利益計算為準。此種世俗化既是善待人性,也是現代化的弊端之一,非但正在現代化的華夏之哀,亦是整個世界之悲。加之中國一向就有實用主義的傳統,世俗化對

當代中國而言，被迫的苦行僧突然變成金錢的暴發戶，其心態之畸形必然在道德上為利益至上的拜物教敞開大門。想做世紀末的理想主義者和堅守道義優先，臨專制之威而不屈，處金錢之惑而不動，難極矣！當年的傳教士與今天的商人政客相比，二者的重要區別之一，實乃道義優先的理想主義與利益優先的實用主義之別。

西洋人提出的改革綱領

十九世紀末在中國的西洋人，在指出當時中國社會的各種弊端後，又提出了建設性的改革方案。他們認為，中國的富強之策大致分為三個方面：1、對外關係；2、經濟發展；3、政體改革。這三大問題都是以對傳統的放棄或創造性轉化為前提的。在對外關係上，他們認為最重要的是放棄天下第一的虛榮，踏實地、謙虛地研究世界並向強大的西方學習，而且這種瞭解和學習應該是平等而非傲慢、全面而非片面，超越狹隘的、暫時的、功利的，而非急功近利的。林樂知、狄考文（Calvin Wilson Matteer）等都認為，學習西方應該是全面的，不能僅止於器用的層面，更應涉及傳統的政治制度與經濟方式的改革。嚴復曾回憶在 1880 年代與總稅務司赫德的談話，赫德明確指出只學器用實為只看花而捨枝幹根鬚也，必須從根本上求之。這種整體的觀念顯然影響了嚴復關於體用不二、器道為一的文化整體理論，從而使中國人的對外開放的觀念超越了「中體西用」的層次。

在經濟上：這些西洋人把發展自由貿易、培育市場機制和限制政府經商，視為中國進行經濟改革的關鍵。所謂富國之策首在通商，正如後來薛福成受到林樂知等洋人的啟發，在 1891 年

所言：「握四民之綱者，商也。」換言之，國強的前提是富民，富民的前提是商業的發展。其次，自由貿易有賴於健全市場的培育，健全市場的培育必須以私營經濟為主，建立明晰的產權制度，支持和鼓勵私營經濟的發展。顯然，這些洋人已看到了中國之大商業的主要命脈盡握於官府，事事以官辦為主，導致效率低下且腐敗叢生。西人恭維康明確指出：「至論民間開新之工⋯⋯須察告官長，准而後行，若私自為之，動加責罰，故百姓不敢自擅。夫如是抑民自主之意，即阻擋諸事之興，豈能富強哉。」（p.614）當時的翻譯家沈毓桂亦說：「追求中國製造各物亦既有年，而率無可以勝於西人之處，此其故何哉？蓋由官辦而非商辦故也。」（p.164）日本的富強所走的經濟發展之路，亦曾經歷了先官辦工商後改為民辦的過程，把官辦或半官半民之經濟實體賣給民間，三菱等大公司就是那時發展起來的。一個善待人民的政府，必須是不與民爭利且為民牟利提供制度保障的政府：「即如造輪船，開鐵路，民力所能為者，聽其好自為之，朝廷不禁也。倘使民間資本不敷，發國幣助之耳。」（p.163）而那種「獨享其樂，獨專其利」的政府，乃「美國家不為也。」這些關於官與民在經濟中的角色之分，直到今天仍然是中國政府沒有解決好的大問題，而且是中國的經濟改革能否再上臺階的首要問題。

再次，西人比較系統地向中國人介紹了經濟方面的知識和理論。英國傳教士艾約瑟（Joseph Edkins）曾力薦亞當・斯密（又譯為亞當・史密斯，Adam Smith）的自由經濟理論，並介紹了分工、資產、地租、利潤、利息、工價、經濟週期，特別是投資理論。他們特別關注投資效益。同時，他們認為，發展經濟以自力更生為主，同時大量吸收和利用外國的資金和技術。他們認為能

否有效地利用外資與引進技術，是一個追求現代化的落後國家發展經濟的關鍵。可以說，這些經濟上的建設性提案正中中國之弊端。而這些善良有益、可以挽救大淸危機的建議卻被擱置，終大淸國崩潰，亦未實施或歪曲地實施。以至於現在的中國仍然在做著一百多年前就應該做的事，而且現在仍然是在歪曲地做，並沒有做好。

政治體制的改革：這也是西洋人關注的重要方面。他們認爲，政治體制不變革，引進再多的器物亦無所作爲。因而，他們幾乎介紹了西方現代政治制度的所有方面，特別是現代政治制度之主權在民、人人生而平等的基本價值觀。林樂知說：「按泰西各國所行諸大端中，最先緊要不拔基者，其治國之權屬之於民，仍必出之於民，而究爲民間設也。推緣其故，緣均是人也……或爲君或爲臣，耳目手足無所加焉；降而至於小民，耳目手足無所損焉。因恍然於治國之法，亦當出之於民，非一人所得自主矣。然必分衆民之權，匯而集之於一人以爲一國之君，此即公舉國王之義所由起也，而輔佐之官亦同此義矣。」（p.172）「以民議政，無政不洽輿情；以國屬民，無民不心愛國。」他們也介紹了西方的平等觀：「以公器付之公理，名曰民主，明其非一人之私國，乃兆民之公國也。意謂均是人也，資稟雖有智愚賢否之不同，而降衷維皇，履地載天，初無二致，爾我之別、畛域之分，鄕黨自我者爲之，彼巷之主何嘗歧視耶！」

現代的權利觀念也是介紹的重點。他們在介紹了權利觀念的一般理論之後，還特別指出了財產權、信仰自由、言論自由、通信自由等權利在社會中的實施，以及隱私權、人身權等等。他們大聲疾呼尊重每個人的自主權利，給予國民以平等對待：「要其

扼要以圖之處,不過曰:略釋其民,俾各有自主之權而已。」甚至其呼籲幾近於淒涼:「嗚呼!名之曰人,固皆有自主之理者也。今削其自主,使不能全乎其為人,直較諸閹割人勢,而又過去。蓋閹人之苦,不過體相不具,華人之苦,甚至心力不全也。心力不全,斷不能成一事,創一物,又何怪貧羸孱弱,日漸不支,至於幾同絕望乎!」(p.194-195)馬建忠於 1877 年首次介紹了「人人有自主之權」,指出西方各國,人莫不有自主權,而中國則人毫無自主權。在中國,「事事皆遵朝廷之命令,官司之法度,其於安分守己詎不謂然,然而動靜相交之際,則所干礙者大矣。」(p.177)

更可貴的是,他們沒有停留於一般的民主理論的泛泛而談,而是詳細地介紹了自由民主原則的具體實施—— 憲政與三權分立。林樂知說:「然即其中之最要者言之,不過分行權柄而已……約舉其目蓋有三焉:一曰行政,二曰掌律,三曰議法。」並且著重強調了法治原則:「國有律共遵而守之,匪特守之,而且共鑒之,勿使一人廢法。」「法律為一國之主,上自帝后,下及庶司百職,同隸於法律之下……小民之身家性命,遂皆獲保於法律之中,且上既不能悖律以行私,下自不敢於律以犯分。」並且介紹了西方的文官錄用制度和司法獨立,主張廢除株連和酷刑。同時明確指出國家之職能主要是保護公民權利和為經濟發展服務。

在思維方式的改革上,西洋人力主割除「一切皆按舊制和祖宗成法辦事」的僵化思維方式,而建立以發展和創新為主的思維方式;破除聖人無所不知、無所不能的狂妄人格,而充分認識到人的有限性,尊重每個人的獨特的經驗和知識,所謂「一己之智

慧有限」,「一己有一己之見,衆人自有衆人之知」,「即夫婦之愚亦可與知與能……聖人之知亦有不知不能」。(p.180)同時,應該在模糊的直覺性思維方式中引進清晰的邏輯思維,在只重故紙堆考證的方法之外引進重視實際經驗和科學試驗的實證主義方法,而且提倡讓女人讀書求學。

最讓我感動的是,關於改革的方式和進度,這些西人完全從中國的現實出發,主張漸進式改革:「行之太驟人將有議其非者,必也從容不迫,思得善法而徐徐更之;既不駭人聽聞,復可新人之耳目,斯爲善變之法矣。」「蓋天下事操之以急則難,受之以漸則易。」(p.178-179)甚至在甲午戰敗之後,在中國人都要求激進改革之時,這些洋人仍然力薦漸進改革:「至若變法而不便於民,尤不可操切以圖,致釀他故,而反讓蹈常習故者流,藉口於絕不可變之謬說,遂類於因噎廢食也。」(p.179)

他們還比較了日本道路和印度道路的異同利弊,以便爲中國的現代化提供最切近的經驗和教訓。這些西洋人之智慧之廉潔之可愛,遠甚於國人,特別是遠甚於當時主張改革的開明官僚們。可以說,這些觀點遠遠超過維新一代的中國改革者,放在今天亦不失爲眞知灼見。

當然,這些西洋人具有強大故國的背景和相對超然的地位,使之敢於秉公直言而無國人的恐懼心理,這實在是當時中國之大幸。遺憾的是,執政者整體的短視和自私,知識精英的懦弱和愚昧,使如此寶貴的思想資源付之東流。

首發《北京之春》2002 年 8 月號(第 111 期)

掉書袋子和以文載道

——獄中讀書隨想

　　讀陳寅恪的《柳如是別傳》、《隋唐制度淵源略論稿》、《唐代政治史述論稿》，第一感受是學問真大，第二感覺是太囉嗦，堆積了那麼多史料，並非全部必不可少。有人曾評論陳先生的兩本中國中古政制史著作說：「言簡意賅且微言大義」，但在我的偏見中，還是覺得引文過繁而論述過簡，掉書袋子有餘而獨創性發現不足。

　　這樣的感覺，也許是源於我對中國的注經式學問的偏見，並將注經式傳統視為中國文化的一大病灶：由注、疏、釋及其考據學共同構成的注經傳統，太重書本之間的相互解釋而太輕面對現實的經驗實證。古人把太多的精力用在故紙堆裡，幾乎是無限制地堆積史料或引文，而罕見真正的思想性創建。

　　中國讀書人的注經和掉書袋子傳統，可謂源遠流長。自百家爭鳴的先秦諸子時代結束後，中國思想史上罕有真正的思想家，先秦之後沒有「子」，此之謂也。漢代以來，由孔孟而馬列，一路注下來、掉下來，已經把國人的精神創造力逼入「窮途當哭」的絕境。否則的話，先秦之後所謂思想大家的代表作，怎麼可能都是對先秦諸子的注釋？

　　漢代大儒董仲舒之名，靠的是注釋性著作《春秋繁露》，他堪稱中國經學家之鼻祖；魏晉時期最有成就的知名學者，郭象以注《莊子》而留名，王弼以注《老子》而不朽；唐代大儒韓愈，以闢佛興儒，宣導復古運動和儒家道統而垂世；宋代大儒朱熹，通過一系列注釋性著作來闡發「義理」，靠《四書集注》而傳世。

　　只是到了明朝，才有李贄這樣的叛逆者出現，他對儒家傳統的反叛和對世俗人性的尊重，使他成為中國思想史上罕見的異數；故而，皇權以「敢倡亂道，惑世誣民」的罪名將他下獄，「盡搜燒毀」他的已刊、未刊書籍。而李贄「堅其志無憂群魔，強其骨無懼患害」，以 76 歲高齡自刎於獄中。李贄的思想反叛無愧於中國古代的性靈文學和平民文學的旗幟。

　　進入清朝之後，嚴酷的文字獄使文人失語，也使以考據為主的「乾嘉學派」再次成為主流，那種「以繁為貴」的瑣碎，考證一個字的古義、一個字的音訓或偏旁，居然動輒千言，已經把中國式注經式學問作死了。

　　正如提倡用新方法來「整理國故」的胡適所言：「現在一班少年人跟著我們向故紙堆裡鑽，這是最可悲歎的現狀。我們希望他們及早回頭，多學一點自然科學的知識與技術；那條路是活路，這條故紙的路是死路。」（《治學的方法與材料》，1928 年）

　　當代中國最大的掉書袋學者，非錢鍾書莫屬。他的四大本《管錐編》，大都是東拉西扯的引文。我承認，錢鍾書做的這種掉書袋學問，也殊為不易，起碼要博覽群書，掌握多種外語，甚至可以譽之為「難能可貴」或「堪稱一絕」。然而，資料豐富固然重要，可以避免空洞的長篇大論，但史料過於堆積而論述又嫌過於簡約，很有些掉書袋子的賣弄之嫌。如果沒有真知灼見，其博

學也必然隨之貶值。

　　眞不知道這種「注經」式的做學問傳統，何時了結？六四後，大陸知識界有所謂「思想淡出而學術凸現」之說，也很有人提倡回到「乾嘉的考據時代」。

　　與做學問的注經傳統密切相關的另一傳統，是在作詩爲文上講究「用典」，故有宋代名家黃庭堅的「點石成金」之詩論。宋人偏愛杜甫而貶低李白，一是因爲杜甫杜詩多爲「載道」之作，而白詩多爲「性靈」之作；二是因爲杜詩喜歡用典且用的巧妙，而白詩大都不假典故，直抒胸臆。

　　比如，宋人論到杜詩，便讚其爲集歷代優秀詩人之大成：「蘇武、李陵之詩長於高妙，曹植、劉公幹之詩長於豪逸，陶潛、阮籍之詩長於沖澹，謝靈運、鮑照之詩長於峻潔，徐陵、庾信之詩長於藻麗。子美者，窮高妙之格，極豪逸之氣，包沖澹之趣，兼峻潔之姿，備藻麗之態，而諸家之作，所不及焉。」而論及白詩則貶其爲輕浮俗氣：「荊公次第四家詩，以李白最下，俗人多疑之。公曰：『白詩近俗，人易悅故也。白識見汙下，十首九說婦人與酒，然其才豪俊，亦可取也。』」「李白詩類其爲人，俊發豪放，華而不實，好事喜名，不知義理之所在也。」

　　讀大學時，老師講到杜甫詩歌的用典問題時，常引杜甫本人的經驗之談：「讀書破萬卷，下筆如有神」。所以，宋代名家黃庭堅在〈答洪駒父書〉對杜詩的評價：「老杜作詩，退之（韓愈）作文，無一字無來處。」

　　當時，我曾舉手向老師提問：「文學創作水準的高低與讀書多少沒有必然聯繫。許多沒讀多少書的作家照樣寫出偉大的作品。而如果『無一字無來處』可以成爲作詩爲文的高標準，那麼

這樣的創作很有點抄襲之嫌。」時至今日，我仍然不明白，「老杜之詩，無一字無來處」的詩評，怎麼可能變成大詩評家的審美標準？「點石成金」的用典，怎麼可能演化爲大詩人推薦的作詩法則？

早年讀大學時，對古典詩文，我很反感漢唐詩裡的微言大義而特別偏愛陶淵明的潔淨性靈。故而，我不喜歡屈原的病態自戀而欣賞太史公司馬遷的清醒自省；不喜歡漢大賦的鋪排華麗而喜歡《古詩十九首》的質樸；不喜歡詩聖杜甫的載道濟世和大儒韓愈的道貌岸然，而喜歡詩仙李白的放浪不羈和詩鬼李賀的詭異超常，也由此偏愛宋詞婉約派的人性化抒情。我猶愛柳永那「執手相看淚眼」的纏綿俳惻，爲怒沉百寶箱的杜十娘等奇女子所感動，能夠背誦湯顯祖爲《牡丹亭》所作題詞：「天下女子有情，寧有如杜麗娘者乎！夢其人即病，病即彌連，至手畫形容傳於世而後死。死三年矣，復能溟莫中求得其所夢者而生。如麗娘者，乃可謂之有情人耳。情不知所起，一往而深。生者可以死，死可以生。生而不可與死，死而不可復生者，皆非情之至也。」

相對於文以載道、豪放恢弘的漢唐文學而言，以「吟詠性靈」爲特徵的宋明清三代之文學，按照古典標準，固然顯得有些委婉小氣，但如果按照現代審美標準，那種貼近眞實人性的吟唱，恰爲國人之審美視野開出別一樣嶄新天地，其精髓乃爲「離廟堂而入閨房」，創造出一系列悲劇性的愛情傳奇。如果說，文以載道的文學是皇權制度的墓誌銘，那麼，吟詠性靈的文學則是人性欲求的傳奇，在文以載道的正統之外開出另一番人性大天地。

五四時期的新文化運動中，周作人率先提倡「人的文學」和「平民文學」，他認爲，幾千年來，中國人只知道如何「做人」卻

「幾乎都不知道自己是人」。他提出「人的文學」所依據的中國古代文學資源，主要就是宋以後的「抒發性靈」之文學，而唐以前的中國古典文學，主角是「帝王將相」，主題是「社稷江山」。中國古典文學的人性化、平民化的傳統，萌芽於宋代的詞曲和筆記，興盛於元曲和明清的戲劇小說。所以，五四文學革命的主將胡適對周作人的文學理論評價很高，他在《中國新文學大系‧建設理論集導言》裡，把周作人的「人的文學」作爲五四新文學革命的綱領之一。

讀中國古典詩文，與女人的眞情和高潔相對比的，正是男人的霸道、虛僞、猥瑣和齷齪。在巍峨的皇宮和豪華的庭院的背後，在後宮萬千佳麗的雍容華貴和深宅三妻四妾的家規祖訓之中，我讀不出一絲女人之爲女人的性情和滋養。她們要麼成爲傳宗接代的生殖工具，要麼空守毫無生命的富貴榮華而耗盡大好青春，所謂「寥落古行宮，宮花寂寞紅。白頭宮女在，閒坐說玄宗」是也。她們之中的成功者，也絕非「眞愛」的獲得者和奉獻者，而僅僅是由生殖工具上升爲弄權工具，即在男權社會中卻能讓男人們俯首貼耳的佼佼者。這類成功的女人，皆是盡脫人性的女人，甚至變得比男人還六親不認、還心狠手辣、還唯我獨尊、還貪圖淫逸。

所謂「清水出芙蓉，天然去雕飾」之地，絕非妻妾成群的深宅大院和佳麗三千的金壁皇宮，而是輕飄浪蕩的街邊陌巷。不僅是官場上失意的士大夫們，還有宮禁深處的天子，雖然擁有三宮六院的無數佳麗，亦喜歡裝成平民去青樓尋找男歡女愛，以擺脫宮廷的繁瑣而森嚴的主奴禮儀。如果有一天我能再次走上講臺，一定以此爲題，講講中國文學中的妓女，淪落風塵的別名就是自

由戀愛，青樓才是女人真性情可以舒展的天地。

宋詞之審美風格，有文以載道的豪放和抒發性靈的婉約之分，在傳統文學史家的眼中，往往是褒豪放而貶婉約。但在我看來，婉約派的出現，實為中國古代審美趣味的一大轉折，即由注重宏大的載道轉向微觀的性靈，由對君王社稷之嘔心瀝血轉向對人情人欲、男歡女愛之沉湎享受，由對抽象使命之抒發轉向具體人性之發現，是不可多得的「人的文學」，其審美價值遠遠超過非人的「廟堂文章」。

曉風殘月之中的「執手相看淚眼」，那種竟無語哽咽的世俗畫面和人性深情，實在勝過「大江東去浪淘盡」的空洞抒發。晚明時期，袁宏道的小品文，湯顯祖的戲劇，馮夢龍和凌濛初的小說，特別是長篇市井小說《金瓶梅》，突破了載道文學的禁錮，開出一片人性、世俗、平民的新天地。正是宋詞之婉約和《金瓶梅》之俚俗，為曹雪芹的創作提供了兩大美學資源，創作出作為中國古典文學人性化峰巔的《紅樓夢》。曹雪芹對女人的欣賞和對男人的鄙夷，就蘊含在宋詞婉約派的價值觀和審美態度的轉折之中。

也許只是我個人對傳統注經式和考據式的做學問方式成見太深，所以，我佩服諸如陳寅恪先生、錢鍾書先生的博學，但對他們那些過於掉書袋子的學術著作卻缺少敬意。也許，自己天生就不是做中國式學問的材料，沒有那種「頭懸樑，錐刺骨」地扎入故紙堆的毅力，故而對古人那種過於注重故紙堆而輕視經驗調查之考據方法抱有偏見。

如果我將來還有機會講述中國古代文學史，我會重新解讀「載道派」和「性靈派」，特別是宋詞之中的「婉約派」，也會重

新評價所謂的「盛唐之音」和宋詞元曲、明清戲劇小說。

1999 年 4 月 30 日於大連教養院

2006 年 7 月 8 日整理於北京家中

首發《民主中國》2006 年 7 月 10 日

知識人的烏托邦和野心家的工具
——獄中讀弗蘭克《俄國知識人與精神偶像》

讀《俄國知識人與精神偶像》（徐鳳林譯，上海學林出版社1999版），第一感覺是，俄國知識人的自我批判，幾乎全部可以變成對中國知識人的批判。比如，在民粹主義盛行的時代，俄國知識人熱衷於「到民間去」，讓人想起現代中國知識人的鄉村教育試驗；俄國知識人在論戰中所用的一些詞句，也讓人想起毛時代的大批判，如「豢養」、「走狗」之類的詞，在當時俄國已經非常流行。

在兩個國家的大變革時代，兩國知識人的道路具有頗多相似之處，比如，他們都曾由自由主義走向共產極權，這種相似選擇的背後，也必定有著共同的人格誤區和思維盲點。

一、共產主義的偶像崇拜

該書作者弗蘭克（Semen L. Frank）是俄羅斯的宗教哲學家，他以探討宗教倫理為核心，先後出版過《虛無主義倫理學》（1909）、《偶像的毀滅》（1923）、《生命的意義》（1925）、《上帝與我們同在》（1946）和《黑暗中的光明》（1949）等著作，在宗教倫理學領域不乏創新之處。特別是他對俄羅斯知識人的批判，

往往能獨闢蹊徑，擊中要害。在《俄國知識人與精神偶像》一書中，他從宗教偶像與世俗偶像的區別出發，批判地探討俄羅斯知識人為什麼選擇共產主義。

二十世紀，既是一個充滿動盪和血腥的世紀，也是一個民粹主義和救世主義盛行的世紀，因而也是一個偶像迭出而又不斷毀滅的世紀。二十世紀的大災難大都出在世俗的偶像化上。

作者對俄國知識人的批判正是從偶像崇拜談起。

只要是人，特別是大眾，都免不了偶像崇拜。大眾心目中的偶像又都具有神化的特點，在這點上，有神論與無神論之間沒有區別。二者的區別僅僅在於崇拜物件的不同——宗教偶像就是神，而世俗偶像是被神化的人。

在西方，基督教的崇拜倫理指向超人的救主，即世界上只有一個神——上帝——任何人都不能與上帝平起平坐。所以，要崇拜只能崇拜神而千萬不能崇拜人，無論是征服過半個世界的帝王還是富可敵國的富豪，都不能崇拜。因為，一旦崇拜人，特別是把某個人當作救主，必將大禍臨頭。

在人類的局限性或弱點中，精英階層的最大弱點是不斷膨脹的狂妄，自以為無所不知無所不能，特別是那些意欲扮演凱撒的野心家，幾乎個個都自封為「人間救主」，許諾給民眾一個「人間天堂」。或者說，無神論的崇拜倫理尋找人間救主，那些被尊為人間救主的人，一面進行自我神化，一面煽動大眾崇拜；大眾的愚昧和奴性，賦予了人間救主以神的特權。久而久之，人的狂妄本性越來越膨脹，直到這些人間偶像自我加冕為神，將先知和國王的身分合而為一，握有一言九鼎的絕對權力。

大眾階層的最大弱點是逃避自由的奴性和尋找救主的盲目，

他們渴望被拯救，渴望在他人庇護下獲得安全和福利，渴望通過追隨偶像來實現自己的意義，渴望投入法不責眾的群體狂歡；因而，他們尋找人間救主，把全部希望寄託在救主身上；而且，他們的生活越是困頓，他們尋找救主的渴望就越強烈。無神論大眾是自相矛盾的，他們既不承認上帝的存在及其拯救，但又要在世俗人間尋找偶像並期待被拯救。他們崇拜偶像的癲狂與服從偶像的絕對相輔相成。以至於被拯救的渴望不斷強化，把他們帶入盲目而狂熱的迷信之中，絕對相信偶像的一言一行及其所許諾的「人間天堂」，從而把自己的自由全部交給偶像。而交出自己的自由就等於成全獨裁者。

於是，我們看到，在二十世紀的歷史中，凡是極權國家都曾有過群體性的個人崇拜癲狂，從希特勒到墨索里尼，從史達林到毛澤東，從金日成到波爾布特（臺灣譯為波布），從薩達姆・海珊到霍梅尼（臺灣譯為何梅尼）⋯⋯這些自稱可以造福於千秋萬代的人間偶像，他們都曾得到過全國性甚至世界性的崇拜，卻一個個變成了貽害無窮的暴君。

二、民粹主義的人民崇拜

對各類暴君的神化，乃二十世紀的荒謬景觀。民粹主義的盛行為暴君崇拜提供土壤，所有暴君也都要通過祭起民粹主義「人民崇拜」的旗幟來煽動革命狂熱。不幸的是，凡是產生這類暴君的國家，知識人往往都在扮演神化統治者和愚弄民眾的角色，而且，類似列寧這樣的獨裁者和毛澤東這樣的暴君，其年輕時代個人身分也大小算個知識分子。

「民粹主義」是英語 populism 的漢譯。據《布萊克維爾政治

百科全書》對 populism 詞條的定義，它包括「人民黨主義、民粹主義、民眾主義」，來源於十九世紀的「美國人民黨主義」和「俄國民粹主義」。前者以「農業平民主義」命名，後者以「農民民粹主義」命名。其中，俄國民粹主義更符合我們今天對「民粹主義」的理解：「激進的知識分子將農民理想化，希望在俄國農村中殘存的集體耕種的傳統基礎上，建立一個新型的社會主義社會。這場運動在 1874 年達到了巔峰，年輕的知識分子們『走到人民中去』，湧向農村宣講農民社會主義的教義。在發現農民們無動於衷後，一些民粹主義者採取恐怖行動，成功地刺殺了沙皇。」（《布萊克維爾政治百科全書》，【英】大衛·米勒與韋農·柏格丹諾合編，鄧正來等譯，中國政法大學出版社 1992 年版 p.589）

民粹主義在階級劃分上美化平民（農民、工人、其他無產者大眾），完全無視個體而極端獻媚於大眾，無法容忍多元化，敵視個人主義，貶低財產、知識和文化，在經濟上主張平均主義，在政治上提倡平民的或大眾政治；它把人民神聖化抽象化為最高的整體利益，進而把國家上升為人民這一最高整體利益的代表，也就必然把國家權力加以神化，最終走向對國家權力的代表——統治者——的神化。所以，無政府主義、納粹主義和共產主義都是民粹主義的變種，思想家浦魯東（又譯為普魯東，Pierre-Joseph Proudhon）、歐文（Robert Owen）、馬克思，政治家甘地、尼赫魯（Jawaharlal Nehru）、希特勒、列寧、毛澤東，也都帶有強烈的民粹主義情懷。

十月革命前，俄國流行三種主義：馬克思主義、民粹主義（populism，又可譯為「平民主義」）和自由主義，前兩者具有天

然的親和力，馬克思主義的普羅大眾崇拜和民粹主義的平民崇拜，皆源於西方宗教「上帝選民」的觀念。俄羅斯人最後拋棄自由主義而選擇了前兩種主義的混合物——列寧主義——也就毫不奇怪了。儘管，列寧主張無產階級及其先鋒隊領導一切，也批判「小農民粹主義」，但列寧主義的實質，是把俄羅斯東正教的救世主義轉化為共產主義的烏托邦狂熱，用無產階級代替了神的選民，用革命黨（先鋒隊）代替了傳教團體，用革命黨領袖代替了上帝，讓大眾把獨裁者當作上帝來崇拜和服從。

民粹主義首先是一種仇恨情結，他們厭惡貴族、權勢者、有產者和知識分子等精英，而同情平民、無產者、甚至流氓地痞，也就是無產業無知識的大眾。民粹主義不光是同情，還特別煽情地貶低精英而無限制地抬高大眾，賦予了大眾以無窮的創造力和優越的道德感，最後發展為「大眾崇拜」：大眾不僅是主人，而且是創造歷史的動力。

馬克思主義、列寧主義和毛澤東思想中都有濃重民粹主義的成分，特別是毛澤東思想中的民粹主義可謂登峰造極。毛澤東從戰爭年代起，就毫不含糊地肯定下層民眾的造反式革命，稱讚流氓無產者的「痞子運動好得很！」他說：高貴者最愚蠢，卑賤者最聰明；老農的手和腳最骯髒，但靈魂最乾淨。他高喊：「人民，只有人民，才是創造歷史的動力。」他進行革命的動員模式是「走群眾路線」，他收買追隨者的口號是「為人民服務」。

民粹主義的正面是「人民崇拜」，反面是打倒精英，特別是經濟精英和知識精英，所以，民粹主義具有強烈的清教徒主義和反智主義的傾向。民粹主義蔑視和仇恨任何有產者，無論是物質財產還是精神財富的擁有者。在他們看來，知識分子也是有

產者，擁有並壟斷了精神財富。所以，民粹主義必然把對財富擁有者的仇恨推廣到知識文化領域，要把物質財富和精神財富的擁有者統統踩在腳下。在這方面，毛澤東應該是最典型的反智主義者。

毛澤東對財富擁有者的仇恨，不僅要打倒地主和資本家，也要消滅個體性的小商小販，甚至在人民公社運動中，連農民的那點可憐的「自留地」和自養家禽，也要當作資本主義的尾巴割去。同樣，毛澤東對知識和文化擁有者的整肅，也貫穿於他從打江山到坐江山的整個政治生涯。早在延安時期，他就發動了針對知識分子的整風運動，〈在延安文藝座談會上的講話〉變成了指導文藝創作的「聖經」，「爲工農兵服務」成爲反精英文化的意識形態基礎。他要求文學藝術的通俗化和知識精英的平民化、農民化、無產階級化，他要把知識人改造成革命者，把文藝和學術作爲政治鬥爭的工具，「以筆做刀槍」地投入暴力革命，進而把知識人變成依附在政治權力之皮上的毛。1949 年掌權以後，他更是發動了一次次針對知識分子的政治運動，從思想改造運動到反胡風，從反右到文革，毛澤東式反智、反精英、反文化運動一步步走向登峰造極。他把知識分子趕到農村、工廠和五七幹校，接受大眾的改造；他把知識分子打入勞改農場和監獄，剝奪其人身自由；他強迫知識分子在群眾大批判中低頭認罪，讓知識人尊嚴掃地。毛澤東玩弄知識精英和人性改造的個人欲望滿足了，帶給中國的卻是精神荒漠化和一片文化廢墟。

所以，許多研究毛澤東的外國學者都認爲：毛澤東是一個用馬克思主義包裝起來的民粹主義者。

共產主義式的民粹主義是精英主義和民粹主義的奇妙結合。

一方面，他們把無產者奉為上帝，把擁有財富視為絕對罪惡，追求強制性的絕對平等；他們遷就、縱容和鼓勵大眾的無知、庸俗、盲目和怨恨。另一方面，知識精英群體的「窮人崇拜」實質上是「為民作主」，是另類的「精英救世主義」。他們正是利用了「奉人民為上帝」的蠱惑，才把自己變成人民的上帝。他們「到民間去」是為了啟蒙大眾，按照自己設計的烏托邦方案改造大眾。所以，作為思想流派的民粹主義是有閒知識分子的遊戲，滿足了他們的異想天開；作為政治運動的民粹主義是野心家牟取權力的工具，滿足了他們利用和操縱大眾的欲望。特別是在現實的政治鬥爭中，政治野心家的民粹主義並非真的「人民崇拜」，而是通過發動人民戰爭來奪權，依靠「為人民服務」的口號來掌權。

　　二十世紀的無神論知識分子的民粹主義狂熱，恰恰是製造人間偶像的輿論先導，為個人崇拜時代的降臨提供了思想支援，為大眾化的暴力革命提供道義合法性論證，用目標的崇高來論證「以暴易暴」的合理性。在俄國知識界的「到民間去」的思潮中，早就蘊含了十月革命的種子；中國知識界點燃的「勞工神聖」之火，鍛造出中共奪取政權的利器。而在現實中，知識人所論證的目標與手段之間的關係出現難以預料的顛倒，「高尚目的」淪為濫用暴力的藉口，民粹主義的「為人民服務」變成了對人民的奴役。

　　比如，毛澤東的教育三結合（教學與階級鬥爭、生產實踐、勞動人民相結合）和「五七道路」式的再造共產新人的試驗，很容易讓人聯想到陶行知的教育理論及其試驗。陶行知的「教育救國論」是按照民粹主義的社會理想來改造中國。他放棄了優裕的教授職位（月薪五百元大洋）和城市生活到農村搞「鄉村教育」

試驗，他穿草鞋，戴斗笠，住牛棚，用同甘共苦的精神來普及鄉村教育，進而用普及鄉村教育來改造農村；他發明了「教、學、做」三合一的方法，學生不僅要學知識、學做人，更要學習如何種田、做木工，以及所有生活技巧，連燒飯、種菜都要熟練。而毛澤東也要青年學生「學工、學農、學軍」，動員知識青年到農村去「接受貧下中農的再教育」。

三、民粹主義的兩極合流

　　民粹主義具有狹義和廣義之分。狹義的民粹主義是指那些以民粹主義爲旗幟的思想流派和社會運動；廣義的民粹主義是指所有具有民粹主義情懷的思想流派、社會思潮和社會運動。比如，無政府主義和共產主義就可以歸入廣義的民粹主義。在西方對民粹主義的研究中，儘管無政府主義者浦魯東、巴枯寧（Michael Bakunin）和共產主義者馬克思展開過論戰，但他們都具有對財產的仇恨、對平民的崇拜和對革命的熱衷，所以也都可以稱爲民粹主義者。

　　具有民粹主義情懷的精英往往會走向兩個極端，要麼走向砸碎一切權威的無政府主義，要麼走向服從於一個絕對權威的極權主義。無政府主義過於相信大衆的自治能力，甚至相信到盲目的程度——沒有政府和沒有權威的社會才是最平等、最自由、也是最理想最美好的社會。所以，他們希望從對政府及其權威的大破壞中誕生一個絕對自治的社會；共產主義過於抬高無產者的組織性、創造性和道德優勢，甚至把「無產者」奉爲唯一革命力量，希望通過無產階級革命的「大破壞」來建立一個全新的無階級的共產社會。二者的區別在於，無政府主義的理想是通過大衆的絕

對自治來建立人間天堂，而共產主義的理想是通過唯一的上帝選民（絕對權威）來建立人間天堂。

　　儘管，從馬克思到列寧再到毛澤東的共產主義者，也都批判無政府主義，但在喜歡走極端和崇尚大破壞這點上，二者可謂孿生兄弟。兩者都向人類提供了一種社會烏托邦，也都把「大破壞」作為實現其烏托邦的唯一手段。或者說，暴力作為實現政治利益的最後手段具有絕對的合法性，只要是為了階級、政黨和領袖的目的，就可以不擇手段地使用暴力。

　　無政府主義的代表人物之一浦魯東的最著名格言為：「財產就是盜竊。」馬克思著名的格言之一是：資本從降生到這個世界上，「每一個毛孔都充滿了血污」。另一位無政府主義的代表人物巴枯寧的最著名格言是：「破壞的激情就是創造的激情」，「破壞就不僅被認為是創造的手段之一，而且一般地等同於創造，或者確切地說，完全佔據了創造的地位。」馬克思主義宣揚徹底決裂論、飛躍性前進和終極理想，鼓動通過無產階級暴力革命奪取政權；列寧率先踐行了馬克思的暴力奪權論，創建了世界上第一個共產極權國家；毛澤東崇尚槍桿子裡面出政權，在農業大國裡完成了社會主義改革。特別是毛澤東的造反論，即「不破不立，破字當頭，立在其中」，與巴枯寧的「破壞就是創造」，實乃異曲同工之妙。

　　人類的天性及其社會現實天然要求權威，而無政府主義僅僅是毫無現實操作性的狂想，其最有意義的存在方式，至多是作為多元社會中的思潮之一。大到一個國家小到一個社區，無論自治到何種程度，也無論混亂到何種地步，都將自發地產生權威。所以，無政府主義很容易從一個極端到另一個極端，最終走向極權

主義。展現在我們面前的二十世紀的民粹主義，幾乎無一例外地從「人民崇拜」走向「個人崇拜」。中國作家巴金從「我控訴」的吶喊到中共獨裁的最大花瓶，就是從無政府主義走向共產主義的典型。

　　無神論革命者大都是粗俗的唯物主義者，不信上帝及其天堂，卻把對世俗天堂的狂熱提升爲一種準宗教的信仰，實際上是只關心政治權力，是一種絕對的功利主義。它把純藝術和純科學視爲反動，拒絕一切宗教性的終極價值關懷，拒絕一切超世俗的理想和神聖，甚至除了極權者本人的天才之外，他們拒絕一切個人的天才創建，使文化和精神變成政治鬥爭的工具或庸人群體的消費享樂。這一切在中國近現代知識分子身上表現得都極爲強烈。這種無神論的靈魂是「虛無主義」，即沒有超塵世的絕對價值支撐的生存狀態，實際上是「無靈魂」。

　　這些知識分子的無信仰狂熱，一方面讓大衆做出自我犧牲而自己卻變成救主式英雄，另一方面又走向絕對的不寬容，他們只有一個標準：以我爲準。所以，他們不允許任何異己，對不同的思想趕盡殺絕，造成人的精神畸型和制度獨裁化。

　　無神論知識分子還有對科學的狂熱崇拜，他們崇拜科學而排斥屬靈的宗教信仰，他們在科學中尋找一切而排斥其它方式的探索，從而將科學提升爲準宗教，形成了「唯科學主義」：在方法上將科學的實際功用神聖化，一切都被貼上科學的標籤，唯科學主義的大棒四處開花。恩格斯把馬克思主義稱爲「科學社會主義」，毛澤東把大躍進的放衛星稱爲「科學種田」，江澤民把法輪功定義爲「反科學」的邪教。實質上，他們的「唯科學主義」不是在科學中探討眞理，而是把科學作爲獨裁制度的包裝，用科

學來為其政治、道德和意識形態的操控進行合法化論證。這是一種自私而狹隘的工具論，即一黨利益高於一切，科學也要服從黨的利益。而一旦有人對他們的科學論斷提出異議，他們才不會用科學討論的方式來對付，而是要動用紅色暴力和群眾大批判來懲罰。

1999 年 6 月 1-3 日於大連教養院

2006 年 8 月 20 日整理於北京家中

首發《人與人權》2006 年 9 月號

被上帝馴服的凱撒，
被信仰征服的權力

　　作者題記：如果說，古希臘精神是西方文明的頭腦，那麼，基督教信仰就是西方文明的心臟。沒有頭腦，西方就失去了創造力；沒有心臟，西方就找不到道德方向。

一、兩希精神與西方文明

　　談及西方歷史，不能不談「兩希精神」（古希臘和古希伯來）對塑造西方文明的關鍵作用。希伯來精神爲理性的西方注入了信仰的虔誠，克服了享樂主義的放縱和悲觀主義的虛無，培育出西方人直面生命悲劇的樂觀勇氣和直面人性罪惡的謙卑懺悔。古希臘精神爲信仰的西方注入了理性的清醒和普世精神，克服了猶太教反智主義的愚昧和魔法主義的迷信，也克服了猶太教狹隘的民族主義，從而成就了宗教與科學、信仰與理性、啓示和眞理、普世道義與民族特性之間的競爭與平衡、貫通與圓融。

　　從文化史的角度看，基督教是羅馬人戰勝希臘人的產物，是羅馬人在應對外來文化衝擊過程中，將外來文明納入自己傳統的成功嘗試。希伯來的一神教不僅爲西方文化注入了新的血液，而且使它在一種多元的對立中向前發展。中世紀的人與神、肉與靈

的絕對對立，一方面培養了西方人的苦難意識和謙卑精神，另一方面又培養了西方人的虔誠、獻身、負責等精神。對十字架的信仰中有一種純粹的超越性追求，對上帝的懺悔中有一種絕對的忠誠。正是天堂使人類意識到了人世的庸俗、邪惡、懦弱。借助於一個絕對超驗的信仰參照系，基督教貢獻給人類的最寶貴財富，就是為人類提供了自省意識，人對自身的懷疑、批判甚至否定，成功地抑止了人對自身的確信和讚美所養成的狂妄。

儘管黑暗，但人類從來沒有過中世紀神學中的那種虔誠和謙卑；儘管無情，但人對自身從來沒有過中世紀精神中那種自揭傷疤的殘酷。西方近、現代人所具有的職業精神、超越精神、懺悔精神和自我批判，大都來自「兩希精神」，或者說古希臘精神是通過基督教的改造後才傳給後代的。雖然，從文藝復興到尼采主義的風靡，西方人以古希臘精神來否定基督教文化，然而，二者已經熔鑄成一體化的西方文明，滲入到西方文化的骨髓及其制度的血液之中。

西方人對超驗上帝如醉如癡的虔信，既有古希臘哲學形而上學精神的注入，也不乏古希臘人的酒神精神之沉醉。古希臘和古羅馬的普世主義對基督教的影響，使之能夠超越猶太教的狹隘性；古希臘的理性精神使基督教能夠擺脫「反智主義」，避免基督教信仰陷於巫術迷信的泥潭。更重要的是，西方現代人的悲觀主義對罪惡的勇敢正視和對苦難的深切體驗，恰是來自教父時代基督教的神學：「原罪」意識才是西方人自省意識和懺悔精神的源頭，也是現代生命哲學和潛意識心理學的本體論源頭。僅這兩點，基督教時代的精神、思想和制度，就值得人類永遠珍惜。

如果說，古希臘精神是西方文明的頭腦，那麼，基督教信仰

就是西方文明的心臟。沒有頭腦，西方就失去了創造力；沒有心臟，西方就找不到道德方向。

二、羅馬人對基督教的迫害

基督教信仰及其教義來自上帝對猶太人的默示——末日審判之日就是天國降臨的秘密啓示。基督教的教條和儀式來自耶穌個人獨特行跡和保羅等先知的佈道福音，信徒的虔誠和贖罪觀念來自耶穌殉難所帶來的靈魂震撼，更來自信徒對聖子的復活及其永生的虔信——基督將降臨且建立天國。基督教教會在西方逐漸興盛，承襲了羅馬人的組織形式及其特徵。

然而，羅馬人並不是從一開始就接受來自猶太民族的基督教的，而是在迫害猶太人的同時迫害基督徒。

羅馬人曾經瘋狂迫害過猶太人，繼巴比倫人在西元前586年第一次洗劫聖城、焚毀聖殿、驅逐猶太人之後，西元70年和131年，羅馬人兩次大規模入侵猶太人的領地，再次焚毀重建的聖殿，兩次共屠殺將近二百萬猶太人。經過兩次大劫難，僥倖活下來的猶太人，要麼成爲流離失所的難民，要麼先成爲俘虜，之後成爲奴隸。

由於基督教是從猶太教中分離出來的信仰團體，迫害猶太人的羅馬人也必然同時迫害基督徒，基督教在西方的最初命運也極爲悲慘。在早期基督教的歷史上，基督徒被視爲雙重異教徒，既被猶太教正統視爲異端，又被羅馬人視爲異教。基督教創始人耶穌之死，就是猶太人和羅馬人的共謀：猶太人把耶穌出賣給羅馬當局，羅馬執政官在狂熱的猶太教徒的縱容下，把耶穌送上十字架。之後的三百多年時間裡，基督徒的命運也像屢遭迫害的猶太

人一樣，在持續的迫害中堅守信仰。基督徒對羅馬迫害的反抗，也是來自猶太底層對羅馬貴族的反抗，只不過，基督徒的反抗最終修成了正果。而幾千年漫長的人類歷史上，對猶太人的迫害一次比一次兇殘，猶太人的反抗大都無果而終，直到希特勒的種族滅絕達到兇殘的極點。物極必反，遭遇過空前大屠殺的猶太人，二戰後終於在美國的幫助下修成了獨立建國的正果。

在當時的羅馬，人們的信仰五花八門，羅馬統治者對官方正統宗教之外的其他信仰，並沒有採取趕盡殺絕的政策，而是在逼迫其宣誓效忠羅馬統治的前提下予以寬容。所有信徒，無論你信仰什麼，都要服從羅馬規定：必須通過某種儀式——比如在皇帝的雕像前燒香料——來表示對羅馬皇帝的效忠，而拒絕效忠者將被監禁、鞭打、放逐乃至處死。在當時各種宗教的信徒中，唯有猶太人和基督徒拒絕這類宣示效忠世俗皇帝的儀式，於是，二者同時成為被迫害的對象。（如同二十世紀的極權國家，無論你信仰什麼，都要宣誓效忠執政黨政權一樣。比如，在中國，基督教、佛教和伊斯蘭教，皆有官方操控的教會組織，各級神職人員由中共任命，不但要擁護中共的領導和社會主義制度，而且都有相應的行政級別，所謂「正部級主教」、「局級和尚」、「處級阿訇」，此之謂也。而由羅馬天主教會任命的中國區主教則被官方視為非法，地下家庭教會也屢遭中共打擊。但基督教在中國的蓬勃發展絕非官方禁令所能壓制住的。到目前為止，民間初步統計的基督徒已經高達七千萬。）

從西元之初的羅馬皇帝提庇留（又譯為提貝里烏斯，Tiberius）、尼祿（Nero）、多米提安（Titus）到後來的哈德良（Hadrian）、康茂德（Commodus）、戴克里先（Diocletian），無論他們是昏君暴

君還是明主仁君，但在基督徒眼中，他們都是暴君，因爲他們對基督徒的迫害一以貫之。古羅馬的知識精英也非常歧視基督教，比如，著名歷史學家塔西陀（Gaius Comelius Tacitus）就認爲：基督教是那些喪失理性的人們的怪誕信仰，充其量是另一個令人鄙夷的迷信崇拜，基督教的出現，爲人類的可悲之處提供了又一例證。

古羅馬歷史上最著名的暴君尼祿（西元 37-68），不但釘死了基督教的先知彼得和保羅及許多基督徒，而且發佈命令：所有宣稱基督徒者一律處死。

多米提安皇帝（西元 51-96）頒佈命令：把所有基督徒驅逐出羅馬，不服從者死。

哈德良皇帝在羅馬人眼中應該算是明君，但他曾血洗過巴勒斯坦的猶太人聚居地，而且在對猶太人進行了大規模的屠戮之後，還下令處決過多名基督徒。他下令用火燒死了德高望重的主教波利卡普（Polycarp）。

被譽爲品行高潔的哲學家帝王奧理略（Marcus Aurelius）（西元 121-180），也逮捕並用酷刑把基督教的領袖折磨致死。他還下令：關在監獄裡的犯人，凡是否認自己是基督徒的人全部釋放，而凡是自認爲是基督徒的人全部處死。當時，在里昂舉行每年一度的慶祝會上，基督徒居然成爲製造慶典高潮的活道具：基督徒犯人被帶進競技場內受審，當場表示改變信仰者被釋放，而仍然堅持基督信仰的人統統被施以殘暴的酷刑處死。而且，在對基督教的迫害中，受洗也是犯罪，數位基督教的主教因此而被處死或死於獄中，成千上百的基督徒被關入地牢，有的被砍頭，有的被燒死在火刑柱上，有的在節假日裡拋給野獸吞食。

瓦萊里安皇帝（又譯為瓦勒良，Valerianus）的屠刀專門為基督教的領袖們準備，他先後處死過教皇西克斯圖斯二世（Pope Sixtus II）和他的四位輔祭，還砍了迦太基主教的頭，把塔拉戈納的主教燒死。

開明的皇帝戴克里先，也在西元 302 年 2 月下令：沒收基督徒及其教會的財產，禁止基督徒擔任任何公職；拆毀所有基督教教堂，焚毀所有基督教書籍，解散所有基督教集會，一經發現集會就立即逮捕並處死。

在羅馬人對基督教的迫害中，馬克西米安（Maximian）皇帝最為兇殘，在他迫害下，直接被砍頭、被釘死、被亂棒打死的，已經算是死得不太痛苦的基督徒了，還有許多基督徒被施以各類酷刑後才處死。有的被用箭戳穿手指，有的被長時間倒吊起來，有的被挖出眼球，有的被熔化的鉛灌進喉嚨，有被四分五裂而死的，甚至把基督徒鞭打至皮開肉綻之後，把鹽和醋撒在傷口上，然後把肉一塊塊割下來餵野獸。最殘酷的處死方法，莫過於把基督徒綁在十字架上讓饑餓的野獸撕咬致死。

有的皇帝把基督徒按在燒紅的鐵椅子上活活烤死，也有皇帝下令把基督徒帶入競技場受審，不改變信仰者將當眾被牛角頂死。

三、基督徒的殉道式反抗

作為宗教民族的猶太人是極為頑強的，他們執著地堅持自己的信仰，拒絕在基督教的洗禮中洗掉自身的民族性，他們勇於承擔起壓迫，甚至為了堅守自己的信仰和民族性而從容殉難。猶太人用以抵抗頻繁的外來壓力的勇氣，並不僅僅來自強烈的宗教信

仰，更來自他們對自己的良知自由和信仰自由的堅守。

羅馬人把猶太人視爲死不改悔的異教徒，因爲猶太人爲了堅守自己的信仰而對羅馬人的暴力統治進行的反抗，從未停止過。

發源於猶太教的基督教秉承了猶太人的不屈從傳統，基督教本身就誕生於猶太人基於一神教信仰對羅馬人的反抗之中。基督徒的反抗與猶太人反抗之間的不同在於：猶太人的反抗是武力爲主而良知不服從爲輔，而基督教反抗則以良知不從爲主。自從耶穌被釘於十字架之後，這種社會底層對羅馬貴族統治的反抗，便走上了徒手信仰對暴力鎮壓的殉道式反抗的道路。正如美國歷史學家威爾·杜蘭（William Durant）所言：「在歷史上，爲爭自由而戰的人民，從來沒有像猶太人那麼不屈不撓的，也沒有那麼以寡敵衆的。——甚至直到我們這個時代，猶太人爲重獲自由而奮鬥，常常失去很多人，但從未喪失他們的精神或希望。」（《世界文明史·凱撒與基督（下）》，東方出版社 1999 年版 p.714；以下簡稱《下》）這樣的評價，自然也適用於早期基督徒對羅馬人的反抗。

在《新約聖經》的記載中，耶穌僅僅是帶領目不識丁的一小隊底層人馬，向整個世界傳播上帝的福音並爲此殉難。耶穌殉難標誌著因信稱義，即由愛到義的完成。《聖經·馬太福音》第十六章記載了耶穌關於獻身於信仰的教誨：「若有人要跟從我，就當捨己，背起他的十字架來跟從我。」正是背負著十字架的耶穌成爲基督教的象徵——因爲上帝愛人類，爲人類的罪惡操心，最後獻出自己的親生兒子，要將子民們「從罪惡裡救出來」。（《聖經·馬太福音》第一章）

耶穌殉難之後，基督教歷史上最早的兩位傳道先知，也被釘

死在十字架上。尼祿是古羅馬最著名的暴君，他頒佈過「凡發現基督徒全部處死」的命令。他在位時曾發生一場大火，燒掉了羅馬城的三分之二，輿論指責尼祿是縱火犯。他為了洗刷自己，就把縱火罪栽贓到基督徒身上，進而對基督教進行了大規模的迫害。

據記載，當保羅被囚禁在羅馬之時，彼得也來到羅馬並成為建立教會的主角，兩人同在西元 64 年被尼祿釘死在十字架上，像耶穌一樣為傳播福音而殉道。後來，就在彼得殉教的地方建起了聖彼得大教堂，據說，教堂裡珍藏著他的屍體。彼得留給基督徒最著名的箴言是：「不以惡報惡……最要緊的是彼此切實相愛，因為愛能遮掩許多的罪。」（《聖經・彼得前書》）

保羅的殉教頗為曲折。保羅自稱具有雙重身分，既是猶太教徒又是基督徒，既是猶太人又是羅馬公民，「保羅」是他的羅馬名字，他的猶太名字叫「掃羅」。他深受古希臘哲學的影響，在他還是猶太教徒時，曾參與過剷除基督教新信仰的運動。他從猶太教大祭司那裡得到授權，急赴大馬士革逮捕基督徒，但他快到大馬士革的時候，來自上天的奇光籠罩了他，為榮耀上帝而被釘在十字架上的基督對他說：「掃羅！掃羅！你為什麼逼迫我？」上天的閃光向保羅啟示了死而復活的救主，耶穌對保羅的質問是救主親自來召喚自己的門徒，保羅從此皈依了基督。耶穌殉難於西元 30 年，保羅皈依於 33 年。皈依三年後，保羅在耶路撒冷與彼得進行了歷史性的會面，他把自己如何改信基督的經驗告訴了彼得，彼得向他講述了主耶穌的事蹟和教訓。之後，保羅開始了他的三次傳道旅行。

保羅在西元 47 年開始第一次傳道旅行，49 年到耶路撒冷參

鐵窗後的自由

加使徒會議，開始第二次傳道旅行，從馬其頓至哥林多，寫下帖撒羅尼迦前書；51 年在迦流被控告，52 年離開哥林多，經以弗所去敘利亞；53 年開始第三次傳道旅行，在以弗所住了三年；56 年到哥林多過冬，寫下哥林多前書和後書。57 年寫下羅馬書，並於同年來到耶路撒冷，而這兒是他殉教的開始。

保羅來到耶穌撒冷後，受到那裡弟兄們的熱情接待。當地的教會領袖勸保羅去聖殿行潔淨禮，以此來證明他對律法的遵從，求得反對者的諒解。於是，保羅帶著四個信徒進入聖殿。而來自亞西亞省的猶太人指責他污穢了聖殿，煽動一些人抓住他並準備殺掉他。這時恰好碰到一隊羅馬士兵來逮捕保羅，押送他到該撒利亞受審，羅馬巡撫腓力斯把他拘押了兩年。因為保羅是羅馬公民，他被允許到羅馬去上訴。他搭乘一艘商船去羅馬，經歷了十四天海上風暴。據傳說，在保羅的祈福和鼓舞之下，船上所有的人都平安上岸。三個月後，保羅抵達羅馬（約在西元 61 年），就是為了接受控告和尼祿王的審判。兩年後的西元 64 年，他與許多基督徒一起被釘死在十字架上。後來，在保羅殉難的地方，同樣建起了聖保羅紀念堂。

保羅在被囚禁期間，經歷了許多痛苦不堪的折磨，但他用寫信來調節自己，寫出了四封著名的「獄中書信」。這些信件堪稱經典之作，既是基督教的經典，也是西方文學的經典，它們被保存下來，廣為流傳。其中有許多語錄成為著名箴言，比如：「字句是叫人死，精義是叫人活」。特別是關於「愛」的佈道尤為著名，比如：「總要用愛心互相服事。因為全律法都包在『愛人如己』這一句話之內了。」（《聖經·加拉太書》）。再如那段最著名的保羅箴言：「我若能說萬人的方言，並天使的話語，卻沒有

愛，我就成了鳴的鑼，響的鈸一般。我若有先知講道之能，也明白各樣的奧祕，各樣的知識，而且有全備的信，叫我能夠移山，卻沒有愛，我就算不得什麼。我若將所有的賙濟窮人，又捨己身叫人焚燒，卻沒有愛，仍然與我無益。愛是恆久忍耐，又有恩慈；愛是不嫉妒；愛是不自誇，不張狂，不做害羞的事，不求自己的益處，不輕易發怒，不計算人的惡，不喜歡不義，只喜歡眞理；凡事包容，凡事相信，凡事盼望，凡事忍耐。愛是永不止息。先知講道之能終必歸於無有；說方言之能終必停止；知識也終必歸於無有。……如今常存的有信，有望，有愛這三樣，其中最大的是愛。」（《聖經・哥林多前書》）

可以說，耶穌教導的「愛敵人」、「勿以暴力抗惡」與保羅關於「愛」的佈道，完整地凸顯了基督教反抗的特質：以一種「極端的愛」來融化「極端的恨」──暴力。從宗教的角度講，基督對同類的大愛的內在根據，不是人性本身的除惡揚善，更不是天生的惻隱之心，而是來自超人類的眞神──上帝之愛。這種愛以信徒對上帝無條件的愛爲終極依據。在基督教中，耶穌之愛的根據是先驗的、超越的、絕對的，因而不可有絲毫懷疑。因爲人是「原罪之身」，無論多麼善良的人和偉大的人，歸根到底都是負罪之存在。

在基督教反抗羅馬迫害的過程中，先是耶穌，之後是彼得和保羅，做出了殉教的榜樣，開啓了基督教徒的殉道歷史：爲堅守信仰而死，就是遵循爲主而死的耶穌之道，不是恥辱而是榮耀。這種徒手反抗是一種極端的、絕對的「不以暴力抗惡」──左臉被打，再送上右臉；其最鮮明的例證，不僅是耶穌等殉道者，也是每一大劫難後都有一部「福音書」誕生。比如，彼得和保羅殉

難後，出現了一部名為「上帝的兒子耶穌基督的福音」的書，它在《新約聖經》中被稱為「馬可福音」，以復活的基督之福音和為主殉難的先知事蹟，鼓勵基督徒在嚴峻的考驗中堅定信仰。再如，西元 70 年聖城耶路撒冷被毀之後，出現了「路加福音」，記載了耶穌關於聖城被毀的預言、耶穌為耶路撒冷的哀哭和給教徒的忠告。正是這些為苦難而作的「福音書」，構成《新約》的主體文本。

西元二世紀最著名的基督教主教特土良（Tertullian）說：「基督徒們，即便在受刑將死時，仍會感謝基督。」「殉道者的鮮血乃福音的種子。」基督教也留下了著名的《殉道者行傳》，其中記載了許多感人至深的殉道故事。比如，西元 203 年，眾多基督徒在迦太基被囚期間自願殉道，其中有位年輕的母親，拒絕其父親懇求她改變信仰，而是自願在競技場中受審。她被一隻公牛掀翻在地，持劍的鬥士卻不忍對她下手，是她主動引導那位懷有憐憫之心的鬥士把劍刺向她的喉嚨。

換言之，如何面對迫害及其死亡，在刀劍的威逼下，是還以硬性的刀劍？還是施以柔性的道義？恰是對信仰者是否虔誠的最大考驗。耶穌的榜樣所示範的態度是：無論遭遇怎樣的暴力迫害，絕不對迫害者動刀劍，而只對迫害者堅定地說「不」，即便在左臉被打又送上右臉之時，仍然對施暴者堅定地說：「對不起，不！」並乞求主寬恕施暴者。

最初，你施以權力、金錢、美女的誘我改信嗎？

「對不起，不！」

繼而，你施以鐵鍊、監獄和酷刑的威嚇逼我改信嗎？

仍然是「對不起，不！」

　　最後，窮途末路的你拿出終極的懲罰，施以十字架上的死亡威脅，耶穌的回答不是哀求、更不是憤怒，而還是「對不起，不！」

　　在每一次說「不」的同時，都要乞求主寬恕惡人，以愛、寬容和堅韌的柔性來克服恨、狹隘和堅硬的剛性。

　　這個「不」，既是拒絕，也是施與。拒絕一切暴力和仇恨，施予信仰的大愛和寬恕。

　　所以，那些為了信仰而殉道的教徒，不僅會得到上帝的眷顧，也會得到基督教的嘉獎。英國著名歷史學家愛德華・吉本，在論及基督教興盛的五大原因時，他強調的第一個原因就是「為信仰而殉難的激情」。他說：「基督教徒對這些殉教烈士出於感激之情的崇敬，隨著時間的推移和勝利的取得，逐漸進而變成了宗教的崇拜；那些最出色的聖經和先知也都理所當然地同樣享受到殉教者的殊榮。在聖彼得和聖保羅光榮死去一百五十年後，梵蒂岡和奧斯提亞都因為有這些精神的墳墓，或更應說是有這些紀念物的存在，而遠近聞名。」（《羅馬帝國衰亡史》上冊，吉本著，黃宜思黃雨石譯；商務印書館 1997 年版 p.635）

　　為信仰而死，不是死亡，而是殉道；殉道，不是基於煽動復仇，而是基於傳播愛的福音。所以，為信仰而殉道：

　　不是死亡，而是復活；

　　不是奴役，而是自由；

　　不是受苦，而是享福；

　　不是終結，而是開端；

　　在這裡，愛的福音作為神賜的力量，使基督教對死亡的解釋突破了古希臘的「命運論」，凸顯出一種愛對復仇、良知對暴力、

自由對必然的超越。當古希臘哲學的「愛智慧」變成基督教信仰中的「愛上帝」，哲學中的理性真理就變成了信仰大愛，命運女神對生命的審判變成了上帝對人的俯身傾顧，塵世正義也就變成了上天恩典，人在得到上帝之愛的眷顧並在傳播愛之福音中死去，是復活，更是靈魂自由。

十字架昭示了「愛」的兩個維度，垂直的縱向維度，向上指向人對上帝的神聖之愛；平行的橫向維度，向下指向人對人的世俗之愛。這種人間之愛，是「四海之內皆兄弟」的博愛，是「在上帝面前人人平等」的尊嚴，是在終極之愛中獲得自由。這種來自終極之愛的尊嚴和自由，才是現代法治的超驗源頭：「愛是不加害於人的，所以愛就完全了律法」。

所以，人的尊嚴和自由之得以確立，並不在人的理性狂妄之中，也不在人對自身力量的絕對自信，而在人對超驗價值的敬畏與謙卑，在人對上帝的絕對依賴。

儘管，人類本性中具有參與罪惡的先天性，但基督之愛是寬容的、無邊的、絕對的（從愛鄰人到愛敵人），不會遺棄任何人，並體恤所有人的軟弱和齷齪。由此，基督便具有的人神雙重性，道成肉身是神的成人，神的成人是人的成聖，人的成聖就是以短暫、有限之生命回應永恆、無限之召喚。在這裡，人與上帝之間的定約，不是功利性契約而是信仰契約 —— 人對上帝的絕對信任。神與人之間的內在聯繫，不是經驗歷史的事實性聯繫而是超驗終極的精神性聯繫。唯其如此，人對上帝召喚的回應才會成就耶穌的奇蹟，這奇蹟才能昭示出塵世之人心向超越價值的無限可能性。

這種徒手信仰對暴力強權的反抗，在聖·奧古斯丁的神學

中得到了系統的闡述，他把耶穌殉難事件概括爲「基督徒的良知權利」，進而與人的自由勾連起來，從神學開啓了非暴力的良知反抗的傳統，對西方人爭取自由的偉大事業，產生了影響極爲深遠。從十六世紀新教改革之父路德到 1848 年美國作家梭羅（Henry David Thoreau），從印度聖雄甘地到美國民權領袖馬丁‧路德‧金恩，從南非大主教屠圖（又譯爲杜圖，Desmond Mpilo Tutu）到捷克的良心哈維爾……這些人類典範所踐行的反抗暴政的良知原則，無一不帶有耶穌殉難的色彩。

　　來自天父而又歸於天父的耶穌，「是道路、眞理、生命」，「是開端，也是終結」。耶穌完成了上帝之愛的道成肉身，爲世人提供了因愛稱義的榜樣，使基督教的核心教義變成了上帝之愛和自由權利之間的神秘關聯：「基督釋放了我們，叫我們得以自由，所以要站立得穩，不要再被奴僕的軛挾制。」（《新約‧加拉太書》）正如伯爾曼所言：「爲美國憲法中一系列權利條款奠定基礎的，主要不是啓蒙學者們美妙的理論，而是早期基督教殉道者反抗羅馬的勇敢實踐，是十七世紀清教徒保衛其信仰和良心不受侵犯的無畏抗爭。」（參見《法律與宗教》，伯爾曼著，梁治平譯，中國政法大學出版社 2003 年版）

四、基督教的勝利

　　上帝的聖愛還只是一種啓示或召喚，需要人的回應，耶穌殉難是開創性的最偉大的回應，以後的基督教史也是教徒的殉難史。正是在堅定的宗教信仰和殉道精神的激勵下，遭遇種種殘酷迫害的基督徒們，非但沒有被世俗帝國的恐怖統治所降服，反而越發堅定了信仰，愈發蔑視世俗強權，不屈不撓地用信仰反抗

暴力。一面是無數基督徒死於世俗統治的濫殺，一面是基督徒隊伍的不斷擴大和內部組織及其秩序的逐漸完善。最終，手無寸鐵的信仰者戰勝了仰仗暴力的世俗統治者。正如美國歷史學家威爾‧杜蘭所言：「在人類歷史上還沒有一齣戲能比這偉大，這些少數的基督徒連遭數位皇帝壓迫、輕蔑，不屈不撓地忍受所有的考驗，默默地添加人數，當地人混亂時，他們卻在內部建立起秩序，以言詞對抗武力，以盼望對抗殘暴，最後擊敗了這個歷史上最強盛的帝國。凱撒與基督在鬥技場上對勢，勝利終屬於基督。」（《下》p.859）

對此，以赫赫武功而馳名世界的拿破崙也深有體會，他曾說過：「你知道世上最令我震驚的是什麼嗎？就是武力的無能……最終武力總是被思想征服。」（轉引自《克里姆林宮的鐘聲》，『美』楊腓力著，李永成等譯，臺灣校園書房出版社 2002 年版 p.109）

在基督教徒對迫害的反抗和對信仰的堅守之中，西元二世紀中葉，《新約》正典形成；三世紀，基督教會得以蓬勃發展；西元 261 年，羅馬皇帝加列努斯（Gallienus）發佈了第一個容忍基督徒的訓令，承認基督教作為一種宗教的合法存在，下令全數歸還基督徒被沒收的財產。之後，又經過幾十年的迫害與反迫害的拉鋸戰，到君士坦丁大帝統治時期，基督之愛終於征服了凱撒之劍，不僅獲得了完全合法的地位，而且被君士坦丁大帝確立為國教。

在與統治義大利的馬克森提烏斯（Maxentius）的爭權奪利中，統治高盧的君士坦丁之所以最終取得了勝利，很重要的原因之一就在於他贏得了基督徒的效忠。據記載，君士坦丁轉向基督

教的契機頗具傳奇色彩，西元 312 年 10 月 27 日，在羅馬以北九英里外的地方，君士坦丁率領軍隊與馬克森提烏斯的軍隊對陣。就在戰火即將燃起之前的某天下午，君士坦丁突然看到一個發光的十字架懸在空中，上面用希臘文寫著「勝利在這個標記中（en toutoi nika）。」第二天早晨，他又在夢中接到一個指令，讓他在自己的士兵的盾牌上弄一個 X 標誌，在標誌中間用一條直線穿過並彎轉到上面——這就是基督的記號。他起床之後，按照夢中標誌做了一面旗幟（以後就成為後期羅馬帝國的軍旗），旗上織有 Christ 的第一個字母和一個十字，他就舉著這面旗幟奔赴前線。他的軍隊中有大量基督徒，當他揮舞這面基督標誌的太陽旗時，作為軍隊統率的君士坦丁就與作為士兵的基督徒發生了共患難同生死的關係，軍隊的凝聚力和勇敢陡然劇增，他也自然贏得了那場戰爭，勝利地進入羅馬，成為西羅馬帝國的統治者。

西元 313 年，君士坦丁與李錫尼（Licinius）（西元 263-325 年）在米蘭會面，二人共商統治帝國的謀略。由於君士坦丁是在基督徒的支持下取得了政權，所以，他頒佈的第一項法令就是為了鞏固各地基督徒對自己的支持。於是，君士坦丁頒佈了讓基督教永遠感謝的《米蘭赦令》。該赦令不僅重申了加列努斯訓令對基督教的寬容，並將這寬容擴大到所有宗教；赦令還強制要求歸還基督徒被沒收的財產。

之後，為了穩固他與李錫尼的聯盟，君士坦丁儘管把自己的妹妹嫁給了李錫尼，但雙頭統治不可能長遠，二人很快再次陷於爭權奪利之中。西元 314 年，君士坦丁率軍擊敗李錫尼之後，除了色雷斯地區之外，羅馬帝國的西部地區大都在君士坦丁的統治之下。李錫尼將自己失敗的原因歸咎於基督徒對君士坦丁的支

持，就在自己統治的亞洲和埃及恢復了對基督徒的迫害。他把基督徒趕出宮殿，逼迫士兵改信其他宗教，禁止人們參加基督教的禮拜，禁止任何在城內舉行的基督教儀式，不服從的基督徒就將失去一切。

基督教的護衛者君士坦丁開始幫助東部的基督徒，爲此他率領十三萬軍隊與李錫尼的十六萬軍隊展開決戰，最後以君士坦丁的勝利而告終。李錫尼先受降並被赦免，之後又以陰謀叛國罪被處死。這次勝利使君士坦丁統一了羅馬帝國，並成爲羅馬帝國的唯一統治者——君士坦丁大帝。他召回了所有被李錫尼驅走的基督徒，歸還了他們的權利和財產。對於基督教以後的發展來說，最重要的是君士坦丁宣佈自己爲基督徒，並要求他的臣民與他一起接受這一新信仰，基督教由此成爲國教。在他任內，頒佈了對基督教的日後發展具有重大意義的命令：

1，給予基督教徒和教會的財產以合法地位，允許教徒和教會擁有土地、遺產繼承權，並把殉教者的遺產全部留給基督教會。

2，制定成文法，賦予了各地的主教在各自的教區內獨立進行審判的權力，使基督教成爲一個擁有自己法律的審判團體，也就等於間接承認了教會法律的相對獨立性。

3，命令把國內錢幣上的異教徒頭像全部除去，重刻上與任何宗教無關的圖像和文字。在某種意義上，這樣的措施，等於首開政府在信仰上保持中立的先河。

4，在各地興建巍峨堂皇的基督教教堂，僅僅聞名遐邇的教堂就有：羅馬德拉特蘭的聖約翰大教堂（St. John Lateran）和聖彼得大教堂（St. Peter's Basilica），耶路撒冷的復活教堂（又稱

「聖墓教堂」Church of the Holy Sepulcher），伯利恆的聖誕大教堂
（the Nativity）。他還建立了最初的基督教圖書館，讓人編寫第一
部《教會史》。

5，君士坦丁在把基督教定為國教之後，也開始迫害其他宗
教信仰。禁止在新首都敬拜任何偶像，禁止異端宗派的集會並焚
毀其會堂。

6，在基督教發生內部的教派分裂之時，君士坦丁對建立統
一的基督教做出了開拓性貢獻。西元 325 年，君士坦丁在尼西
亞城主持召開了第一次全教會性的宗教會議，確立了基督教的
統一信條，為日後的教會統一性奠定了信仰和組織的最初基礎。
這次會議，共有 318 位各地的主教前來參加。因病未能親自與會
的教皇希爾維斯特一世（Silvester）也派代表出席了會議。君士
坦丁在會議上致詞，呼籲基督教的團結和統一。最後，會議頒佈
了經君士坦丁認可的統一信條：「基督徒只信獨一的神，全能的
父，萬物的創造者。耶穌基督是天父的獨生子，乃天父所生而非
所造，基督與天父同質。聖子是為拯救世人才來到人世，道成肉
身而成為人，他受死，三天後復活、升天，將審判地上所有的活
人和死人。」參加會議的 318 位主教中，只有兩位拒絕簽字。於
是，兩位主教和其他拒絕承認這一信條的教徒，不僅遭到教會詛
咒，並被逐出羅馬。之後，君士坦丁頒佈了對基督教內部異端的
禁令：凡是不符合這一信條的主張全是異端，異端的書籍一經發
現必須焚毀，私藏者將被處死。

西元 324 年，君士坦丁帶領隨從、工程人員和神職人員，在
拜占庭港附近劃出了大片土地以建新都。他招募了數千的工人和
藝匠，修建行政大廈、宮殿、住宅、城牆、碉堡和豪華而巨大的

競技場；他從羅馬上百個城市中徵集眾多著名雕刻品來裝飾這座新都，廣場和街道都飾以噴泉和柱廊，新都的規模只有舊都羅馬可以媲美。他在解釋之所以要建如此巨大的新都時說：我聽命於上帝的意志，我將繼續前進，直到先我而行的不可見的上帝停了下來。

西元 330 年 5 月 11 日，「新羅馬城」被正式確立為東羅馬帝國的首都，此後年年舉行盛大慶典。從此，異教信仰和基督教異端被中止，以基督教為標誌延續千年的中古時代開始了。史學家對中古時代的基本共識是：這是東方精神逐漸擊敗西方武力的時代，也是基督教信仰逐漸統治西方人靈魂的時代。

但是，在政治上，君士坦丁恢復了絕對君權，他制定了以皇權為主導的君士坦丁憲章。該憲章賦予了皇帝以絕對權力，雖然，東西羅馬城的兩個元老院具有審議、立法和判決之權，但皇帝對元老院的所有決定都具有否決權。這樣，元老院已經淪為皇帝的顧問委員會，高級官員的選任全部出自皇帝之手，皇帝的意志便是最高法律，他的任何行政命令都可以立法。而且，這位基督教皇帝為了顯示皇權的神聖和威嚴，特地要獲得教皇的加冕和擁戴，首開教皇加冕王位的傳統。

西元 337 年前夕五旬節，君士坦丁接受基督教的洗禮，據說為他施洗的是優西比烏主教。受洗後不久，他便安詳地去世。據說，他之所以特意安排在臨終前受洗，是希望洗盡自己一生的罪惡和污穢。這位享年六十四歲、在位三十年的偉大帝王的安葬儀式的最莊嚴之處，不在其奢華巨大的排場，而在於所選定的地點：儀式在君士坦丁堡的十二使徒紀念碑旁舉行，該紀念碑建在城內最高山上的使徒教堂內。如此安葬，暗示著羅馬第一位基督

教皇帝就是耶穌的第十三位使徒，在宗教上享有與十二使徒並駕齊驅的崇高地位。

從此以後，在羅馬教廷看來，古羅馬歷史上最偉大的皇帝只有兩位，一位是將古羅馬推向鼎盛期的奧古斯都大帝，另一位就是把基督教立為國教的君士坦丁大帝了。然而，基督教的勝利借助於君士坦丁大帝的庇護，也就必然使基督教的發展一直處在世俗王權的陰影之下，在漫長的王權和教權之間的爭鬥中，也大都是王權占上風。所以，得勝的基督教並沒有取得相對於世俗權力的真正獨立。直到十一世紀的教皇改革之後，基督教才真正取得了制度化的獨立。

君士坦丁死後，他所建立的東西兩都為帝國埋下了分裂的隱患，隨著日爾曼人、哥特人、匈奴人、汪達爾人、法蘭克人、薩克遜人等蠻族的相繼入侵，羅馬城及整個義大利遭到了大洗劫，羅馬城五度被蠻族佔領，三次被圍攻，及至查士丁尼（Justinianus）皇帝（西元 482-565）趕走了蠻族之後，這座一度曾經有過上百萬人口的最偉大城市，只剩下四十萬人，其中的一半人要靠教會的賑濟才能活下來。米蘭城曾經被蠻族毀滅，居民全部被屠殺。蠻族入侵者把羅馬城的幾百個雕像融化後用於製造武器。元老們大都死於戰火，貴族政治失去了依託。

儘管，查士丁尼皇帝在趕走蠻族之後，企圖統一已經陷於分裂的羅馬帝國，為此不惜向教皇妥協，以達成東西教會的統一，將主要異端派別納入統一的信仰帝國。然而，西羅馬教會拒絕了查士丁尼，東西帝國的分裂已經不可避免，昔日的帝國行省也得到了更大的自治權力，現代民族國家崛起的種子隨之萌生。

東西兩帝國基督教之命運的不同在於：西羅馬帝國逐漸開始

了政教分離的過程，聖・奧古斯丁的神學，劃分了「天上之城」和「地上之城」之間的絕對對立，闡發了宗教效忠高於世俗效忠的良知原則，並對塵世權力作出前所未有的貶損：再偉大的君主仍然是罪惡之人，再好的塵世秩序也不過是「盜亦有道」。所以，他的神學為政教分離奠定了系統的觀念基礎，也成為西羅馬基督教的主導性神學。經過幾百年的奮鬥，教會爭取獨立於世俗王權的不懈奮鬥，終於在十一世紀結出了教會獨立的制度果實，並演變出社會結構上宗教與世俗的二元化，進而形成了政治制度上的自由憲政。

然而東羅馬的拜占庭帝國始終奉行政教合一，以優西比烏（Eusebius）為代表的東方基督教神學與以聖・奧古斯丁為代表的西方基督教神學完全不同。在東方基督教的規範教義中，沒有「雙城」之間的絕對差別，也沒有世俗權力與教會權力之間的分離，而只有政教合一的神學：人間如同天堂，皇帝是上帝在塵世的代言人，皇權的世俗統治就是再現上帝的天上統治。所以，西方基督徒把拜占庭模式稱為：「凱撒式的教皇統治」。也就是說，在東羅馬帝國，凱撒這個世俗的最高統治者同時也是教皇、主教和教會的最高統治者。在之後漫長的歲月中，東方基督教世界的政教合一傳統及其絕對君主專制很少有過鬆動，阿拉伯人對拜占庭帝國的征服和伊斯蘭教的興起，進一步鞏固了東方世界的政教合一的傳統，而且在大多數阿拉伯國家延續至今。

儘管，從君士坦丁到查士丁尼，拜占庭帝國也有過局部的輝煌，商貿通道遠達中國和印度，亞歷山大城、雅典、君士坦丁堡的科學、哲學、教育也一度興盛，特別是在藝術上的成就，留下了著名的「拜占庭風格」。然而，絕對權力導致絕對腐敗，在延

續千年的拜占庭帝國內，東方基督徒包括希臘人、敘利亞人、科普特人、亞美尼亞人……在五到六世紀期間形成了四分五裂的分立教派，希臘語主宰拜占庭教會。從九世紀開始，東方基督教的擴張主要在斯拉夫人地區，如保加利亞、塞爾維亞和俄羅斯，並形成以基輔爲中心的東正教。與此同時，政治停滯、官場腐敗、民權萎縮，由繼承權之爭引發的太監陰謀和宮廷政變……便成爲帝國爲絕對權力付出的必然代價。1204-1261 年，拜占庭曾被十字軍佔領，1453 年 5 月 29 日被土耳其人攻陷，聖索菲亞大教堂變成了清眞寺，基督教的東羅馬帝國被伊斯蘭教的奧斯曼帝國所取代。

五、基督教的普世性──愛人類高於愛祖國

基督教之所以能夠從一種底層的、地方的、猶太人的宗教逐漸征服了羅馬帝國的上層和城市，並最終變成一種無分猶太人和外邦人、也無分高低貴賤的普世宗教，即由一種特選的宗教變成世界宗教，就在於基督教經歷過一個「非猶太化」的過程。基督教保留了猶太教的一神教和絕對虔敬的傳統，但又與猶太教有著鮮明的區別：

1，猶太教中，只有猶太人才配作上帝的選民，上帝也只屬於猶太民族，獲得神恩的機會只限於亞伯拉罕的後代。而在基督教中，整個人類都是上帝的子民，上帝的恩惠遍及世界，被普遍地賜給希臘人、羅馬人和野蠻人，猶太人與非猶太人，自由人與奴隸，男人與女人。耶穌說：「還沒有亞伯拉罕就有了我。」（《聖經·約翰福音》）聖保羅說：「你們受洗歸入基督的，都是披戴基督了。並不分猶太人、希臘人，自主的、爲奴的，或男或

女，因爲你們在基督耶穌裡都成爲一了。」（《聖經‧加拉太書》）也就是確立了超越民族國家的普世性統一信仰及其教會。

2，上帝不是嫉妒、報復和怨恨的耶和華，而是十字架所昭示的道成肉身的基督之愛。在《舊約》中，復仇的上帝代表著正義，救主大都是統治者或征服者，是手握權力的君王，是政教合一的化身（比如，摩西和所羅門），而在《新約》中，愛的上帝才是正義的化身，救主是徒手的先知，是無權無勢的殉道者，僅僅是信仰的化身，只靠傳播福音來征服人的靈魂（比如《新約》中的耶穌、彼得、保羅、約翰等）。所以，基督教西方才會逐漸走向政教分離的二元社會。中世紀神學家阿奎那（St. Thomas Aquinas）在論及基督教的道德戒律時指出：第一戒律是關於人與神的「盡心盡性盡意愛你的上帝」。第二戒律是關於人類自身的「要愛人如愛己」。俄國最偉大的作家托爾斯泰在 1910 年 9 月 7 日致印度聖雄甘地的信中說：「愛，即人類靈魂向著合一的驅動力以及由此帶來的人類彼此順服的行爲，代表著最高也是唯一的人生律法，這是每個人都從他（她）的心靈深處知道並感覺到的（我們在兒童身上尤其清楚的看到這點），也是他（她）在介入人類思想的謊言系統前所明白的。這律法爲所有（印度人的，中國人的，猶太人的，希臘人的和羅馬人的）哲學所宣揚著。我認爲這愛的律法在基督那裡得到最清楚的宣揚，……基督教國家和所有其它國家之間的區別只在於：基督教比其他宗教更加清楚而確定地給出愛的律法，而基督教的追隨者嚴肅地認同這一律法。」

3，在《舊約》中，上帝造人和萬物，而人類的始祖卻偷吃了禁果，觸犯了上帝，被天父判定爲人的原罪，並被逐出伊甸園。到後來，上帝的震怒，甚至到了要毀滅他所創造的世界的

強烈程度，決定用洪水毀滅這個已經敗壞的世界，只給人類留下
一葉方舟和極為有限的生靈，也就是為人類保留了向善的種子。
這些種子登上唯一的救生工具挪亞方舟之後，洪水便自天而降，
一連下了四十個晝夜。自「挪亞方舟」的漂泊開始，人類便走上
了無盡頭的塵世苦難歷程。同時，上帝對人類的考驗也極為殘
忍，讓亞伯拉罕獻出親子來證明其對救主的信賴。而在《新約》
中，上帝非但沒有懲罰罪惡累累的人類，反而獻出自己的親子來
承擔塵世苦難，也為人類贖罪。所以，「我在父裡面，父在我裡
面……凡父所有的，都是我的……我從父出來，到了世界；我又
離開世界，往父那裡去。」（《聖經‧約翰福音》）

　　如果說，《舊約聖經》中的上帝，主要是「以色列人的上帝」
和「復仇的上帝」的話，那麼，耶穌和其他先知對猶太經典《舊
約聖經》做了創造性的全新詮釋，主要由記載耶穌的行跡和佈道
的四大福音書構成的《新約》中的上帝，就是超越任何單一民族
的「普世上帝」，也就是「愛與寬容的上帝」。上帝不是某一國家
或某個皇帝的神，其福祉也絕不只限於某一特定的地區或某一特
殊的人群，上帝是全人類的神祇，天父之光普照大地，耶穌之愛
惠及所有人，從不會遺忘任何一個角落，也不會遺棄任何一個子
民，哪怕是低賤者、病患者、殘疾者、罪者、妓女、汙吏……所
以，在基督徒看來，羅馬人只有狹隘「愛國心」，而沒有寬廣的
「愛人類之心」；羅馬人的信仰僅僅是世俗國家的統治結構及其儀
式的組成部分，其最高道德標準不是敬畏普世性上帝，而只是效
忠皇帝及其帝國。基督徒之愛卻超越了任何國家或民族之愛，是
一種普遍的由「愛上帝到愛人類之心」。基督教是與國家政治相
分離且超越世俗社會的普世宗教，基督徒的效忠和虔敬只屬於上

帝及道成肉身的基督，而不屬於任何統治國家的「凱撒」。羅馬
的世俗統治對基督徒的迫害，不是因爲爭奪有形財富，而是爲了
獲得基督徒對王權的效忠；而基督徒對羅馬人的反抗，更不是爲
了財產等世俗利益，而是爲堅守自己的信仰，也就是信仰高於世
俗的權力、財產、理性的效忠原則。於是，當基督徒寧死也堅持
自己的第一效忠物件——天上之父而非地上之君——的時候，超
驗信仰對世俗權力的抗衡就已經開始。在基督徒看來，其他異教
信仰的根基是建立在世俗國家之上的，而基督教信仰則建立在純
粹的宗教之上。

　　4，西方基督教的這種垂顧底層的普世精神，只講信仰而不
講貧富、國籍和種族，也被傳教士帶入了中國。在此，請讀者原
諒我插入一段關於基督教在中國傳播的簡短評述，意在使國人更
容易瞭解基督教的草根性和普世性。

　　基督教在中國的傳播也是從底層開始，中國教民的主體自然
是底層民衆。據記載，中國的第一個基督徒是廣東肇慶人，此人
因全身長滿癩瘡而被家人拋棄，早期來華傳教的義大利耶穌會士
羅明堅（Michele Ruggieri）神父發現此人時，他正掙扎在奄奄一
息的垂死之中。羅神父把他帶回住所，治療數月，終於復原。神
父救人的善心感化了此人，使他成爲中國的第一基督徒。以後，
皈依基督信仰的國人大都是底層民衆，農村中的皈依者大都是貧
苦農民，城鎮中的皈依者大都是被官方和士紳貶爲遊民的小手工
業者，如挑夫、園丁、木匠、剃頭匠、學徒，還有就是那些鰥
寡孤獨，無怪乎當時的福建將軍英桂說：「各省入教者，大率無
識鄉愚。」李鴻章更認爲：「教士專於引誘無賴窮民，貧者利其
資、弱者利其勢、犯法者利其逃捕。」（見《籌辦夷務始末同治

朝》p.508、516）

　　兩位滿清高官對教民的鑒定，起碼從四個角度反映了早期中國教民的特點：

　　A，滿清權貴對基督教的仇視和對教民的鄙視。B，教民主要由貧困、弱勢、愚昧、孤獨的人和無賴、不法之徒構成。C，入教的主要原因是基於物質功利的需求，而不是基於靈魂救贖的信仰。所以，李鴻章指出的「三利」大致不錯。比如，先入教的教民勸說同村人入教的理由是：「入了教就可以增壽添福，所有地糧只納正銀，不必再完耗銀，一切差徭可以全免，打死人命也不抵償，犯了尋常的罪並一切官司，縣官不能傳問，就可內府提審，入教的人坐著對質，不入教的人跪著聽審。」（《謠言與近代教案》，蘇萍著，上海遠東出版社 2001 年版 p.150-151）當然，利用教民身分作惡事的人也不在少數，霸田奪財、強買強賣、欺男霸女、欠債不還、搶劫強姦……最具破壞性的中國教民之惡行，當數「太平天國」的揭竿而起，歷時十年之久的征戰，蹂躪了半個中國。D，基督教在中國的吸引力，是慈悲情懷和強大實力相結合的結果：為了傳播福音，傳教士們既有善心、錢財和技術賑濟貧困、治病救人、收養孤兒、開辦學校，又有來自西方列強的母國背景來對抗官府、伸張正義和保護弱者。於是，在「民怕官，官怕洋人，洋人怕百姓」的當時中國，傳教士成為弱勢群體的保護者，教會成為底層民眾逃避官府迫害的庇護所。

　　特別需要指出的是，現代中國知識精英非常排斥基督教，二十世紀二〇年代，發生在現代中國的「非基運動」，其主體大都是當時著名的知識分子和大學生；中共掌權以來，以暴力專政為後盾，以思想改造為手段，用人格神毛澤東代替上帝及先知，

對國人的靈魂進行強制性的無神論改造。當代中國的基督徒，要麼作為獨裁政權的傀儡工具，要麼被無神論的中共政權所壓制所迫害。改革以來，中共的無神論意識形態逐漸破產，而民間教會及其教徒卻自發成長，儘管中共對民間宗教仍然進行壓制，但遍佈全國各地的民間家庭教會和民間教徒的殉道精神，已經使中共政權的操控和鎮壓感到力不從心。

眾所周知，天主教是以梵蒂岡為中心的世界性宗教，只有信仰而無有國界是其主要信念之一。中共政權居然狂妄到在「天主教」前加上「愛國」的定性，這本身就有違天主教的基本教義，無異於褻瀆上帝。

正是這種普世信仰催生出統一的普世教會，也只有這樣具有世界統一性的教會組織，才能夠具有抗衡世俗國家權力的力量，政教分離才有可能從教義變成現實，也才能從信徒的良知反抗演變出制度化抗衡。雖然，西方政教分離的二元社會結構的制度化，要等到中世紀的十一世紀格利高里七世的宗教革命才開始形成，但從基督教誕生之日起，基督徒基於信仰至上的理由對羅馬世俗統治的持續反抗，早已自發地開啟了西方歷史上的政教分離過程。

結語：信仰征服的偉大意義

羅馬法學家耶林（Jhering）曾說：「羅馬帝國曾三次征服世界，第一次以武力，第二次以宗教，第三次以法律。武力因羅馬帝國的滅亡而滅亡，宗教隨著人民思想覺悟的提高、科學的發展而縮小影響，唯有法律征服世界是最為持久的征服。」（見《羅馬法的精神》）

　　然而，在我這個生活於無神論傳統國度裡的人看來，信仰的征服與法律的征服一樣長久，甚至可以說，沒有基督教的信仰征服，西方的法治傳統絕不會是今天的模樣，西方社會也很難生長出作爲主流文明的自由憲政。而且，基督教早已越過西方的疆界而向整個世界迅速傳播。在世界五大洲中，歐洲是基督教的傳播之源，美洲以及大洋洲早在殖民時代就是基督教的福地（北美以新教爲主，南美以天主教爲主），信仰基督教的非洲人和亞洲人也逐年增加。在亞洲人口最多的中國，改革開放以來，基督教得到了空前迅猛的傳播，甚至基督教最重要的節日「聖誕節」，也正在變成中國年輕人們最青睞的節日。

　　回頭再說耶林的三大征服。

　　武力征服，主要是從西元前 509 年羅馬共和國建立到西元前 146 年，羅馬將自己的統治擴張到希臘和北非。西元前 201 年至 146 年（與秦帝國的建立在同一時段），羅馬用武力征服了希臘的同時，也被希臘文化所征服，開啓了古羅馬的「希臘化時代」。有人甚至說，希臘化是羅馬精神達到的第一個高峰。作爲征服者的羅馬，也曾抗拒過希臘文化，驅逐過伊比鳩魯派和斯多葛派的哲學家，禁止上演希臘式的諷刺喜劇，執政官加圖（Marcus Porcius Cato）也曾立志向希臘影響及腐敗宣戰，但最終以失敗告終。來自古希臘的新神祇、無與倫比的哲學智慧和偉大的文學藝術，爲這個野蠻的部落式共和國帶來了文明。

　　法律征服，主要發生在羅馬帝國對外擴張和高度統一之時，古羅馬的體制和法律隨著凱撒之劍而傳播，殖民地的政制和法律大都是對古羅馬制度的移植。儘管，羅馬帝國的歷史上有過事實上的單一君主制時代（如奧古斯都大帝時代），但羅馬制度架構

在整體上絕非中國式的單一皇權專制，而是一種君主制、貴族制與民主制相混合的共和政體，古羅馬共和國的諸多制度一直存在著發展著，最終形成了雛形的三權政體：執政官代表君權，元老院代表貴族權力，平民會議及保民官代表民主權力。此外，古羅馬在不同的時期還爲西方貢獻了十二銅表法、有限選舉、監察制度、關於財產權的法律……等等，以羅馬法爲標誌的制度遺產，就是混合共和制度的產兒，它對西方政治文明的演進起到過非常正面的作用。羅馬法是近、現代西方法律的古代藍本，爲西方帶來了「憲政法治」秩序。

信仰征服，始於基督教的創建，爲西方帶來了精神革命。基督教興盛於大一統的羅馬帝國開始走向衰敗之時。北方蠻族的入侵、內部的暴虐統治、腐敗奢侈、權爭陰謀和底層反抗，已經失去道德方向的羅馬帝國，強大的武力只能帶來更大的災難。正是血腥戰亂、征服世界和勝利後的道德墮落，爲後來的基督教禁欲主義的崛起準備了精神土壤。所以，古希臘後期所產生的悲觀主義，也在其征服者身上找到了用武之地，悲觀主義在帝國內像瘟疫一樣流行。恰在此時，斯多葛主義、新柏拉圖主義和希伯來《聖經》的結合，向陷於苦難深淵的羅馬人提供著靈魂的安慰。特別是，以《新約》爲代表的基督教對人世的苦難和罪惡的神學解釋，滲入羅馬人的精神世界和生活細節之中。

信仰征服的首要意義在於：

首先，促成了西方社會的二元結構。人們一面注視著世俗強權的威力，那是肆無忌憚的征服、陰謀、冒險和享樂，一面仰望著神聖十字架上的鮮血，那是基督教所宣揚的沒有盡頭的苦難、禁欲、懺悔和贖罪。塵世的王權及其肉欲享樂與神界的神權及其

靈魂苦行，共同構成了一個頗具張力的二元世界：在思想上是理性真理和信仰啓示之間的較量，在現實中是世俗王權與教會神權之間的爭權奪利。這種二元對立的思想及權力格局的出現和形成，也就是凱撒與上帝之間的衝突及其制衡，對基督教時代的西方，也對近現代西方的制度演進具有決定性意義。而且，借助於強大的經濟、先進的技術和優越的制度，基督教的信仰征服已經從西方向非西方國家擴展，而且一直持續到當代世界。

如果說，古希臘人的生活還是浪漫熱戀中的冒險，以及對無常命運的悲劇性體驗，那麼，羅馬人的生活頗似婚姻中的享樂，以及對世俗婚姻生活的日久生厭。所以，古希臘的神並不與人世對立，天堂是現世生活的繼續，以宙斯爲代表的諸神都有強烈的凡人欲望，都想享受俗世的幸福生活，甚至達到縱欲的程度。而接受了基督教的羅馬人，他們的神與人世對立，上帝是看不到面容的神秘存在，天堂是對現世的徹底否定。人類爲上帝所造，人類只能從自己的形象中猜測上帝。人類始祖犯有原罪，人世間充滿了苦難和罪惡，上帝的拯救通過替代方式降臨人世——獻出了自己的親子——殉難的耶穌就是上帝的「道成肉身」：在絕望中找尋希望，在無助中得到依靠，在血光中祈禱和平，在有限中追隨無限，在短暫中收穫永恆，在束縛中見證自由，在死亡裡成就復活……而這一切超驗意義上的精神境界，全部來自耶穌的受難與復活：十字架上的大愛、虔信、公義和真理。

其次，基督教爲西方法治傳統提供了超驗基礎。法律如若要形成穩定的普遍的規則，必須具有超越權宜之計的恆久信念和形式規則。在基督教成爲古羅馬的國教之後，信仰便成爲法治秩序的超驗基礎：1，法律來自上帝的意志，乃基於愛並服務於公

益的善法,《摩西五經》是法律的原型;而法律如果來自凱撒,就很容易變成主要服務於統治者意志的惡法。2,法律只有被信仰,才會被尊重、被自願服從,整個社會才能具有以遵紀守法爲榮的公共意願。否則的話,法律要麼變成「惡法」,只服務於統治者的意志;要麼形同虛設、被法律之外的潛規則代替。3,在法律的技術層面,教會法的創立源於世俗的羅馬法,同時又反過來促進世俗法的發展和完善,兩套法律的二元並存,固然免不了相互之間的對立和競爭,但更重要的是相互的制衡、借鑒、滋養。(參見:《法律與革命——西方法律傳統的形成》第二章,〔美〕伯爾曼著,賀衛方等譯,中國大百科全書出版社 1993 年版)

第三,信仰征服的重要意義還在於維護西方世界的精神統一。在世俗意義上,古羅馬帝國的統一傳統與北方蠻族的分離勢力之間的武力衝突,促成了羅馬帝國的衰亡和分裂(東西羅馬的分裂),也是民族國家走向獨立的開始;但在屬靈意義上,拜占庭帝國對西羅馬的挑戰和威脅,促成了西方世界的精神團結,造就了西羅馬天主教的梵蒂岡權威。教權之下的統一信仰及統一教會,等於在另類意義上延續著昔日的統一羅馬帝國。換言之,羅馬帝國在武力上敗給了蠻族,基督教卻在精神上馴服了野蠻人,使之逐漸變成文明人。儘管,近代以來,歐洲各地紛紛脫離羅馬帝國,取得了獨立民族國家的地位,但那只是世俗政權意義上的獨立,而在屬靈的信仰世界,教權對人的靈魂仍然具有無遠弗屆的控制力量。儘管,基督教在近代出現了內部分裂,宗教改革運動使基督教分裂爲新教和天主教,但在面對西方之外的世界時,羅馬教廷在宗教上仍然具有統一性權威,代表著帝國式統一傳統

的延續。基督教的這種世界性的教權統一，直到今天仍然保留下來。

如果說，「條條大道通羅馬」，只是在世俗國家的意義上象徵著昔日的古羅馬帝國，那麼，「座座教堂通向梵蒂岡」，歷經數代而不斷，至今依然象徵著天主教的世界性統一。正如英國偉大的政治領袖溫斯頓・邱吉爾所言：「羅馬帝國滅亡以後，獲勝的野蠻人也同樣被基督的福音迷住了。雖然他們並不比今天的善男信女更能克制自己的邪欲，但是他們有共同的教義和神靈的啟示。一條紐帶聯接著歐洲各個民族。一個世界性機構遍佈所有國家，它無比強大，而且是羅馬時代倖存下來的惟一成為系統的機構。這一機構的首腦是羅馬的主教，他在精神上或者至少以教職的形式，恢復了羅馬皇帝已經喪失的權威。」（《英語民族史》第一卷《不列顛的誕生》，溫斯頓・邱吉爾著，薛力敏、林林譯，南方出版社 2003 年版 p.83）

怪不得有人戲稱：「梵蒂岡的世界性權威就是宗教領域的『聯合國總部』。」然而，梵蒂岡對世界各地天主教會及其信徒的權威之有效，遠非紐約聯合國總部對各成員國的權威所能比擬。因為，梵蒂岡的統一權威具有悠久的超驗的神聖傳統，而聯合國的權威僅僅是二戰後的經驗的俗世產物。

從基督教發展史的角度講，普通猶太人耶穌所創立的基督教，最初只是從猶太教分裂出來的宗教小團體，基督徒像猶太教徒一樣，遭遇到羅馬統治者長達三百多年的持續迫害，但這種發自草根階層的宗教最終征服了羅馬的統治階層。因為，基督徒具有對一神教上帝的絕對虔誠，也具有拒絕向羅馬皇帝效忠的殉道精神，所以，基督教必然征服羅馬人和其他西方人的靈魂。猶太

人耶穌不僅以自身的殉難和復活成爲上帝的聖子，也逐漸成爲羅馬的貴族和普通人的新信仰。

在此意義上，基督教信仰對世界的征服，乃歷經苦難的猶太民族的最大幸運。

在我這個非基督徒但尊重基督教的自由主義者看來，無論《新約》中的耶穌其人及其神蹟是眞是假，對於猶太人和基督教而言都不再重要。重要的是，歷史事實上的虛妄並不能否定和貶損精神信仰上的奇蹟，猶太人耶穌個人的殉難象徵著整個猶太民族的大劫難，耶穌的復活象徵著幾近被滅絕的猶太教通過轉化爲基督教的復活——信仰的復活。這一殉難和復活通過道成肉身的方式，見證了聖父、聖子、聖靈的三位一體，也見證了神聖價值的「道成肉身」，即上帝之愛在人間的顯現。也就是說，上帝，絕非虛幻的救主而是人間的精神實在。耶穌之殉難，不僅是爲了見證聖父的啓示和象徵性地傳播愛、悲憫、寬容的福音，更是爲了象徵性地承擔起人世的苦難和人的原罪。由此，基督教先是改寫了古羅馬人的精神品質、歷史進程和社會結構，繼而塑造了整個西方的文化及其制度，並通過中世紀的十字軍東征和近、現代的殖民主義擴張，而開始了一個幾百年的向全世界傳播的過程。

西方中世紀的十字軍東征，既是基督教和伊斯蘭教之間的信仰之戰，更是羅馬帝國企圖恢復昔日大一統的輝煌之戰。雖然，四次十字軍東征的軍事結果皆不如願，但對於凝聚和鞏固整個西方的基督教權威而言則厥功至偉，使歐洲人之間的認同感與日俱增。正是在第一次十字軍東征之後，西方人的別稱就變成了「基督教信徒」或「信仰基督教的同道」。「這個名詞使人們首次有了自己的正式稱呼，它既指基督教信仰又指整個基督教世界，很

快普遍流傳開來。」（參見：《牛津基督教史》第六章《基督教文明》，約翰‧麥克曼勒斯主編，張景龍等譯，貴州人民出版社1995年版）更重要的是，與十字軍東征平行進行的宗教改革運動，開啓了制度化的教權與王權的二元社會結構，由此才真正奠定了西方文明即基督教文明。

文藝復興之後的幾百年間，基督教隨著地理大發現而進入非西方世界，基督教佔領了美洲大陸並導致了新教北美的迅速崛起，進而通過武力殖民和經濟擴張向非洲和亞洲擴張。也許，對於傳教士們來說，武力殖民有違於愛的福音，但世俗化的強大武力和發達經濟，無疑爲基督教向世界的傳播提供了物質支援。所以，基督教的傳播是伴隨著鐵血的歷程，是西方殖民者對非西方民族的侵略、掠奪和踐踏，傳教士爲傳播福音而付出的代價和犧牲，根本無法平衡殖民地人民所遭遇的屠戮和掠奪。這樣的鐵血擴張直到二戰之後才有所改變。當自由美國代替大英帝國而成爲西方領袖之後，武力殖民才基本上被和平演變所取代，理性化、世俗化的現代化過程，也使基督教越來越融入世俗化的自由主義價值之中；基督教在非西方世界的傳播，也越來越作爲自由主義價值觀的一部分，加入到全球化進程之中，不僅是經濟的全球自由化，而且是政治的全球民主化。

對於二戰後基督教推動全球自由化進程而言，特別值得提及的是上世紀六〇年代前期召開的梵蒂岡第二次公會議。在此次公會議上，羅馬教廷對其政治理念做出巨大修正，標誌著基督教信仰與自由主義憲政理念之融合的完成：1965年，梵蒂岡頒佈了《宗教自由宣言》，明確承諾放棄了關於「持謬見的人無任何權利」的信仰歧視的傳統教義，把只屬於基督徒的權利和良知修正

爲「每個人的基本人權和人人有責任追隨其良知」。「這一重大的決定不僅使天主教會與新教主流教派一致起來，而且使天主教徒無論在原則上還是在實踐上，都毫無保留地參加到民主社會的決策過程之中。」（《牛津基督教史》p.602）

也就是說，基督教及資本主義文明具有強烈的擴張性，先後造就了羅馬帝國、大英帝國和二戰後的美利堅新帝國，其擴張由武力的征服和佔領演變爲資本的擴張和福音的傳播（道義擴張），基督教爲西方文明的擴張意識注入了「傳播上帝福音」的道義動力，其世俗化進程表現爲經濟全球化和世界民主化。在「資本」爲了利潤而進行的無遠弗屆的擴張中，虔誠而富於獻身精神的傳教士，也不惜歷盡千難萬險地傳播福音，甚至於只要有人的地方就有西方傳教士的足跡。

進入二十世紀之後，人類歷史富於戲劇性的發展證明：自發形成於特定地區的市場經濟和基督教，二者之所以具有難以遏制的擴張性，就在於它們與人性的內在適應性。所以，西方文明逐漸顯露出其普世性品質，被越來越多的其他地區和其他文明所接受，甚至演變成難以抗拒的歷史大勢，順之者昌而逆之者亡。

上帝說：相信我，惡棍將變成義人。

基督徒的良知說：守護信仰，惡治會變成善治。

本文主要參考文獻：

奧古斯丁：《懺悔錄》（周士良譯，商務印書館 1963 年版）

湯瑪斯・阿奎那：《阿奎那政治著作選》（馬清槐譯，商務印書館 1982 年版）

斯通：《蘇格拉底的審判》（董樂山譯，香港牛津大學出版社 1994 年版）

羅素：《西方哲學史》（何兆武、李約瑟譯，商務印書館 1963 年版）

約翰·麥克曼勒斯主編：《牛津基督教史》（張景龍等譯，貴州人民出版社 1995 年版）

威爾·杜蘭：《世界文明史》第四卷《信仰的時代》（幼獅文化公司譯，東方出版社 1999 年版）

甘地：《甘地自傳》（杜危、吳耀宗合譯，商務印書館 1993 年版）

蘇萍：《謠言與近代教案》（上海遠東出版社 2001 年版）

王治心：《中國基督教史綱》（上海古籍出版社 2004 年版）

1999 年 8 月寫於大連教養院

2005 年 7 月整理於北京家中

首發《觀察》2005 年 7 月 5 日

附　錄

古拉格，不是一個名詞

——為廖亦武的詩作序

一、

20 世紀 80 年代中期，我第一次讀到索忍尼辛的《古拉格群島》。震撼我的不是集中營的故事（因爲我們所經歷的殘忍遠遠超過了索氏的敘述），而是這位具有深邃宗教關懷的極權主義的叛逆者所表現出來的誠實和自省——無論是順從、還是反叛，極權主義的受害者在某種程度上都是極權制度的同謀。

21 世紀初，我讀到了廖禿頭的《古拉格情歌》，讓我想砸碎鋥亮大腦殼的不是他對信念的堅守，而是他那種出自本能的純肉體的絕望和掙扎，以及近乎於死刑犯的排泄物式的幽默。的確，在我們生活的環境中，想活出尊嚴，沒有本能的拒絕，而僅有智慧，哪怕是超凡的智慧，是遠遠不夠的。在我讀過的關於死亡的文字中，對我的智力和想像構成威逼的，除了卡夫卡的《在流放地》中那種爲追求純粹的殘酷和接近完美的殺人的失敗而自殺之外，就是廖禿頭的與囚犯們在腦髓中討論被處決的細節了。

二、

這本集子裡，只有 30 首詩，卻用了 1990 至 1994 四年的時間。對於一個在 80 年代的青春期騷亂中、動輒幾百行、句子長

得一口氣根本念不完的詩人來說，這本集子的成績在數量上實在是太寒酸了。但是，在我這個極端的朋友看來，這 30 首加在一起的長度還不如他當年一首長度的詩，才是老廖作為一個詩人得以站立著的骨頭。

在我們這個貪婪的民族中活著，一個人的血肉是根本留不住的，能剩下一副完整的骨頭已經算是奇蹟了。不，肯定就是奇蹟了。只剩下骨頭的人所要面對的，絕不僅僅是肉食者或吸血鬼，更是那些更狠、更滑、更無恥的敲骨吸髓的精英。廖禿頭的骨頭會詛咒、會飛翔、會讓墳墓般女人靠近太陽並焚燒自己，紛紛揚揚的灰燼弄瞎了詩人的眼睛，這樣的眼睛看不見活物，卻對死亡鋒利無比。我的妻子劉霞，無論在何時何地，也無論是多麼痛苦，只要有會吹簫的廖禿頭在，她都會笑成個白癡。他那支用死刑犯的骨頭做成的簫，可以使女人不再是女人，可以為所有無辜的亡靈安魂。

> 牆外的信仰
> 天外的亡靈
> 一年比一年顯得舊
>
> 　　　　　　　　　　　（《致一位死刑犯》）

> 我們在腦髓裡討論死亡
> 在永恆的日光燈下
> 討論死亡
> ……
> 死是一道白光

還是漫長的隧洞

　　多浪漫的列車宛如陰莖

　　高潮時射出一顆子彈

　　打不中要害就太難受了

　　疲軟如棉花

　　你的雙手長成棉花

　　抓不牢任何東西

　　你的最後一截屎是衝著太陽的廁所擠的

（《和死刑犯討論死亡》）

　　廖禿頭把「六‧四」大屠殺的倖存者，統統稱為「狗崽子」。我與他也是這類「狗崽子」。面對已經荒蕪了 10 年的血跡，活人最好閉上狗嘴，聽墳墓傾訴。

三、

　　廖禿頭有一張石頭般冰冷而堅硬的臉，任員警們抽打也無法使他閉嘴；他有一身空氣般的骨頭，反銬也鎖不住他，沒有了筆、墨水、胳膊和雙手，他就用竹簽和棉花蘸著藥水寫；他還有一副能夠撕碎海水的嗓子，只要波浪沖不走礁石，這嗓子就能為亡靈們哭泣著嘶叫。每次他朗誦《屠殺》或《安魂》，都讓我眼睜睜看見孟克的《吶喊》。

　　西西弗斯徒勞地推著那塊頑石，每一次重複都是第一次，荒謬被本體論化了，變成現代人的形而上學。卡繆說，這是一種難得的「快樂」或「幸福」。如果廖禿頭真是一塊被鐐銬、電棍、呵斥、拳頭和死亡錘煉過的頑石，我寧願做徒勞的西西弗斯，不

要本體論和形而上學，只享受永遠推著頑石的快樂和幸福。

被監獄剃成閃亮的大禿頭，多光滑，很好的手感。

四、

老廖呀、廖鬍子、廖禿頭，自殺了二次：一次企圖以禿頭撞碎窗玻璃、墜樓而死，未遂；另一次又企圖用禿頭撞牆而死，又未遂。在求死不成的絕望中，活著本身無疑是自我摧殘。4年後，你居然從死人堆裡爬出來並娶了個年輕漂亮的妻子。無產階級專政的「電雞巴」的無數次強姦，也沒有使你墮入風塵，變成一個窈窕嫵媚的文人。我自信對你的判斷絕對準確：本能的拒絕和掙扎才是你生存的證據。

活下來，為了做死亡的見證人。

做死亡的見證人，比智慧更重要的是本能。

以死拒絕，你才活著。

掙扎活著，你才見證。

古拉格，不是一個名詞。奧斯維辛，不是一個名詞。

《古拉格情歌》，也不是一本詩集。

（2000 年 3 月於北京家中）

寫給廖亦武的三首詩

──公開舊作，以祝老廖力作《證詞》的出版

他媽的，廖禿頭來了
──給過去寫詩的廖鬍子現在吹簫的廖禿頭

我的老婆劉霞

還是別人老婆的時候

曾與她的前夫一起

向我鄭重地引見你

她的前夫稱你是巴蜀的詩歌領袖

她更喜歡叫你「廖鬍子」

初次見面

並未注意你是否有大鬍子

但那時你的詩句

長得足以環繞地球

把 1+1=2 的真理變成先鋒藝術的嚎叫

我口吐白沫、面色猙獰

否定一切的牙齒決不放過你
你是否還記得我的結巴？
從陪陵到京城的路很遠
你帶著對京城惡少的厭惡走了

當我終於成了劉霞的丈夫
廖鬍子已經變成了大禿頭
我寧願從未見過你
相信你從來如此
走到哪兒都帶著一支簫
黑色的曲調代替了
開放時代無所不在的詩與鳥

我猜這支簫，是你
從死囚的訣別中乞求來的
或者，以你生性的蠻橫
動物般的兇猛
乾脆是從死人緊閉的口中摳出來的
墳墓的氣味濃得嗆人
腐爛後仍然餘音繞梁

我又一次成為監獄「貴族」時
你和我老婆一起去遠足
她躲開杯盞交觥的聚會
一個人枕著荒涼的夜晚

聽你吹簫

老廖呀，你這個大禿頭
是否那夜你只吹給她一個人
我不想知道
但我唯一確定的是
那帶有死亡氣味的簫聲
一直入到她的靈魂
又通過她的靈魂
吹到了我的夢裡

那一夜，我的噩夢中有你
突然的血腥窒息了你
突然的牢獄成就了你
你那張老臉是一塊
被簫聲驚嚇的石頭
任員警們任情抽打
卻永遠是一種表情
堅硬而冰冷

大屠殺在一個黎明完成
你的簫聲和詩句誕生於
最黑暗的夜晚
鐵鐐、手銬、電棍與死亡
奠定了你後半生的曲調

老廖哇，你這個大鬍子大禿頭
再為我和我老婆吹一曲吧
在這塊沒有記憶的土地上
為世紀末無辜的殉難者安魂
為下世紀無恥的倖存者送葬

曉波 1999 年 11 月 12 日於家中

附記：忠忠來電話，廖禿頭今晚就到，聲音裡透著亢奮。我的心跳突然加快，立刻坐在亂七八糟的飯桌前，迎接廖禿頭的到來。想起八十年代中期我對老廖的苛刻，再想起「六四」後我們共同的命運以及友情，心中難免有些不安，這麼好的朋友，當初……給他寫點什麼，是我內心的命令。

聽廖禿頭吹簫
——給吹簫的老廖

絕不是一個適於吹簫的場所
你卻奇蹟般地
把肉體化為簫聲
那個小餐館很簡陋
有特別好吃的烤牛排

朋友們亂七八糟地交談
陌生人議論著「法輪功」的荒唐

你拿出獄中的詩集送給亞偉
亞偉無言，這個幸福的書商
手有些微顫
突然的懷舊引來了簫聲

你雙眼緊閉
拒絕一切可視之物
眼皮與睫毛的抖動
昭示了生命的如此脆弱
你的嘴唇並不光潤
粗糙的聲調使空氣凝固

滿座皆在簫聲中肅穆
學著欣賞音樂的通行姿態
閉耳屏息，還似有所悟
唯獨我瞪大眼睛盯著你
空無一物

原以為樂器必須有
輕柔的手指和優雅的撫摸
而你張開的手指緊握的
卻是一根燒紅的鐵棍
那種緊張和用力
那種肌肉、骨節的崎嶇
讓我為你捏一把汗

這精巧的樂器如何承受
而不粉碎

是徒手攥住血刃
是勒緊賭徒的喉嚨
是摳進情人的肌膚
是直視死亡的激情
你原本鋥亮的大禿頭
在簫聲中暗淡無光
如同你送別死囚的夜晚

老廖老廖老廖呀
別人聽你吹奏著靈魂
那傷感而敏銳的內心
我卻如同動物，在簫聲中
聽到了你肉體的抗爭
那從未屈從過的肉體

是的，是肉體
我敢肯定
你的在牢獄中
與鐵棍和鐐銬對峙
與臭蟲蝨子相親的
肉體

曉波

1999 年 11 月 16 日

附記：我整理這首詩時，這個老廖又他媽的以簫聲為我伴
奏，還真他娘的有點兒情調。

禿腦殼中全是水
——給老廖

原以為你鋥亮的禿頭
有橫貫東西南北的智慧
沒想到你總是坐不對地鐵
光禿的腦殼中全是水

你反反覆覆地向我講述
即將開拍的一部新片
你的角色是殺手
還一再嘮叨漂亮的女主角
在三角形中愛上了你
我太瞭解你了
心中的詭計和陰險
不是殺手而是淫棍

就憑你這一腦子水
還想恬不知恥地當殺手
我很為你的人身安全擔心

做個風花雪月也就罷了
淫水和鮮血的味道
絕不相同

如果你執意於殺手
如果含情脈脈之後
還要血濺禿頭
等我們再見面時
禿頭已經不知去向
八字腳也無葬身之地
我所能企求的
至多只是，一隻手上的一個指頭
或者，僅剩下指甲的殘渣

角色的投入如此悲壯
我已經很滿意了
我們多年的生死情懷
終於有了一個
完滿得幾近平庸的交待

曉波
1999 年 11 月 23 日於家附近的某一小餐館

——《觀察》首發

自由人面對鐵窗的微笑

——為秦耕《中國第一罪——我在監獄的快樂
生活紀實》作序

　　1949 年中共掌權後的中國，堪稱極權政治登峰造極的時代，也是政治冤案最為頻繁的時代，中國自然變成政治犯或良心犯的最大監獄。荒誕的是，毛時代中國的「監獄文學」，完全被黨文化霸權所獨佔，而現實生活中殘暴政治冤案卻沒有任何公開的記錄。當時，最流行的監獄文學全部是中共奪權時期的英雄主義文本，以重慶「渣滓洞」監獄為背景的小說《紅岩》和歌劇《江姐》，就是紅色監獄學的最著名代表，其最為鮮明特徵是極端的「非人化」或「神話化」：國民黨監獄的殘暴是非人的，渣滓洞變成了「魔鬼化」的地獄；中共黨員的獄中抗爭也是非人的，江姐等人被徹底「神聖化」，具有超常的意志和堅韌，從而形成了一種泯滅人性人情的烈士情結。以自由主義價值審視中共的紅色監獄學，其絕對無私的革命英雄主義，實質上是非常自私的個人英雄主義。烈士們為了崇高的革命理想而不惜犧牲一切，無論其主觀動機如何，客觀效果上都是為了成全自己的高大形象而不惜犧牲家庭、愛情、親情和人情。

　　在改革開放的後毛時代，隨著獨裁政權控制力的逐漸遞減和

民間覺醒的日益提高，毛時代的政治冤獄開始有所曝光，監獄文學也隨之出現。但中國特色在於，可以在中國本土公開出版的獄中記錄，大都是對毛時代政治迫害的控訴，且要符合中共現政權的政治需要；而那些有悖於現政權政治需要的監獄文本，特別是那些記錄後毛時代的政治冤獄的作品則只能在海外出版。好在，隨著互聯網的日益普及，中共獨裁下的政治犯所寫下的在境外出版的記錄，開始了出口轉內銷的旅程。

一、平常心寫就的獄中紀實

　　後毛時代的「監獄文學」，儘管還沒有完全擺脫黨文化的「非人化」特徵，不乏誇張的控訴和滿腔的怨恨，不乏道德主義的高調宣示和自我的聖化，但隨著政治犯群體自省能力的大幅度提升和整個中國社會向人性常識的回歸，非人化的監獄文學也逐步走向常識化和人性化，創造出一些具有平常心特徵的監獄文學。在此意義上，秦耕先生的這部《中國第一罪──我在監獄的快樂生活紀實》，正是大陸良心犯或政治犯回歸常識的範本。這是一部平靜、客觀的獄中紀實，字裡行間洋溢著作者的自信和樂觀：政治犯不是超人，為自由坐牢也不是自我炫耀的資本。在這顆平常心的審視下，監獄的鐵門成為通向自由的必經之路，獄外的抗爭和獄內的堅守，共同構成獨裁下的自由事業。正如秦耕在走出監獄時所言：「整個中國在我眼裡就是一座大的監獄，我們現在只不過待在大監獄的小套間中。我今天出了這道大鐵門，其實身子還在大的監獄中。我在這裡沒有自由，出了這個大鐵門照樣也不會有什麼自由。因此在我看來今天沒有什麼值得高興和慶賀的，小間和大間一樣，都是監獄。相反，在這裡的不自由是看得見摸

得著的，是具體的和直截了當的，來得痛快！外邊的不自由看不見摸不著，讓人覺得更不舒服，更不是滋味！」

秦耕筆下的獄中生活，無非由吃喝拉撒、抽煙、冷水浴、性幻想、找樂子構成，雖然有著異於獄外生活的特殊性，但其中的人情世故則是共同的，坐過監獄的人大都知道這些獄中生活的常識。比如，香煙是獄中的稀有資源，於是，犯人們就自然想出種種弄煙藏煙的方法，「一種是塞在衣領裡，一種是塞在鞋墊下；第三種是塞在內褲裡，放在睪丸旁，武警搜身時摸褲襠也不一定摸得到。更安全的方法，是把煙剝成煙絲，直接放在衣服的夾層內。」再比如，監獄中的「社會地位」排序與犯罪的性質有關，很有點「竊鉤者誅而竊國者為諸侯」的味道：「與其所犯的罪名直接相關，你的行為越是罪大惡極，在這裡越能得到尊敬。一般說來，犯殺人罪，並將被判處死刑的人，是號子世界裡的『一等貴族』；其次是搶劫罪、詐騙罪等等。至於強姦犯、盜竊犯，則是號子世界裡的貧下中農了，相當於印度最低等的種姓。」

在秦耕筆下，無論是犯人還是獄卒，都不是面目猙獰的禽獸，而是有血有肉的常人。那些同號的犯人們，張新良可愛，劉軍有才藝，田金占身懷奇技，關雙喜神勇異常，他們既惡習不改又仗義多情。包括「新人必打」、囚室中的「影子法院」和爭奪牢頭獄霸的「戰爭」，也是沒有超出人與人之間的競爭常態。那些獄卒們，雖然養成了霸道、粗魯的習慣，但也時有同情心的閃亮。比如，「王鬍子大腦袋，黑臉，一看就是一副兇神惡煞的模樣，讓人心裡發慌。但接下來相處日久，我才知道他是包括所長、指導員和另外三個管教在內共五名幹警中，最人性化的一個。有一次放風時，我講了一句什麼趣話，王鬍子噗哧一聲笑

了，闊大黑臉上綻放出來的笑，使我發現他是一個心地純淨的人。」

秦耕作為六四政治犯，既沒有獄中的傳奇故事和自我英雄的沉浸，也沒有呼天搶地的控訴和喋喋不休的怨憤，而是以一個普通獄中人的心態，儘量把自己融入獄中秩序。他說：「我要讓他們把我當作『自己人』，如果他們認為只有他們才是一夥的而我不屬於他們，那我將會大禍臨頭。他們中間沒有一個人讀完初中，有幾個甚至根本不曾讀過書。……他們認為是『大知識分子』的人落在他們手中，他們最強烈的感覺就是和他們『不一樣』。他們對讀書人除過嘲笑、嫉妒甚至憎恨，不會有別的感覺。如果有一個知識分子交給他們戲辱，說不定還是最高級的享受呢。」而同號的犯人與秦耕的想像並不完全一樣，他可以和他們「情同手足、親如兄弟」。比如，年齡只有十九歲的仇小漢，以「破壞電力設備罪」被判徒刑十二年，「宣判當日回到號子後，我和他一起流淚了。」還有「初二學生劉軍，他就像我的學生一樣，我之後不久，他也出獄了，當時我還沒有離開故鄉。他第一個拜訪的人就是我，他掏出煙，畢恭畢敬地給我送上一支。」

二、良心犯在親情面前的脆弱

只有在談到自己的親人時，秦耕才再也笑不出來。他說：「1989 年，一道牆把我和父親隔在兩邊，我在高牆內，我的父親在高牆外。高牆以內，我笑容滿面，愛獄如家，吃飯香睡覺更香；但高牆之外的父親如何，我卻無法知道。」「在我談笑的過程中，姑父又罵我了：『你個小狗日的沒心沒肺，咧著嘴巴笑，不知道熬煎，看樣子你在裡邊倒是過得輕鬆自在。可你知道這些

親人們在外邊受的啥罪，遭多大折磨嗎？』」

　　所以，這次與父親的會見給了秦耕帶來的啟示是：監獄對人的懲罰不僅在獄中且在獄外，它通過「對我的囚禁而懲罰我的親人。面對監獄的高牆、電網、手銬和黑暗，我可以面帶笑容，輕鬆愉快；但我的親人卻不能，他們因為我被囚禁而悲傷、憂愁、焦慮、恐懼、擔驚受怕。最終，監獄還是通過懲罰我的親人而懲罰了我。」

　　獨裁制度反人性的殘暴就在於，一方面，它拚命鼓勵犧牲精神和烈士情結，把一種普通人難以承受的道德高調強加給整個社會；另一方面，它對良心犯的家人使用株連的手段，把受害者逼入難以兩全的道德困境，也就是著名政治學家漢娜・鄂蘭對極權制度的極端反人性的最深刻揭示——在道德上殺人。

　　獨裁制度在道德上殺人，是為了殺死人的良知。它把人的良知反抗置於兩難的境地，讓良心犯無法成為烈士或英雄。在權利已經被剝奪的政治恐怖下，勇者的反抗只能訴諸於良知，良知可以讓人作出犧牲：一、寧願為堅守道義而死，也不願為背叛道義而苟活；二、寧願為不害人而死，也不願因害人而苟活。

　　獨裁統治把摧毀良知抵抗作為它的主要目標之一。它利用株連的方式讓良心犯無法逃避害人，讓良心犯在兩種害人之間進行選擇：要麼因悔罪出賣而背義害朋，要麼因守義護友而害親人。在極端殘暴的極權時代，一個處於道德兩難困境的良知者，甚至在選擇自我了斷時，也無法從兩難道德困境中解脫出來。因為，他（她）的自殺也會為家庭帶來災難。如此，無論良知者的主觀意願如何，也無論他作出怎樣的良心決定，但從客觀效果上說，他都無法擺脫害人的結果——要麼害別人，要麼害親人。

　　所以，漢娜 · 鄂蘭深刻地指出，當如何抉擇都無法避免害人的情況下，儘管良知者的決定是主觀抉擇，但從客觀效果上看，他已經不是在是與非、善與惡之間作出選擇，而是在謀殺和謀殺之間作出選擇——是害朋友還是害親人？

　　這樣，極權統治就在道德上徹底消除了清白的人，至少使良心反抗變得不那麼純粹，變得模稜兩可。它使所有受害者都在某種程度上參與了對他人的加害，沒有一個人的遭遇能具有犧牲精神本應有的那種道德控訴力量。

　　當然，漢娜 · 鄂蘭的論述在尊重人性的西方早已成為多數共識，所以，西方國家能夠善待那些在戰爭中投降的士兵，寬容地對待在敵對國電視中公開譴責本國的被俘者。而在烈士情結依然占主導地位的中國，漢娜 · 鄂蘭的論述還很難形成多數共識，所以，大陸民間的某些人才會以道德高調對某些政治犯及其家人的軟弱津津樂道。

三、「愛獄如家」的良心犯

　　秦耕的牢獄之災來自獨裁制度的野蠻，但秦耕筆下的監獄生活，與其說充滿了黑暗和殘暴，不如說表達了殘酷環境中人性的樂觀和坦然。嚴酷的外在環境是可怕的，但更可怕的是內在勇氣和健康心態的匱乏，而秦耕恰恰具有這樣的勇氣和心態。他用毫無誇張的平靜敘述，講述了一位八九政治犯的「愛獄如家」的鐵窗故事，從被捕、審訊到牢房，他始終微笑著面對失去自由的悲劇，以一顆平常心來度過高牆內難熬的分分秒秒，以豁達的幽默感調劑沒有微笑的生活。正如作者所言：「我在監獄中的積極態度，其實與監獄一點關係都沒有，它只與我個人的心態有關。因

為並非人人都能從監獄中得到快樂。」

在極端嚴酷的環境中，只有保持樂觀的平常心，某一時刻的絕望才不會變成自殺的毒藥，特定的苦難才不會把人變成喋喋不休的怨婦，才不會陷於「為什麼我如此倒楣？」的自我中心的深淵，才不會沉溺於「我是天下最不幸的人」的悲嘆中而無力自拔，才不會覺得全世界的人都「欠我一筆還不完的債」，稍不如意就大發雷霆或哀聲嘆氣，並將自身的冤恨、憤怒、悲觀、厭世、沉淪、頹廢等情緒轉嫁給外在環境和親人、朋友及其他人。而只有哀怨而沒有希望，便無從在苦難中發現意義，無法將消極的苦難變成積極的生活動力，並從中汲取人性的滋養。不理解希望，也就不理解人的存在。所謂生存的勇氣，唯有樂觀的希望才能給予。越是嚴酷就越要樂觀，歷史上所有偉大的殉難者皆懷有不滅的希望。

是的，牢獄是災難，災難是一種對正常生活的純粹否定，如果僅僅呼天搶地或悲嘆哀求，雖情所難免卻毫無力量，被自我怨尤逼入作繭自縛，被顧影自憐腐蝕成變態自戀狂，至多引來幾聲廉價的同情。所以，應對恐怖的最好辦法是戰勝內在恐懼，用平常心代替自我膨脹，用振奮代替頹廢，用樂觀代替悲觀，用對未來的希望代替當下的絕望，使生存困境變成對自身的檢驗，並得到倫理意義上的合理解釋：在意志上拒絕外在邪惡所強加的屈辱和不公，就是在倫理上堅守人性的尊嚴和希望。

在苦難中保持尋找幸福的激情，絕非把苦難和死亡浪漫化為甜蜜的毒藥，而是在醫治無限制地放大災難所帶來的時代抑鬱症以及個人心理疾患。我以為，無限制地誇大自己的苦難是反面自戀，甚至比誇大幸福的正面自戀更愚蠢更輕浮。特別是當受難者

自認為是在為了某一崇高目標而受難之時，更容易使受難者滑向自戀的歧途。

　　自戀的受難容易使人變得驕狂，似乎為追求自由民主而受難，就可以作為「天降大任於斯人」的見證和資本，進而要求別人把自己視為「英雄」或「救星」，有資格充當愚昧者的啟蒙者和怯懦者的楷模。

　　自戀的受難容易使人產生仇恨情結，特別是當受難者自以為是在為普天下百姓受難卻得不到大眾的讚美和追隨之時，自戀的受難者不但仇恨迫害者，也仇恨所有沒有對他表達敬意並追隨其後的人。

　　自戀的受難容易導致沉淪或玩世不恭：我經歷過苦難我怕誰！沉溺於反面自戀中的人，會把個人受難當作世界上最大的不幸，進而把苦難當作向生活向社會向他人討債的資本，把自己當作理直氣壯的精神高利貸，似乎這個世界中的每個人都對不起我，欠我一筆永遠還不清的巨額債務。

　　而苦難中的自信和樂觀，危險中的從容和勇氣是無法偽裝的。在直視苦難的同時，堅守對明天的希望，絕非廉價的自欺欺人的樂觀主義，而是一種積極的悲觀主義。也就是說，在某些極端的情景中，堅持樂觀地活下來，需要具有比毅然赴死更大的勇氣；保持一顆平常心，需要具有比一味自我英雄更堅韌的內心承受力。特別是面對獨裁監獄的嚴酷考驗，內心深處的豁達、明亮和樂觀，就將把封閉的高牆撞開一道通向自由的縫隙。正如秦耕先生說：「監獄並不可怕，我是面帶微笑進去，又面帶微笑出來的。中國人只有首先戰勝對監獄的恐懼，才能擺脫監獄的囚禁；只有不迴避監獄，然後才能得到自由；監獄也是中國人通往自由

之地的門檻，我的獄中日記扉頁曾自題四個字：愛獄如家。」

　　在我看來，「愛獄如家」是一種難得的品質，也是獨裁制度下的異見人士應該具有的職業道德。具有這種自覺的民間異見人士，在投身反獨裁和爭自由的事業時，大都已經有了坐牢的心理準備，也能夠把坐牢看作必修課。如同工人應該做好工、農民應該種好地、學生應該學好功課，獨裁下的民主人士也必須坐好監獄。為尊嚴和自由而坐牢，並非值得四處炫耀的資本，而是異見人士的反抗獨裁生涯的一部分；因為，選擇反抗首先是個人性的和自願性的，你也可以像其他人一樣選擇沉默。既然是個人的、自願的，就要坦然承受這種選擇所帶來的一切，特別是當坐牢並沒有為良心犯帶來所期望的社會聲譽和公眾尊敬之時，良心犯也不應該怨天尤人，更不應該以坐牢為資本向社會討債。與此同時，外在的社會評價越是向良心犯獻上種種英雄光環，良心犯本人就越應該清醒，避免陷於一坐成名的自我陶醉之中。事實上，坐過中共大牢的異見人士，也絕非「聖人」或非人化的「英雄」，而僅僅是獨裁制度下的常識性行為；政治犯身上既有堅守尊嚴和為自由而付出的勇氣和良知，也有常人的七情六欲或人性弱點。

　　今日中國的異見人士的坐牢，正是為了讓中國成為一個不需要烈士或獄中英雄的國度。

2006 年 10 月 12 日

《觀察》首發

主流出版

所謂主流，是出版的主流，更是主愛湧流。

主流出版旨在從事鬆土工作—

希冀福音的種子撒在好土上，讓主流出版的叢書成為福音
與讀者之間的橋樑；
希冀每一本精心編輯的書籍能豐富更多人的身心靈，因而
吸引更多人認識上帝的愛。

【徵稿啟事】

主流歡迎你投稿，勵志、身心靈保健、基督教入門、婚姻家庭、靈性生
活、基督教文藝、基督教倫理與當代議題等題材，尤其歡迎！
來稿請e-mail至lord.way@msa.hinet.net，
審稿期約一個月左右，不合則退。錄用者我們將另行通知。

【團購服務】

學校、機關、團體大量採購，享有專屬優惠。
購書五百元以上免郵資。
劃撥帳戶：主流出版有限公司　　劃撥帳號：50027271

部落格網址：http://mypaper.pchome.com.tw/news/lordway/

主流十周年
2007-2017

★歡迎您加入我們，請搜尋臉書粉絲團「主流出版」
★主流出版社線上購書，請掃描 QR Code

心靈勵志系列

信心，是一把梯子（平裝）／施以諾／定價 210 元

WIN TEN 穩得勝的 10 種態度／黃友玲著、林東生攝影／定價 230 元

「信心，是一把梯子」有聲書：輯 1／施以諾著、裴健智朗讀／定價 199 元

內在三圍（軟精裝）／施以諾／定價 220 元

屬靈雞湯：68 篇豐富靈性的精彩好文／王樵一／定價 220 元

信仰，是最好的金湯匙／施以諾／定價 220 元

詩歌，是一種抗憂鬱劑／施以諾／定價 210 元

一切從信心開始／黎詩彥／定價 240 元

打開天堂學校的密碼／張輝道／定價 230 元

品格，是一把鑰匙／施以諾／定價 250 元

TOUCH 系列

靈感無限／黃友玲／定價 160 元

寫作驚豔／施以諾／定價 160 元

望梅小史／陳詠／定價 220 元

映像蘭嶼：謝震隆攝影作品集／謝震隆／定價 360 元

打開奇蹟的一扇窗（中英對照繪本）／楊偉珊／定價 350 元

在團契裡／謝宇棻／定價 300 元

將夕陽載在杯中給我／陳詠／定價 220 元

螢火蟲的反抗／余杰／定價 390 元

你為什麼不睡覺：「挪亞方舟」繪本／盧崇真（圖）、鄭欣挺（文）／定價 300 元

刀尖上的中國／余杰／定價 420 元

我也走你的路：台灣民主地圖第二卷／余杰／定價 420 元

起初，是黑夜／梁家瑜／定價 220 元

太陽長腳了嗎？給寶貝的第一本童詩繪本／黃友玲（文）、黃崑育（圖）／定價 320 元

拆下肋骨當火炬：台灣民主地圖第三卷／余杰／定價 450 元

LOGOS 系列

耶穌門徒生平的省思／施達雄／定價 180 元

大信若盲／殷穎／定價 230 元

活出天國八福／施達雄／定價 160 元

邁向成熟／施達雄／定價 220 元

活出信仰／施達雄／定價 200 元

耶穌就是福音／盧雲／定價 280 元

主流人物系列

以愛領導的實踐家（絕版）／王樵一／定價 200 元

李提摩太的雄心報紙膽／施以諾／定價 150 元

以愛領導的德蕾莎修女／王樵一／定價 250 元

生命記錄系列

新造的人：從流淚谷到喜樂泉／藍復春口述，何曉東整理／定價 200 元

鹿溪的部落格：如鹿切慕溪水／鹿溪／定價 190 元

人是被光照的微塵：基督與生命系列訪談錄／余杰、阿信／定價 300 元

幸福到老／鹿溪／定價 250 元

從今時直到永遠／余杰、阿信（2017 年 8 月出版）

經典系列

天路歷程（平裝）／約翰‧班揚／定價 180 元

生活叢書

陪孩子一起成長（絕版）／翁麗玉／定價 200 元

好好愛她：已婚男士的性親密指南／Penner 博士夫婦／定價 260 元

教子有方／Sam and Geri Laing／定價 300 元

情人知己：合神心意的愛情與婚姻／Sam and Geri Laing／定價 260 元

學院叢書

愛、希望、生命／鄒國英策劃／定價 250 元

論太陽花的向陽性／莊信德、謝木水等／定價 300 元

中國研究叢書

統一就是奴役／劉曉波／定價 350 元

從六四到零八：劉曉波的人權路／劉曉波／定價 400 元

混世魔王毛澤東／劉曉波／定價 350 元

鐵窗後的自由／劉曉波／定價 350 元

卑賤的中國人／余杰／定價 400 元

團購服務

學校、機關、團體大量採購，享有專屬優惠。
劃撥帳戶：主流出版有限公司
劃撥帳號：50027271

主流網路書店：http://store.pchome.com.tw/lordway

中國研究系列3

鐵窗後的自由：劉曉波文集第三卷

作　　者：劉曉波
社　　長：鄭超睿
主　　編：余杰
編　　輯：游任濱、劉小慧、張惠珍
封面設計：戴芯榆

出版發行：主流出版有限公司 Lordway Publishing Co. Ltd.
出 版 部：台北市南京東路五段123巷4弄24號2樓
電　　話：(0981) 302376
傳　　眞：(02) 2761-3113
電子信箱：lord.way@msa.hinet.net
郵撥帳號：50027271
網　　址：http://mypaper.pchome.com.tw/news/lordway/

經　　銷：

紅螞蟻圖書有限公司
台北市內湖區舊宗路二段121巷19號
電話：(02) 2795-3656　傳眞：(02) 2795-4100

以琳發展有限公司
香港九龍灣啟祥道22號開達大廈7樓A室
電話：(852) 2838-6652　傳眞：(852) 2838-7970

財團法人基督教以琳書房
台北市忠孝東路四段210號B1
電話：(02) 2777-2560　傳眞：(02) 2711-1641

2017年7月　初版1刷
書號：L1706
ISBN：978-986-95200-1-0（平裝）
Printed in Taiwan

國家圖書館出版品預行編目資料

鐵窗後的自由 : 劉曉波文集. 第三卷 / 劉曉波
著. -- 初版. -- 臺北市 : 主流, 2017.07
　　面 ；　公分. -- (中國研究系列 ; 3)

　ISBN 978-986-95200-1-0（平裝）

　1. 中國大陸研究　2. 言論集

574.107　　　　　　　　　　　　106012389